Z 33021

Dijon
1800-1803
Bacon, François
Œuvres

anvier   Tome 9

ŒUVRES

DE

FRANÇOIS BACON,

CHANCELIER D'ANGLETERRE.

TOME NEUVIÈME.

A PARIS,

CHEZ ANT. AUG. RENOUARD, LIBRAIRE,
RUE ANDRÉ-DES-ARCS, N°. 42.

OEUVRES

DE

FRANÇOIS BACON,

CHANCELIER D'ANGLETERRE,

TRADUITES PAR Ant. LASALLE;

Avec des notes critiques, historiques et littéraires.

TOME NEUVIÈME.

A DIJON,

DE L'IMPRIMERIE DE L. N. FRANTIN.

AN 9 DE LA RÉPUBLIQUE FRANÇAISE.

HISTOIRE NATURELLE,

Expérimentale, et destinée à servir de fondement à la vraie philosophie, ouvrage du Chancelier Bacon, traduit de l'anglois et du latin, par Antoine Lasalle, membre de la société philomatique et de l'académie de Virginie.

PRÉFACE DU TRADUCTEUR.

Idée de l'ouvrage, et avertissemens.

L'HISTOIRE *naturelle et expérimentale*, comme le dit le titre même de cet ouvrage, est la *base* de toute vraie *philosophie*; elle en est le *principe* et la *fin*.

1°. Elle en est le *principe*; tout raisonnement qui n'a point pour base l'*observation* et l'*expérience*, c'est-à-dire, l'*histoire de la nature*, et qui ne tend pas à *conduire aux faits inconnus*, par la *combinaison des faits déjà connus*, ou par l'*analogie des faits, en partie connus, avec les faits entièrement connus*, se réduit à des *mots*; ce n'est qu'un *rêve sérieux*, rarement amusant, et presque toujours ennuyeux; ou, tout au plus, une sorte de *jeu d'échecs*, très important au jugement du petit nombre qui le sait; et très frivole aux yeux du grand nombre qui l'ignore.

2°. Elle en est *la fin;* car, si nous *connoissions* assez bien la *nature*, pour être en état d'en écrire l'*histoire précise* et *complette*, nous n'aurions plus besoin de *raisonner*, et toute la *philosophie* se réduiroit à une *histoire naturelle, développée, résumée*, ou *appliquée.*

Ainsi, nous ne pouvons devenir *philosophes*, qu'en commençant par être *naturalistes;* et c'est pour devenir complettement *naturalistes*, que nous *philosophons* actuellement.

Or, cette *histoire naturelle*, dont nous parlons, et qui est le sujet de cet Ouvrage, n'est point une sorte de *boutique*, où l'on *étale* aux yeux des *oisifs* ou des *curieux*, des choses *rares* ou *brillantes;* spectacle qui a certainement son utilité, puisqu'il plaît au grand nombre, qu'il faut *amuser en l'instruisant*, mais qui ne rempliroit pas assez directement notre objet actuel (1).

Celle du chancelier Bacon a un *objet plus sérieux;* c'est *un magasin de faits purement philosophiques*, quelquefois intéressans par eux-mêmes, comme *faits*, mais plus encore, comme *devant être autant de degrés pour s'élever à la connoissance des causes*, (c'est-à-dire, de

---

(1) M. de Buffon a fait entrer dans sa collection beaucoup d'objets qui n'accéléreront pas le progrès des sciences; mais il a eu la prudence, souvent nécessaire, *de se prêter un peu au goût des ignorans, pour se mettre en état d'être utile aux savans*. Il étoit d'ailleurs obligé de fournir du moins un amusement à cette partie du public qui n'a pas le temps de philosopher, et qui contribue infiniment plus que la partie savante aux frais de cette immense collection. Si la philosophie veut se répandre dans le monde, il faut qu'elle commence par *s'humaniser*, comme le génie de ce grand homme.

l'enchaînement constant des phénomènes qui se suivent, s'accompagnent et se poussent en quelque manière, réciproquement, dans le temps et dans le lieu), afin de nous mettre un jour en état de produire, par le moyen des phénomènes dont nous disposons, ceux dont nous ne disposons pas encore.

Car, pour *connoître toute la nature*, il n'est pas nécessaire *d'observer une à une toutes ses parties*; puisqu'un grand nombre de *ces parties se ressemblent :* comme il n'est pas nécessaire d'étudier et d'analyser vingt volumes pour connoître toutes, ou presque toutes les lettres de l'alphabet, vu qu'elles se trouvent toutes, ou presque toutes, dans une page ou deux ; la *constitution réelle* de la *nature* devant avoir d'autant plus d'analogie avec celle de la *langue* qui *parle aux yeux*, que le sublime inventeur du plus ancien de tous les alphabets, modèle de tous les autres, a dû nécessairement *mouler,* et, pour ainsi dire, *calquer* la *constitution* de la langue *visuelle* sur celle de la langue *sonore*, déja calquée sur les *idées*, calquées elles-mêmes, du moins en partie, sur la *constitution réelle de la nature*.

De plus, le spectacle de la *nature*, *semblable* à un *alphabet* quelconque, *ressemble* sur-tout à celui d'un *chiffre* ou d'une langue inconnue. Et non-seulement la connoissance de toutes les lettres de cet *alphabet* mystérieux, et de la manière de les *former*, nous mettroit en état de lire, ou de former tous les mots ; mais même *une partie de la clef* de ce chiffre, une fois saisie, aideroit à *deviner l'autre :* et les lettres déja connues, en se combinant et s'entrelaçant, en différentes proportions et en différentes situations, avec les lettres encore inconnues, aideroient à connoître ces dernières.

Ainsi, 1°. découvrir ces *loix universelles*, ou, ce qui est la même chose, ces *faits généraux*, dont les *faits particuliers* ne sont que des *combinaisons diversifiées ;* comme les *mots* d'une langue ne sont que des *combinaisons variées d'un petit nombre de lettres* :

2°. Découvrir les *loix générales* encore *inconnues*, par le moyen des *loix déja connues,* avec lesquelles elles se trouvent combinées :

Tel est le véritable *objet* de la *philosophie*; mais, de même qu'il est d'autant plus *facile* de *deviner la clef d'un chiffre,* qu'on a sous les yeux un *plus grand nombre de pages,* écrites avec ce chiffre, *celle* du grand *livre* de la *nature* sera aussi d'autant plus *facile* à *découvrir,* que nous aurons lu *plus de pages de ce livre.*

Ainsi, une *histoire naturelle* ne sauroit être *trop vaste,* ni *trop complette* : car les *conjectures,* comme nous l'avons déja observé, ne sont qu'un *supplément* à l'*observation,* lorsqu'elle est *impossible;* et lorsqu'elle est *possible,* elles n'en doivent être que les *indications,* A quoi bon vouloir *deviner de loin* ce qu'on peut *observer de près,* et *regarder,* avec la *lunette trompeuse* de l'analogie, ce qu'on peut *voir distinctement* avec ses *seuls yeux ?*

D'un autre côté, si l'*esprit* demeuroit trop long-temps et uniquement *attaché* aux *simples faits,* sans les diriger vers aucune *théorie,* dont il pût *déduire* quelque *pratique,* il se *perdroit* dans leur innombrable et confuse *multitude;* il désespéreroit de voir jamais un *terme* à ses vagues *excursions;* il jugeroit *impossible* ce qu'il n'*auroit* jamais *tenté,* et ce qui ne seroit que *difficile.* Enfin, accoutumé à cette *science, passive, machinale,* perdant pour toujours des *forces qu'il n'auroit jamais exercées,* et découragé par le sentiment de sa foiblesse, il ne seroit plus en état de marcher vers le but philosophique, ni même de souffrir que des esprits plus vigoureux et plus méthodiques y tendissent.

Aussi notre auteur ne s'est-il pas contenté de donner une *histoire* purement *passive,* toute composée de *faits,* pris au hazard, *isolés* et *sans objet.* En les exposant, il a toujours un *but,* et un *but* très *visible,* vers lequel il *dirige* le *choix, l'exposé* et l'*explication* de ces *faits.* Il montre nettement quelles *théories* l'on pourroit *établir,* à l'aide des *expériences déja faites,* qu'il *rapporte;* et à l'aide des *expériences à faire,* qu'il *indique;* enfin, quel genre de *pratique* on pourroit *déduire* de ces *théories.* Il fait voir, dis-je, ce qu'on *gagneroit* à *observer* ces faits, à les *analyser,* à les *comparer,* à les *étendre,* à les *multiplier,* à les *varier,* à les *combiner.* En un mot, il montre le *salaire au bout du travail;* ce que tout écrivain, dans un genre sérieux, est obligé de faire, sous peine d'ennuyer et même de n'être pas lu.

Or, *comparer et combiner des faits, c'est raisonner.* Il doit donc y avoir, et il y a en effet des *raisonnemens* dans cette *histoire naturelle, expérimentale* et *philosophique;* raisonnemens toujours *dirigés* vers le *principal but;* savoir: la *découverte des causes,* sur-tout de celles qu'il nous importe le plus de connoître : causes qui, dans cet ouvrage, sont toujours, sinon *montrées*, du moins *indiquées*. Il *manque* souvent ce *but*, mais il *y tend toujours* : et c'est en quoi il nous paroît vraiment grand. *Le chancelier Bacon* est peut-être le seul philosophe qui ait bien connu, et qui n'ait jamais perdu de vue *la véritable destination de la philosophie;* savoir : *la découverte des causes de nos innombrables maux, ou, ce qui est la même chose, la découverte des moyens d'adoucir les misères sans cesse renaissantes de la condition humaine;* comme on peut en juger par le *choix judicieux* de tous les *sujets* qu'il traite d'abord.

Par exemple, lorsqu'il veut entrer dans quelques détails, le *premier sujet* qu'il se propose d'approfondir (sujet qui est celui de l'ouvrage suivant), c'est l'*histoire de la vie et de la mort, ou l'art de prolonger la vie humaine :* car la condition la plus nécessaire pour jouir des biens de cette vie, c'est cette vie même; et s'il est *beau de mourir*, il est *doux* de *vivre;* quoi qu'en puisse dire cette foule

PRÉFACE

de bravaches qui passent leur vie entière à feindre de mépriser la mort et à la craindre réellement (1).

---

(1) Les héros, par exemple, et autres *vastes coquins* prétendent qu'ils méprisent la mort ; et, pour le démontrer, ils commencent par assembler autour d'eux trois cents mille compagnons. Il nous semble pourtant que, pour mépriser la mort, on n'a pas besoin d'une si nombreuse compagnie de *souteneurs*. Si l'on méprisoit réellement la mort, on n'auroit pas si souvent besoin de prouver ce mépris ; c'est parce qu'on la craint réellement, qu'on veut paroître ne la pas craindre ; et c'est parce qu'on a peur soi-même, qu'on veut faire peur aux autres. Certains hommes, à force de craindre réellement la mort, et de vouloir prouver qu'ils ne la craignent pas, se rendent la vie si odieuse, qu'ils finissent par mépriser réellement leur propre vie, et encore plus celle des autres : double mépris qui coûte au moins 30 ou 40 millions d'individus par siècle, au pauvre genre humain toujours pénétré d'un très profond respect pour ceux qui lui font peur, et qui savent le détruire avec une certaine élégance. Voilà une vérité peu honorable pour celui qui la dit, mais très solide : *l'art de vivre et de faire vivre est au premier rang : l'art de mourir et de tuer n'est qu'au second*. Mais

Puis vient *l'histoire des vents*, sorte de traité de *météorologie*, tendant à nous mettre en état de prédire les saisons, et de *prévenir les famines, les épidémies*, etc.

On trouvera dans celui-ci une infinité de détails relatifs aux moyens de *conserver* ou de *rétablir* sa *santé*, de *pourvoir* aux *besoins*, même aux *commodités* et aux *agrémens* de la *vie*; car *il pense à tout et à tous*. Dédaignant l'affectation et le faste de la plupart des philosophes, très durs pour les autres, et très tendres pour eux-mêmes, il compatit à toutes les nécessités humaines ; d'abord, *aux* vraies nécessités, puis aux *faux besoins* mêmes, dont l'*éducation* et des *circons-*

---

il ne faut pas oublier non plus que ce second art fait un peu partie du premier; car, si le faux courage est un vice destructeur, le vrai courage est une vertu conservatrice ; notre espèce, ainsi que les autres, étant toute environnée de dangers, et l'art de prolonger la vie du corps politique n'étant pas moins nécessaire que l'art de prolonger la vie des individus qui le composent.

tances dont nous ne fûmes pas les maîtres, nous ont fait une habitude qui les a convertis pour nous en vrais besoins. Au lieu d'imposer aux autres les privations qu'il s'impose à lui-même, il les conduit, par un sentier plus facile, à la vraie philosophie : en se prêtant d'abord à leurs goûts frivoles, et substituant par degré à ces jouets que l'habitude leur a rendus nécessaires, des objets plus sérieux, il travaille invisiblement à leur donner des goûts plus nobles, et par cette condescendance même, il y réussit ; dirigé constamment par ce grand et solide principe : *pour s'assimiler les autres hommes, il faut commencer par leur ressembler* un peu, *et pour gagner leur confiance, se faire petit avec eux.*

Telle est, du moins, à nos yeux, la saine, la vraie philosophie ; à ce choix judicieux, et à cette marche si habilement graduée, nous reconnoissons le praticien, l'homme instruit à l'école du malheur, et qui lit toutes les foiblesses humaines, dans le sentiment profond et courageux de sa propre foiblesse ; en un mot, l'être, qui, ayant su souffrir et patienter, a droit d'instruire ses semblables, puisqu'il sait adoucir leurs maux ; *même ceux qu'ils se sont créés, qu'ils auroient pu s'épargner, mais qui, pour être mérités, n'en sont pas moins réels, et n'en demandent pas moins des remèdes.* Ces remèdes, il ne les trouve pas toujours, mais du moins il les cherche ; il n'ôte pas tous les maux, mais du moins il les voit, il les sent : bien éloigné de la fastueuse et coupable apathie de *l'enfant sérieux* qui enfile péniblement, sans fin et sans terme, des formules arides comme lui, long-temps avant de savoir à quoi elles pourront être utiles ; condamnant indistinctement tout ce qu'il ne peut ajuster aux quarrés de son échiquier, et *jouant aux échecs, tandis que le feu est à la maison.*

D'un autre côté, cette indulgence, ces soins vraiment paternels, et si dignes d'une ame élevée, ont aussi leurs inconvéniens, la plupart des hommes ne sont que trop disposés à faire de l'histoire naturelle, comme de toute autre science, un objet de *pure curiosité*, de *lucre* ou de *vanité*; ou enfin, un moyen de *sacrifier le présent à l'avenir, ou l'avenir au présent*; quoiqu'il soit toujours *nécessaire de penser à l'un, sans oublier l'autre* : il étoit donc indispensable de leur montrer le véritable but de cette science, après les petits écarts qu'on se seroit permis en compatissant à leur foiblesse. Or, la plus sûre méthode pour les y ramener, c'est d'y aller soi-même devant eux, comme le fait sans cesse notre auteur; et par la raison extrêmement simple, que *la plus sûre méthode pour bien guider des voyageurs dans les routes que l'on connoît, c'est de faire soi-même le voyage avec eux; ce qui vaut infiniment mieux que de leur donner une excellente carte, en restant chez soi.* Conformément à ce plan judicieux, il ne rapporte aucune observation, aucune expérience, soit utile, soit frivole, sans faire quelque tentative, heureuse ou impuissante, pour *découvrir* la *cause* de l'*effet* proposé, *afin d'étendre*, autant qu'il est possible, *ces effets* et *ces causes aussi*.

Cependant nos lecteurs ne doivent jamais oublier que les *causes* indiquées dans cet ouvrage ne sont que des *causes efficientes*, dont la connoissance peut nous mettre en état de *produire, dans un certain nombre de cas, un effet souhaité*, et non les *causes formelles* qui étoient l'objet spécial de l'ouvrage précédent, où l'auteur exposoit la *méthode, inductive* et *analytique*, qu'on doit *suivre pour découvrir ce qu'est en lui-même l'effet à produire ;* connoissance qui nous mettroit en état de *le produire à volonté*, et dans tous les cas sans exception. Car, s'il est vrai que nous puissions, d'après l'analyse des opérations de la nature, déja connues, entrevoir celles que nous ignorons encore, il paroît que l'*exécution des choses les plus extraordinaires ne dépend que d'un certain genre de combinaison, de pro-*

portion, de gradation, d'alternation, de réitération, d'extension, de prolongation, etc. de moyens très ordinaires. Les grands moyens de la nature doivent être communs; ils sont probablement sous nos yeux; et c'est peut-être parce qu'ils sont continuellement sous nos yeux, que nous ne les voyons pas.

Cependant cette connoissance des causes de la première espèce, qui sont le principal objet de cet ouvrage, conduit à celle des causes de la seconde espèce; en nous montrant fréquemment les causes qui produisent un effet, on nous fait entrevoir, par cela même, ce que cet effet peut être; et l'on nous indique les observations ou les expériences à faire, pour savoir ce qu'il est réellement. Car, soit que la cause en question communique une substance, un mouvement, une tendance, une disposition, etc. au sujet sur lequel elle produit un effet positif; si, après avoir suffisamment *analysé et comparé toutes les causes particulières du même genre,* nous découvrons ce qu'elles ont de *commun*, c'est-à-dire, *la chose communiquée ou donnée par toutes aux sujets* sur lesquels elles agissent, nous connoîtrons, par cela seul, *la chose reçue*, ou, ce qui revient au même, *la totalité* ou une *grande partie* de l'*effet* (1).

---

(1) Notre auteur n'ayant jamais déterminé bien exactement la *différence* qu'il met *entre les causes efficientes et les causes formelles*, tâchons d'y suppléer par un exemple. Un corps ne peut rendre de *sons*, s'il n'est *frappé*, *frotté*, *poussé*, *tiré*, etc. Le *son*, envisagé dans le *corps sonore*, est donc, selon toute apparence, un *mouvement*. Si le corps *frappant*, *frottant*, *poussant*, *tirant*, etc. reste *appliqué* au *corps sonore*, de manière à *arrêter son mouvement*, le *son périt* à l'instant; nouvel effet qui confirme la première conséquence. Le corps sonore, peut-on ajouter, tant qu'il résonne, se meut donc aussi dans un sens opposé à celui dans lequel il s'est mu d'abord : il a donc un mouvement *d'allée et de retour*, ou de *vibration*. Enfin, si l'on tient le corps *frappant*, etc. fort près du corps sonore, la main et l'oreille ont la sensation d'un mouvement de *trépidation*; au-

D'ailleurs, cette découverte des *causes formelles* est un *but fort élevé;* il faut

---

tre effet qui confirme la seconde conséquence (ce qui doit suffire pour le moment); car cet exemple n'étant pas destiné à donner une *définition réelle* du *son*, mais seulement une *définition nominale* de cette dénomination, *cause formelle*, nous n'avons pas besoin de nous jeter dans cette distinction qu'on fait ordinairement entre les *vibrations totales et celles des parties insensibles*). Ainsi concluons *hypothétiquement*: la *cause formelle* du *son*, ou *le son même*, envisagé dans le *corps sonore*, est donc un *mouvement de vibration*; et dans l'*homme* qui entend ce son, sa *cause formelle* est la *perception de ce mouvement*, communiqué, par le corps sonore, à l'air, ou à tout autre milieu; par ce milieu, à certaine partie de l'oreille; et par cette partie, au *sensorium*. Ainsi, la *considération* de la *cause efficiente*, qui est le *mouvement* du *corps frappant*, et celle de l'*obstacle* qui *arrête* le *mouvement*, dans le corps sonore, obstacle qui est aussi une *cause efficiente*, mais *négative*, nous ont, *en partie*, conduits à la *connoissance* de la *cause formelle*, de l'*essence*, de la *nature naturante*, ou *constitutive*, du *son*, considéré dans le *corps sonore*. Je dis *en partie*, parce

sans doute y tendre, parce qu'en tout il faut tendre au plus haut degré de perfection, même quand on désespère d'y atteindre, et pour faire de plus grands pas dans la vraie direction : mais, comme on peut manquer ce but, on n'y arriver que fort tard, soit par le défaut de méthode, soit par une impuissance réelle, il est bon de ramasser, pour ainsi dire, en faisant route, les faits précieux qu'on trouve à ses pieds, et de recueillir, *par provision*, des vérités moins imposantes, dont on puisse tirer parti dans

---

que le *son*, dans le corps sonore, n'est pas *toute espèce*, mais seulement une *certaine espèce de mouvement de vibration*, que nous n'avons pu déterminer ; car n'ayant fait ici que *commencer l'analyse*, nous n'avons pu *pousser assez loin la spécification*, mais seulement dire : quel *genre* est-ce ? c'est un *mouvement*. Quelle *espèce de mouvement ?* c'est un *mouvement de vibration* : actuellement quelle *espèce de mouvement de vibration ?* nous en sommes restés là. *Où a fini l'analyse, a fini la lumière.*

le cas même où l'on ne pourroit saisir celles qu'on cherche.

Tels sont *l'objet*, le *but* et l'*esprit* de cet ouvrage; tout lecteur attentif et judicieux en voit, au premier coup d'œil, la profonde et douce sagesse. Ainsi, le sublime, le divin *Platon*, ayant tracé, dans ses dialogues sur la *république*, des *loix* pour *l'homme, supposé au plus haut degré de perfection* où puisse l'élever l'enthousiasme poétique, rabattit, dans ses dialogues sur les *loix*, toute cette perfection idéale ou purement hypothétique, et traça, pour l'*homme supposé tel qu'il est*, des loix beaucoup moins parfaites (et, par cela seul, cent fois meilleures, parce qu'elles étoient plus susceptibles d'être sanctionnées par leur observation même); n'épargnant aucun moyen, dans ce double code dicté par la raison et le sentiment, pour perfectionner ses semblables, sans perdre jamais de vue leurs imperfections naturelles, et *secourant la nature humaine*, *au lieu de l'accuser* (1) : livres qu'un fond inépuisable de sagesse, d'indulgence, de douceur, d'urbanité, ont rendus immortels, et dont l'esprit, tout à la fois mâle et onctueux, s'est répandu dans les écrits du grand homme que nous interprétons.

---

(1) *La mauvaise humeur du médecin ne guérit pas le malade ;* elle prouve seulement que le docteur ne se porte pas mieux, et qu'il est atteint d'une maladie souvent pire que toutes celles qu'il prétend guérir. Quatre causes principales rendent incurables presque tous nos maux.

1°. La plupart de nos infirmités sont de *vraies maladies chroniques, enracinées par l'habitude.*

2°. *Nous voulons qu'on nous guérisse avec la drogue même qui nous a empoisonnés, et en appellant la santé, nous chassons le remède avec le seul médecin* qui ait le courage de l'appliquer.

3°. *Nos moralistes nous prouvent que nous avons tort d'être malades.*

4° Enfin, *nos poëtes nous font accroire que nous ne le sommes pas, et nous font aimer la fièvre même qui nous ronge.*

Cependant, comme nous ne sommes point le *flatteur*, mais l'*interprète* et le *commentateur du chancelier Bacon*, nous avouerons ingénument qu'il manque souvent le grand but, même lorsqu'il le voit, même lorsqu'il peut y atteindre ; son *esprit* ayant *plus de pénétration, d'étendue et de fécondité, que de force* et de *justesse;* sinon par rapport au *but*, du moins par rapport aux *moyens :* deux choses lui ont manqué, la *géométrie et le temps*. On trouvera quelquefois, dans cet ouvrage, entre deux vues très grandes et très utiles, un fait hazardé, tel petit conte peu digne d'un si grand génie, une explication mystique, une recette digne de figurer dans le *petit Albert*. Mais il donne ces relations, ces recettes, etc. pour ce qu'elles sont ; il ne les admet, dans sa collection, que pour se conformer à la loi qu'il s'est imposée de tout approfondir, de tout examiner, même les opinions qui paroissent les plus ridicules, *de peur d'ou-*

vrir la porte à cent erreurs, en admettant une seule vérité, d'après un préjugé. D'ailleurs, l'ivraie qui croît dans un champ, n'est pas une raison pour se priver du froment qui croît à côté; et les erreurs d'un grand homme sont presque toujours instructives, parce qu'il y mêle presque toujours quelque vérité qui aide à les découvrir, et qui vaut souvent mieux que celle qu'il cherche.

On ne trouvera point dans cet ouvrage d'autre plan général que celui dont nous venons de donner une idée. Cependant la 4e. la 5e. la 6e. et la 7e. Centurie ne composent qu'un même sujet et ne forment qu'un seul corps, dont les parties tendent toutes au même but; savoir: la *perfection de l'agriculture*. Il en est de même de la 2e. et de la 3e. qui traitent *des sons*; ainsi que de la 9e. qui a principalement pour objet les *pronostics qu'on peut former relativement aux saisons*, et, en général, à *la température, prochaine* ou *éloignée*. Il en faut dire autant de la 10e. où il examine, avec toute la sevérité et l'impartialité requises, ces prodiges que deux cents mille auteurs ont réalisés pour eux-mêmes, en les croyant; et compilés dans les *légendes, théologique, médicinale, chymique, cabalistique, etc.* Ce chapitre est fort curieux; il peut du moins nous mettre au courant, par rapport aux chimères dont le genre humain s'est bercé pendant plusieurs siècles. Ce que nous y voyons de plus admirable, c'est que l'auteur n'est jamais ni credule ni incrédule; genre de mérite qu'il ne partage avec aucun autre philosophe; sur-tout parmi nous, où *religion, système politique, sciences, principes, méthodes, mots, tout devient une mode,* un habit qu'on prend aujourd'hui pour figurer, et qu'on quittera demain.

Cette traduction est d'autant plus *fidelle,* que nous avons eu l'attention d'y faire *tous les contre-sens nécessaires.* Lorsque l'auteur, après avoir énoncé une proposition, et posé un principe pour l'établir, se perdant ensuite peu à peu dans un raisonnement compliqué, tire enfin une conséquence diamétralement opposée à celle qu'il doit tirer et qu'il a annoncée, nous supposons une faute de copiste, nous faisons un *apparent contre-sens pour lui en épargner un réel*, et nous le forçons d'être *conséquent* : liberté que nous ne prenons toutefois que dans le cas où, la contradiction étant palpable et sensible pour tous, on peut présumer qu'elle ne vient pas de lui.

Le *style* de l'auteur est souvent d'une précision admirable; et souvent aussi *d'une précision que nous n'admirons point du tout*. Si, de cinq idées absolument nécessaires dans une phrase, vous n'en saisissez que trois, et n'employez que les expressions qui y répondent, vous pouvez *paroître précis à ceux qui comptent les mots, au lieu de les peser;* mais vous êtes tout autre chose que ce que vous leur paroissez ; vous êtes *obscur*, parce que vous êtes *incomplet ;* et vous êtes *incomplet*, parce que vous *n'avez pas assez médité votre sujet,* pour en saisir toutes les parties essentielles. Dans tous les passages de cette nature, où une traduction fidelle n'eût pas été supportable, nous intercalons quelques mots répondant aux idées qui manquent.

Quant à la *nomenclature,* comme la première qualité d'une *traduction,* après l'*exactitude*, est la *clarté*, l'*élégance* n'étant qu'au troisième rang tout au plus; *pour mettre un plus grand nombre de lecteurs à portée de profiter de cet ouvrage qui parle à tous, j'ai emprunté de la langue vulgaire les noms des plantes généralement connues, et de la langue des savans, ceux des plantes connues d'eux seuls.* Dans une autre occasion, si je m'apperçois qu'un *nom grec* puisse *perfectionner la culture des giroflées jaunes,* ou contribuer au *bonheur, verbal* et *verbeux,* des plus doctes et des plus hérissés d'entre mes concitoyens, j'appellerai cette humble fleur *cheirantus cheiri*, à l'exemple de *Linnéus* (grand homme, sans doute, mais un peu *savant en us*, ou, si l'on veut, en *os*); qui a choisi, pour *classer* les *plantes*, des *caractères distinctifs*, qu'on ne peut *reconnoître* que la *loupe* à la main; et pour les *désigner*, des *noms* qu'il est *impossible de retenir*, ce qui nous paroît *très incommode*, et par conséquent *très savant*. Un gros livre à la main, il n'est pas bien difficile de paroître un docteur; et il seroit assez commode de pouvoir *conquérir l'admiration publique, à coups de dictionnaire*. Cependant j'ai mieux aimé proposer un grand nombre d'expériences nouvelles, faciles, peu dispendieuses, et dirigées par trois méthodes qui, dans toutes les questions où elles pourront être appliquées et combinées, donneront un résultat certain au premier essai; ce qui peut épargner de longs et fastidieux tâtonnemens : ces indications, soit méthodiques, soit positives, seront bien mauvaises, si elles ne valent pas un peu mieux que le jargon barbare auquel j'ai renoncé; car je me suis apperçu que nos sciences, non moins copistes que ceux qui les cultivent, étoient aussi en révolution (de mots, s'entend), et n'en étoient pas mieux.

Nous avons essuyé quelques critiques, tels de nos lecteurs ayant usé de leur droit naturel, comme nous devions nous y attendre. Nous croyons pouvoir et devoir même nous dispenser d'y répondre, persuadés que nous servirons mieux ces lecteurs, en les occupant de *Bacon, du sujet* et *d'eux-mêmes*, qu'en les *occupant de nous,* qui d'ailleurs aimons, comme l'on sait, *à mettre la chandelle sur le boisseau, et le chandelier dessous.* Si ces critiques sont injustes, à la longue elles tomberont, et la traduction restera. Si elles sont *justes,* elles sont donc *utiles.* Ce n'est point un *tort;* mais au contraire un *bienfait*; la meilleure réponse que nous puissions faire à de telles censures, c'est d'en profiter, et d'employer à nous corriger de nos défauts, le temps que d'autres perdent à prouver qu'ils n'en ont pas.

Nous croyons devoir un remerciement public et direct au citoyen *Guiraudet*, Préfet du Département de la Côte-d'Or, ainsi qu'au citoyen *Berthet*, sous-Préfet à Semur, pour les encouragemens qu'ils ont pu et même pour ceux qu'ils ont voulu nous donner; remerciement qui s'adresse indirectement à l'autorité supérieure dont ils ont dû suivre les intentions.

Nous devons dire aussi que nous avons tiré beaucoup d'éclaircissemens nécessaires du citoyen *Raymond*, de Semur, bon praticien en médecine, et botaniste estimé, qui a bien voulu nous communiquer ses lumières, et nous épargner des recherches indispensables.

Nous avons oublié de dire que le citoyen *Bruzard*, ainsi que le citoyen *Berthier* (conservateur de la bibliothèque nationale à Semur), et les citoyens *Raymond* (pere et fils), nous avoient aidés à revoir les feuilles mêmes des deux premiers volumes de la première livraison, et la première copie du *Novum Organum;* la célérité de notre exécution ne nous ayant pas permis de profiter toujours de leur complaisance.

Le lecteur, fatigué peut-être de nos petites mentions honorables, observera ensuite de lui-même que ces trois gros volumes ne sont qu'un *discours*, et que ces témoignages de notre *reconnoissance* sont des *actions*.

Fin de la préface.

SYLVA SYLVARUM,

OU

Histoire naturelle expérimentale, et destinée à servir de fondement à la vraie philosophie.

HISTOIRE NATURELLE

DU CHANCELIER BACON.

Centurie VIII.

Observations sur les veines de terre médicinales.

701. On observe la plus grande diversité parmi les *minéraux* et les *fossiles*; mais les *veines de terres médicinales* sont assez rares et se réduisent à un petit nombre d'espèces. Les principales sont, la *terre de Lemnos*, la terre sigillée

commune, et le *bol d'Arménie* ; terres néanmoins parmi lesquelles celle de *Lemnos* tient le premier rang. On attribue à ces substances différentes propriétés, comme celle de guérir les blessures, d'étancher le sang, d'être curatives pour les rhumes, catarres, fluxions, etc. d'arrêter ou de ralentir le progrès des poisons, des maladies contagieuses, de la putréfaction, etc. de plus elles sont éminemment *dessiccatives*, et presque sans mélange d'aucune autre qualité. Cependant, de ces trois substances la plus *froide* par ses effets est le *bol d'Arménie* ; et la plus *chaude*, la *terre de Lemnos* ; propriété qui, dans les temps fabuleux, avoit fait consacrer à *Vulcain* l'île d'où on la tire, et dont elle porte le nom.

Observation sur le renflement des éponges.

702. On trouve au fond de certaines mers, sur-tout dans les détroits, quantité d'*éponges* qui croissent sur les flancs des rochers, et qu'on peut regarder com-

me une sorte de mousse visqueuse et d'un grand volume : faits qui méritent d'autant plus de fixer l'attention, que, parmi les substances analogues aux plantes, et qui croissent dans la mer, il n'en est point qui soient à une aussi grande profondeur que celles-ci, qu'on trouve quelquefois à plus de quinze brasses au-dessous de la surface de l'eau : tirées de la mer et laissées sur le rivage, elles paroissent d'abord d'un volume prodigieux; mais, pour peu qu'on les comprime, elles se réduisent presque à rien, et deviennent faciles à transporter.

Observations sur certains poissons de mer mis dans l'eau douce.

703. Il paroît que certains *poissons*, quoiqu'accoutumés à l'*eau salée*, ne laissent pas de se plaire aussi dans l'*eau douce*. De ce genre sont les *saumons* et les *éperlans*, qui se plaisent à remonter les rivières, quelque rapide que soit le courant. Dans le port de Constantinople, et assez près du rivage, on voit

quantité de poissons venant du Pont-Euxin, qui, en passant de l'eau salée dans l'eau douce, sont comme enivrés, et se retournent le ventre en haut, ensorte qu'on peut les prendre à la main. On auroit peut-être dû essayer plus souvent de mettre des poissons de mer dans l'eau douce; par exemple, dans des lacs ou des étangs; genre d'expériences dont les résultats ne seroient pas moins utiles que curieux ; car on pourroit, par ce moyen, se procurer ces poissons tout frais, quoiqu'à une fort grande distance de la mer. Il se pourroit aussi que ces poissons, mis dans l'eau douce, y étant mieux nourris, fussent de meilleur goût et s'y multipliassent. On prétend que les huîtres de *Colchester,* qu'on a soin de mettre dans des trous où l'eau de la mer peut entrer durant le flux, et où l'eau douce peut aussi pénétrer durant le reflux, deviennent, par ce moyen, plus grosses et plus délicates.

Observation relative à l'attraction produite par l'analogie de substance.

704. Les *Turcs* sont armés d'arcs beaucoup plus forts que les nôtres; on dit même qu'ils décochent une flèche avec tant de force, qu'elle perce un écu (un bouclier) d'acier, ou une lame de cuivre de deux pouces (de deux lignes) d'épaisseur; mais ce qu'on ajoute paroît encore plus étonnant : ces flèches, dit-on, lorsque leur pointe n'est que le bois même aiguisé, percent une planche, aussi de bois, de l'épaisseur de huit pouces (de huit lignes) (1). Quoi qu'il en

---

(1) Le lecteur voit que, dans ce passage comme dans beaucoup d'autres, en réformant le texte, à l'aide de ces mots mis en parenthèse, je le laisse subsister, tout absurde qu'il me paroît. Mais, lorsque l'auteur, après avoir énoncé une proposition et posé un principe pour l'établir, tire une conséquence diamétralement opposée à ces deux propositions, je touche plus hardiment à son texte; et pour lui épargner un vrai contre-sens, j'en fais un moi-même dans la traduction : liberté toutefois que

soit, il n'est pas douteux qu'autrefois, dans les batailles navales, notre nation faisoit usage de certaines flèches fort courtes, connues alors sous le nom de *sprihgts* (d'*esprits volans*), et qui, lancées par une arme à feu, perçoient de part en part le flanc d'un vaisseau qu'un boulet même n'auroit pu traverser. Mais la raison de ce fait assez étonnant tient à un des plus profonds mystères de la nature ; savoir : que la simple analogie de substance peut produire une attraction positive, lorsque le corps dont il s'agit cesse d'obéir au mouvement de la *gravité*. Car, si l'on pouvoit supprimer tout-à-coup cette force de gravité, l'on verroit le plomb attiré par le plomb ; l'or par l'or ; le fer par le fer, même sans

---

je ne prends que dans les cas où l'absurdité est palpable. Par la même raison, lorsqu'il se contente de simples lueurs et d'à-peu-près, j'intercale quelques mots, afin de rapprocher un peu plus ce qu'il dit, de ce qu'il veut dire et de la vérité. Je m'apperçois à chaque pas que deux choses lui ont manqué, l'esprit géométrique et le temps.

le secours de l'aimant. Mais ce même mouvement de pesanteur et de gravité, qui est inhérent et commun à la matière en général, tue, pour ainsi dire, l'autre, à moins qu'il ne soit lui-même détruit par quelque mouvement violent, comme il l'est dans ces flèches dont nous parlons; car alors, et dans tous les cas semblables, ce mouvement d'attraction qui a pour cause la seule analogie de substance, commence à se manifester. Mais ce sujet ayant besoin d'être plus approfondi, nous le traiterons plus amplement dans le lieu convenable.

Observation relative à une boisson dont on fait usage en Turquie.

705. En Turquie, et dans quelques autres contrées orientales, on fait usage de certaine confection, à laquelle on donne le nom de *sorbet*, et qui a quelque analogie avec nos confitures glacées; en un mot, avec ce que nous appelons des *glaces*. Elle est composée de *sucre* et de *citron* ou de *limon*; ou encore, de *su-*

cre et de *suc de violettes* ou d'autres fleurs auxquelles on joint un peu d'*ambre*, pour les personnes d'un goût plus délicat. De ces substances dissoutes dans l'eau, on compose une boisson qui tient lieu de *vin*; cette dernière liqueur étant interdite dans ces contrées par la loi mahométane. Mais, ce qui nous paroît assez étonnant, c'est que les *Anglois*, les *Hollandois* ou les *Allemands*, n'aient pas encore pensé à établir des *brasseries* à *Constantinople*, vu la grande quantité d'*orge* qu'on y recueille. Or, si la plus grande partie du peuple, dans ces pays-là, ne boit que de l'eau, ce peut être par *frugalité*; une telle boisson qui ne coûte rien, étant réellement un grand objet d'économie : mais les personnes plus aisées ne craindroient pas le petit surcroît de dépense occasionné par l'usage de la bière. Cependant, cet étonnement cesse, lorsque je considère que, même en *France*, en *Italie* et en *Espagne*, on n'a pas encore généralement adopté ce genre de boisson, qui pourroit cependant procurer à ces peuples une santé plus ferme et une constitution plus robuste. Selon toute apparence, le particulier qui réaliseroit le premier une telle spéculation en *Turquie*, y feroit une fortune très rapide (1).

Observations relatives aux sueurs.

706. Il semble qu'on devroit *suer beaucoup* lorsqu'on est dans un *bain d'eau chaude;* cependant, les parties qui se trouvent alors plongées, ne suent point. Ce phénomène, assez singulier, peut être attribué à plusieurs causes. En premier lieu, la sueur est une espèce de liquéfaction et d'écoulement, qui ne peut être occasionné, ni par une *chaleur trop humide*, ni par une *chaleur trop sèche ;* car, une excessive humidité éteint, en quelque manière, la chaleur, à peu près comme l'eau éteint le feu;

---

(1) Qui ne nous aideroit pas à découvrir les *causes formelles*, ni même les *causes efficientes*, qui sont notre véritable objet.

et une chaleur excessivement sèche ferme les pores de la peau. Aussi, lorsqu'on est au soleil ou près du feu, sue-t-on plus aisément en se tenant couvert, qu'en restant tout-à-fait nud : d'ailleurs, l'on provoque plus doucement et plus aisément la sueur dans une personne qui est au lit, à l'aide de bouteilles remplies d'eau chaude, qu'à l'aide de briques chauffées au même degré. En second lieu, l'eau chaude rend la peau plus perméable, et l'humor excrémentitiel de chaque partie plongée dans l'eau, se dissipant ainsi plus aisément par la transpiration insensible, n'a pas le temps de se ramasser en gouttes, de se convertir en sueur manifeste, et de sortir sous cette forme : sans compter qu'une chaleur modérée, et qui croît par degrés, provoque les sueurs plus aisément et en plus grande abondance, que ne le feroit une chaleur d'abord très forte, et qui resteroit au même degré. La raison de cette différence est qu'une chaleur douce, tranquille et graduée, ouvre mieux les pores, qu'une chaleur brusque et violente. Aussi, lorsque les médecins veulent faire suer une personne au lit, à l'aide de bouteilles remplies d'eau chaude, où ils ont mis en décoction des herbes sudorifiques, obtiennent-ils plus sûrement cet effet en graduant la chaleur, qu'en la brusquant d'abord, et en l'entretenant au même degré ; je veux dire, en mettant d'abord dans le lit des bouteilles médiocrement chauffées, et, une demi-heure après, des bouteilles plus chaudes.

707. La *sueur* a un goût de *sel* : la cause de cette saveur est que la partie la plus douce des substances alimentaires se convertit en sang et en chair; la *sueur* ne provenant que de cette *partie excrémentitielle* qui n'a pu être *assimilée*. La saveur du sang crud est aussi un peu plus salée que celle de la chair crue ; parce que cette assimilation, d'où résulte la conversion en chair, ne peut s'opérer sans l'excrétion d'une matière ténue et déliée, qui se sépare d'abord du sang,

et qui, en s'y mêlant de nouveau, lui donne cette saveur.

708. Les parties supérieures du corps suent beaucoup plus que ses parties inférieures ; car les premières abondent plus en esprits ; et ce sont ces esprits qui, par leur expansion, poussant la sueur au-dehors, en déterminent ainsi l'émission. Elles sont aussi moins charnues : or, ce sont ordinairement les parties les moins charnues et les plus sèches, qui suent le plus ; tels sont, par exemple, le front, la poitrine, etc.

709. Les sueurs sont ordinairement plus abondantes durant le sommeil que durant la veille ; quoiqu'en général l'effet du sommeil soit plutôt d'arrêter les écoulemens et les flux, tels que *rhumes, catarres, cours de ventre*, etc. que de les provoquer. La raison de cette différence est que l'effet naturel et propre du sommeil, est de rappeller à l'intérieur, d'y concentrer et d'y retenir la chaleur et les esprits. Or, cette concentration de la chaleur, en l'irritant, la rend

ainsi plus violente, plus expansive, et plus capable de pousser au-dehors la matière des sueurs.

710. Les sueurs froides sont quelquefois un symptôme de mort, présente ou prochaine; dans tous les cas, elles sont funestes et regardées comme un mauvais signe : par exemple, à la suite d'une *grande frayeur*, de l'*affection hypocondriaque*, etc. Car ces sueurs froides sont l'effet du relâchement, de la défaillance totale, et de la complette émission des esprits qui, en s'échappant, poussent au-dehors tout l'humor que la chaleur retenoit dans les parties, en les consolidant.

711. Dans cette classe de maladies où les sueurs ne sont pas curatives; par exemple, dans les *pulmonies*, les *dyssenteries*, etc. elles doivent être regardées comme un symptôme fâcheux, et il faut plutôt les arrêter que les provoquer. Mais, dans celles où elles sont nécessaires, leur effet est de dégager les vaisseaux et d'expulser la matière morbifique; elles font alors partie de la crise,

et le malade les supporte aisément (1). Dans le premier cas, elles ont pour cause l'état violent des esprits et leur réaction du centre à la circonférence ; ou encore un mouvement de corrélation qui a lieu lorsque la nature, n'ayant pas assez de force pour expulser la matière morbifique de la partie où est son principal siége, elle détermine, par un dernier effort, une expulsion vague et universelle.

Observations relatives aux vers-luisans.

712. La nature des vers-luisans n'a pas encore été approfondie par des ob-

---

(1) Pour donner une idée de ses explications, je vais traduire ce passage mot à mot : *mais, dans ces maladies, qui sont chassées par les sueurs, cette excrétion dégage et allège; parce qu'alors la sueur est critique et pousse au-dehors la matière nuisible.* Il y a, dans cette explication, *trois pléonasmes.* Ces sueurs sont d'autant plus salutaires et curatives, qu'à mesure que la maladie s'en va, le malade se porte mieux; ce qui le soulage beaucoup : explication fort instructive.

servations assez multipliées et assez variées; voici à quoi se réduit tout ce qu'on sait sur ce sujet. Ils se forment ordinairement durant les plus grandes chaleurs de l'été, non dans les champs ou sur les terrains découverts, mais dans les buissons et dans les haies; circonstances qui annoncent que l'esprit qui les anime, est d'une extrême ténuité; qu'il ne peut être atténué au degré nécessaire pour les vivifier, que durant une telle saison; et qu'en conséquence de cette ténuité même, il s'exhale aisément. En *Italie* et dans d'autres pays chauds, on voit un insecte ailé, connu sous le nom de *lucciole* (*lucciola, petite lumière*), qui brille comme notre *ver-luisant* : ce n'est peut-être au fond qu'un *ver-luisant, volant;* on ne le trouve ordinairement que dans les lieux humides et marécageux : mais cette circonstance n'a rien d'opposé aux deux premiers faits; car les *glaïeuls*, ou toute autre espèce de plante aquatique, ou de verdure, peut, tout aussi-bien que les *buissons*, lui donner l'*ombrage* dont il a besoin. Au reste, il se peut que le froid de ces contrées où l'on trouve le ver-luisant dont nous parlions d'abord, ne lui permette pas de croître et de se développer assez pour que ses ailes puissent se former.

Observations relatives aux impressions que les passions ou affections de l'ame font sur le corps.

713. Les *passions* ou *affections de l'ame* font sur le corps différentes impressions dont nous allons donner une description assez détaillée. Les symptômes ou signes de la crainte sont, la *pâleur*, le *tremblement*, le *hérissement* des *cheveux* et en général, des *poils*, le *tressaillement*, la *stupeur* et les *soudaines exclamations*. La *pâleur* vient de ce que le sang, rappellé à l'intérieur, se porte vers le cœur, comme pour le secourir. Le *tressaillement* est produit par la même cause; car le sang et les esprits, en se portant à l'intérieur, comme nous venons de le dire, abandonnent, par cela

seul, les parties extérieures qui alors ne peuvent plus se soutenir. *Les cheveux se dressent* et le *poil se hérisse*, parce que les pores de la peau se ferment; car, les cheveux étant ordinairement couchés, ces pores ne peuvent se fermer sans les pincer et les forcer ainsi à se relever. Le *tressaillement et la stupeur* viennent d'un *mouvement de contraction* qu'on fait machinalement, pour exercer plus complettement *sa faculté appréhensive*, et d'un *redoublement d'attention* pour voir quelle sera la *suite* de ce *commencement* qui *épouvante;* c'est une espèce d'*érection,* mouvement *érectif* qu'on observe dans tout individu dont les esprits se disposent à l'*attention* (1). Les soudaines *exclamations* sont l'effet du désir de repousser, d'éloigner ce qui a tout-à-coup frappé les esprits. Car on doit obser-

---

(1) Comme le dit l'étymologie même de ce mot *attention;* aussi tous les hommes obligés par état de faire de grands efforts d'attention, ont-ils une certaine roideur dans l'œil, dans le cou, etc.

ver qu'il est une infinité de mouvemens assez inutiles, pour nous débarrasser de ce qui nous blesse; mais qui, étant comme autant de stimulans par rapport à la nature (au principe vital), et agissant par une corrélation harmonique, occasionnent d'autres mouvemens : de ce genre sont les gémissemens et les cris plaintifs que la douleur fait pousser (1).

714. Les *symptômes*, ou *signes caractéristiques* de l'affliction, et en général de la douleur, sont les *soupirs*, les *sanglots*, les *gémissemens*, les *cris*

---

(1) Cette explication nous paroît à contre-sens : l'*imagination frappée* est le véritable *stimulant ;* elle nous fait faire d'abord certains mouvemens pour nous débarrasser de l'objet, en l'éloignant ou en le fuyant, et en même temps d'autres mouvemens inutiles à cette fin; mais qui, en vertu de la communication réciproque de toutes nos parties, sont une conséquence nécessaire des premiers ; d'ailleurs, ces mouvemens accessoires ne laissent pas d'être *médiatement* utiles, en rappellant à l'extérieur le sang, les esprits et le mouvement ; ce qui balance en partie l'effet de la peur.

plaintifs, les *hurlemens*, les *larmes*, les *grimaces*, le *grincement de dents*, la *sueur*, etc. Les *soupirs* viennent de ce qu'on aspire l'air en plus grande quantité, pour ranimer le cœur qui se trouve alors dans un état de foiblesse et d'oppression ; à peu près comme on boit à longs traits pour étancher une soif ardente. Le *sanglot* est un mouvement de même nature que le précédent, mais plus fort et plus marqué. Les *gémissemens*, les *cris plaintifs* et les *hurlemens* sont occasionnés par un mouvement machinal d'*expulsion*, comme nous l'avons déja observé. Car alors les esprits étant hors d'état de se délivrer de l'objet nuisible, l'effort impuissant qu'ils font pour cela, occasionne, par une corrélation harmonique, dans les instrumens vocaux, un mouvement expulsif d'où résultent ces cris (1) ; phénomène, toutefois, qui

---

(1) Les esprits ne pouvant chasser dehors les choses nuisibles, *dit le texte*, ils poussent du moins la voix.

n'a lieu que dans les cas où les esprits sont incapables de résister, et succombent à la douleur ; car une personne qui lutte courageusement contre la douleur, ne pousse point de tels gémissemens. Les *larmes* ont pour cause la contraction des esprits dans le cerveau ; contraction dont l'effet nécessaire est l'astriction de l'humor de ce viscère, ce qui détermine les larmes vers les yeux. C'est en vertu de cette même contraction ou compression, que, dans un accès de violente douleur, *on se tord les mains; ce geste étant celui qu'on fait ordinairement pour exprimer l'humidité* (1). Les *grimaces* ont pour cause l'effort qu'on fait d'abord pour résister à la douleur, puis pour repousser et éloigner ce qui l'occasionne ; effort dont

---

(1) Comme le cerveau se tord tout exprès pour exprimer l'humidité dont nous avons besoin pour pleurer, il est juste que les mains fassent aussi ce mouvement qu'on fait ordinairement pour exprimer l'eau d'un linge; et il est également juste de renvoyer cette explication aux blanchisseuses dont elle est digne.

le premier effet est de contracter les parties, et le second, de les dilater. Le *grincement de dents* vient également de l'effort que font les esprits pour se resserrer, se réunir, se concentrer et se mettre ainsi en état de résister ; effort, dont l'effet est encore de rapprocher les machoires et de les serrer fortement l'une contre l'autre (1). La *sueur* a aussi pour cause

---

(1) Ces cris et la plupart de ces mouvemens convulsifs peuvent aussi être regardés comme autant de *révulsions spontanées et automatiques*. Les grandes douleurs viennent principalement de ce que les esprits vitaux réagissent avec force contre les parties lésées, font effort pour y pénétrer, et distendent les fibres. D'où il suit que, pour diminuer la douleur, il faut partager leur action en les rappellant avec force à d'autres parties ; et c'est ce que nous faisons par instinct, à l'aide de tous ces mouvemens qu'il veut expliquer. Toutes ces différentes expressions de la douleur nous soulageroient ; mais la vanité nous interdit ce soulagement ; les lèvres se bordent d'un sourire orgueilleux, mais on pleure en dedans ; et en se roidissant contre les pointes de la douleur, on les enfonce plus avant.

l'effort composé des esprits, d'abord pour résister, puis pour repousser la chose nuisible.

715. Dans la *joie*, le visage se déride, les yeux deviennent plus brillans et plus vifs ; elle fait chanter, sauter, danser, et quelquefois pleurer ; tous effets de la dilatation des esprits, et du mouvement par lequel ils se portent dans les parties extérieures ; ce qui leur donne plus de force et d'activité. On connoît asez d'exemples de personnes auxquelles une joie excessive a causé la mort ; les esprits alors s'étant portés à la circonférence, et dilatés au point de ne pouvoir plus rétrograder et se contracter. Quant à ces larmes que la joie même fait verser, elles sont l'effet de la compression de l'humor du cerveau, occasionnée par la dilatation des esprits ; car, l'effet nécessaire de la compression des esprits est d'exprimer l'humor de ce viscère, par un mouvement de corrélation harmonique, comme nous l'avons déja dit, par rapport aux larmes que fait verser la douleur.

Mais la joie produit cet effet d'une manière toute différente ; savoir : par l'expansion des esprits qui, en se dilatant, et en occupant un plus grand espace, chassent ainsi cet humor, et le forcent à se porter au-dehors.

716. Dans la *colère,* les uns pâlissent ; les autres changent fréquemment de couleur ; d'autres sont saisis d'un tremblement universel ; dans d'autres enfin, le visage s'enflamme et se gonfle, les yeux étincellent, la bouche écume, ils frappent la terre du pied, serrent les poings, etc. *La pâleur et le changement fréquent de couleur* ont pour cause l'inflammation des esprits dans la région du cœur ; esprits qui, pour se ranimer et se renforcer eux-mêmes, appellent, pour ainsi dire, à leur secours ceux des parties extérieures. Si la pâleur est seule et constante, ce signe annonce qu'à la *colère* se mêle un peu de *crainte :* mais, dans la plupart des individus, qui ne pâlissent jamais en pareil cas, les joues et la partie inférieure des oreilles se co-

lorent d'un rouge vif, en conséquence de l'émission des esprits, occasionnée par le désir de la vengeance. Le tremblement qui accompagne quelquefois la colère, a aussi pour cause le mouvement rétrograde des esprits, et il a également lieu lorsque la colère et la crainte se trouvent ensemble. *Le gonflement* est l'effet de la dilatation des esprits, occasionnée par une excessive chaleur, et de la pléthore ou de l'effervescence des humeurs, qui en est une conséquence. On peut attribuer à la même cause l'écume qui paroît sur les lèvres, et qui est aussi une sorte d'effervescence ou d'ébullition. Le trépignement et le serrement des poings viennent de ce que l'homme irrité se prépare à la vengeance, et se venge déja en idée.

717. Une légère offense, ou, en général, un léger déplaisir fait secouer la tête, rider le front et froncer les sourcils; tous effets qu'on doit attribuer à la même cause que le tremblement et le frémissement; je veux dire, au mouve-

ment rétrograde des esprits rappellés à l'intérieur, mais avec moins de force. Le branlement de tête n'est qu'un tremblement plus lent et plus foible, qui est le signe ordinaire d'un léger refus : nous voyons en effet qu'on témoigne ordinairement un léger déplaisir par ce geste de la main qu'on fait pour annoncer un refus, ou rebuter quelque chose. Si alors on ride le front et l'on fronce le sourcil, ces deux mouvemens doivent être attribués à la retraite des esprits qui se resserrent et se concentrent, pour résister jusqu'à un certain point. Aussi observe-t-on assez souvent ce même froncement de sourcil dans une personne appliquée à quelque étude ou méditation sérieuse, quoiqu'elle n'y trouve rien de déplaisant.

718. Tout individu saisi de honte, rougit et baisse les yeux. Cette rougeur n'est autre chose que la couleur même du sang, qui alors se porte en grande quantité à la face, celle de toutes les parties qui, dans cette passion, travaille le plus. Cette même couleur paroîtroit sans

doute aussi sur toute la partie extérieure de la poitrine, si elle étoit nue; mais, comme le visage est la seule partie entièrement découverte, c'est aussi la seule où l'on voie à l'œil ce passage et cette affluence du sang. Quant à la cause qui fait baisser les yeux, c'est simplement le respect que les autres nous inspirent; aussi voit-on que toute personne saisie de honte devant d'autres, n'ose les regarder fixement. Ces deux signes de la honte, je veux dire la *rougeur* et le *baissement des yeux*, sont plus fréquens et plus marqués dans une compagnie un peu nombreuse, comme l'observe certain historien. *Rien n'étoit plus sensible à la honte que le visage de Pompée; souvent même la présence de plusieurs personnes suffisoit pour le faire rougir* (1).

___

(1) Mais cette couleur de la vertu n'étoit en lui qu'un vernis qui masquoit son ambition, comme le dit Salluste, qui le peint ainsi en deux mots : *ore verecundo, corde improbo* : visage pudibond, cœur effronté. Cette facilité à rougir est ordinai-

C'est ce que nous éprouvons nous-mêmes, lorsque nous sommes obligés d'aborder des personnages illustres ou respectables par leur dignité.

719. La compassion nous fait quelquefois verser des larmes et détourner les yeux. Ces larmes n'ont d'autre source que celles qu'une affliction quelconque nous fait verser ; car la compassion n'est autre chose qu'une affliction ou une tristesse occasionnée par la vue du malheur d'autrui. Ces regards obliques sont un signe d'aversion et de répugnance à envisager l'objet qui excite notre pitié.

720. L'*étonnement* suspend tous nos mouvemens, et nous fait rester dans une attitude fixe : l'*admiration* nous porte à élever nos mains et nos regards vers les cieux. La suspension des mouvemens a pour cause celle de l'esprit même, qui alors cessant de se porter au hazard et

───────────────

rement un signe de vanité; et pour convertir cette vanité en ambition, il ne faut qu'une seule chose, l'*occasion*.

d'errer, pour ainsi dire, sur différens objets, comme il le fait ordinairement, s'arrête et se fixe sur celui qui excite notre *étonnement;* car l'effet de l'*étonnement* n'est pas de mettre en fuite les esprits et de les faire rétrograder, ce qui est l'effet propre de la *crainte,* mais de les *arrêter,* et de *diminuer,* pour le moment, leur *mobilité.* Quant à ce mouvement qui nous porte à élever nos mains et nos regards vers les cieux, c'est une espèce d'*appel à la Divinité,* qui, par sa providence et sa puissance infinie, est la véritable source de tout ce qui peut exciter notre *admiration,* et, en général, causer notre *étonnement.*

721. Le rire fait écarter les lèvres et les coins de la bouche : il a pour cause une expiration continue, mais fréquemment interrompue par les éclats de la voix, et accompagnée de fréquentes secousses, d'une sorte de mouvement convulsif dans les flancs et la poitrine. Lorsqu'il est violent et de quelque durée, les yeux s'emplissent de larmes. La première

observation qui se présente sur ce sujet, c'est qu'à proprement parler, le *rire* n'est point une *passion*, vu qu'il prend sa source dans l'*entendement*, etant toujours précédé de l'*idée* de quelque *objet plaisant*. En un mot, il est toujours précédé de quelque réflexion, aussi est-il particulier à l'*homme*. En second lieu, le rire ne suppose les esprits que très légèrement affectés, et dépend d'une impression beaucoup moins intime et moins profonde que celles qui ont lieu dans les passions proprement dites ; et l'on peut l'exciter par des moyens qui n'ont aucune espèce de relation avec ces passions. Par exemple : il suffit, pour faire rire aux éclats, de chatouiller certaines parties du corps. On voit même bien des personnes qui, dans les occasions où elles ne doivent être occupées que de choses graves, et où le rire est tout-à-fait déplacé, ne peuvent garder leur sérieux. En troisième lieu, le *rire* est toujours accompagné d'un certain *plaisir*, et il a une relation naturelle avec la *joie*, quoiqu'il dépende d'une émotion plus légère ; car la *véritable joie a je ne sais quoi de sérieux.* En quatrième lieu, les *objets* propres et directs du *rire* sont les *difformités*, les *extravagances*, les *tours fins* et *nouveaux*, les *traits ingénieux*, etc. (1).

---

(1) Toutes ces définitions et une partie des explications dont elles sont la base, nous paroissent manquer un peu de justesse : voici quelque chose de plus exact. *Le rire est l'expression naturelle de la joie.* Or, nous nous *réjouissons, ou de nos propres succès et de nos propres perfections, ou des défauts et des disgraces d'autrui, quand nous croyons y gagner quelque chose.* Ce que nous appellons *ridicule,* dépend ordinairement *d'un défaut de convenance* ou *de proportion* entre les *moyens* qu'emploie une personne, et la *fin* qu'elle se propose, lorsque cette *méprise* suppose en elle quelque *qualité méprisée,* et n'a point de *conséquences* trop *funestes.* Son erreur nous réjouit alors, sur-tout devant témoins, parce que nous nous imaginons que tout ce qui rabaisse à leurs yeux un autre individu, nous élève d'autant ; et que tout ce qu'il perd dans leur opinion, nous le gagnons. Voilà pourquoi nous aimons les plaisans qui n'épargnent que nous ; il nous semble

Parlons actuellement des causes auxquelles doivent être rapportés les effets décrits plus haut; explications sur les-

---

qu'à mesure qu'ils nous environnent de *nains*, nous devenions des *géans;* car tous les jugemens de cette espèce sont *comparatifs*. Il en est de même des défauts physiques et naturels, qui dépendent aussi d'un défaut de convenance ou de proportion entre certaines parties du corps. Généralement parlant, le *rire fréquent* et *excessif* est un *signe* de *foiblesse*: les *enfans*, les *femmes* et les *eunuques* rient beaucoup; parce qu'en conséquence de leur foiblesse même, et de leur susceptibilité naturelle, ayant un sentiment plus vif des convenances et des proportions, ils ont, par cela seul, la faculté d'appercevoir, d'un coup d'œil, tout ce qui s'en écarte; apperçu rapide d'où naît ce genre de *surprise* qui constitue le *rire;* sans compter que, sentant leur propre foiblesse, ils sont plus portés à se réjouir de tout désavantage qui, en diminuant le pouvoir d'autrui, semble augmenter le leur. Il n'est point d'individu qui n'ait quelque défaut naturel, et un grain de sottise qu'il ne doit qu'à lui-même : *Tout homme qui rit des défauts d'un autre homme, n'est qu'un borgne qui se moque d'un boiteux; et la bosse d'autrui ne nous redresse point.*

quelles ce petit nombre d'observations générales répandront quelque jour. L'écartement des lèvres et des deux coins de la bouche, l'expiration continue et interrompue par des éclats de voix, enfin les secousses de la poitrine et des flancs, tous ces effets sont produits par la *dilatation des esprits;* je veux dire par leur *soudaine expansion.* Quant à ces larmes qu'excite un rire excessif, et de quelque durée, elles doivent être attribuées à la même cause, comme nous l'avons déja observé, en parlant de celles qu'une affliction et une joie excessive font verser : mais l'action soudaine de la cause qui excite le rire et la surprise dont il est l'effet, est ici le principal point à considérer ; car une suite de *petites disgraces* ou de *petites gaucheries,* qui aggravent la faute ou augmentent la perte qu'on vouloit réparer : en un mot, un objet ridicule qui se présente tout-à-coup, fait rire dans le moment ; mais, pour peu que cela dure, on ne rit plus. En général, les objets, les événemens, ou les récits *trop familiers*, n'excitent point le rire; il n'est que la *nouveauté* qui le puisse. Cette surprise est également nécessaire pour que le *chatouillement* ait son effet. Par exemple, lorsqu'on veut chatouiller une personne, pour peu qu'elle s'y attende, ou qu'on la touche rudement et continuellement, on ne réussit point à la faire rire, ou l'on y réussit moins aisément.

722. Un *vif désir de l'acte vénérien* rend les yeux étincellans, et occasionne un *priapisme* (l'érection de la verge). La raison de ce double phénomène est sensible : les deux choses qu'on désire alors, sont la *vue* et le *contact*; ainsi, les esprits doivent se porter et affluer principalement aux deux organes respectifs, qui alors sont le plus vivement affectés. Observez en général (observation qui peut être d'une grande utilité), *que, dans les passions ou affections de toute espèce, les esprits doivent se rendre et affluer principalement aux parties qui alors travaillent le plus, ou qui*

sont le plus vivement affectées. Ainsi, dans le *désir de l'acte vénérien,* ils doivent *se porter aux yeux* et *aux parties génitales* (1); dans la *crainte* et la *colère,* au *cœur;* dans la *honte,* à la *face;* et dans un *léger déplaisir,* à la *tête* (2).

Observations sur l'ivresse, sur ses causes et sur ses effets.

723. Les anciens ont observé, et quelques modernes ont répété, que la semence des hommes adonnés à l'ivrognerie est inféconde. La raison de cette stérilité est, que cette semence est excessivement fluide et n'a pas assez de corps; de là ce proverbe burlesque qui a cours

---

(1) Pour rendre son explication plus précise, il auroit dû dire : que les esprits doivent affluer principalement, non-seulement aux parties qui travaillent le plus actuellement, mais même à celles qui se disposent et tendent à travailler le plus.

(2) Il me semble que la *face* fait ordinairement *partie* de la *tête*; il veut dire, *dans toute la tête, et principalement à la partie supérieure de la face.*

parmi nous : *les ivrognes n'engendrent que des filles.*

724. Dans un homme ivre, aucune partie n'est en état de faire ses fonctions; il n'est plus maître d'aucun de ses mouvemens; il chancele, il hésite ; ni sa démarche, ni ses discours n'ont rien d'assuré. La raison de ces différens signes de foiblesse est, que les esprits animaux, dans l'ivresse, sont fortement comprimés par ceux du vin, les derniers s'emparant d'une partie de la place que les premiers doivent occuper seuls, et affoiblissant ainsi tous leurs mouvemens; état de foiblesse indiqué par les fréquens bâillemens et une continuelle envie de dormir.

Les *opiates* et les substances *stupéfiantes,* telles que l'*extrait de pavot,* la *jusquiame,* la *ciguë,* etc. occasionnent aussi une sorte d'*ivresse,* qu'on doit également attribuer aux vapeurs grossières qui s'en élèvent et qui compriment les esprits vitaux, à peu près comme le font ceux du vin. De plus, les esprits du vin ayant, ainsi que les esprits vitaux, la faculté de consumer les sucs alimentaires, leur dérobent ainsi une partie de la substance dont ils se nourriroient; en conséquence ils diminuent leur agilité et leur aptitude au mouvement.

725. L'homme ivre croit voir tourner tous les objets qui l'environnent, et s'imagine quelquefois que les murailles vont tomber sur lui. Ses yeux égarés ne distinguent plus les objets un peu éloignés; les objets voisins lui paroissent tous hors de leur véritable place, et quelquefois même lui paroissent doubles. La cause de toutes ces illusions est sensible. Tous les objets lui paroissent tourner, parce que ses esprits ont eux-mêmes un mouvement circulaire, occasionné par la vapeur du vin qui les comprime fortement. Car on sait que tout fluide comprimé se meut circulairement; genre de mouvement qu'on observe quelquefois dans l'eau, dont le tournoiement est produit par une cause semblable. Or, *le mouvement de l'objet même, celui des esprits visuels et celui du milieu*, pro-

duisent le même effet, quant à la vision; et l'apparence, dans ces trois cas, est absolument la même (1). On sait

---

(1) Ce genre de méprises est l'image de celles où nous tombons nous-mêmes dans ces autres genres d'ivresse désignés par le nom de *passions*. Dans presque tous nos jugemens nous attribuons à la personne, ou à la chose que nous jugeons, des qualités analogues à la manière dont nous sommes affectés, soit qu'elle ait ou n'ait pas été la cause de notre sentiment. *Tout nous paroît tourner, quand la tête nous tourne; et la tête nous tourne toujours un peu, car nous ne sommes jamais tout-à-fait à jeûn.* Au reste, ce n'est pas l'homme qu'il faut accuser de ces méprises, mais la nature humaine; elles sont en partie nécessitées par sa constitution même. En effet, comme l'ame humaine ne peut percevoir immédiatement aucun être physique, et ne perçoit les corps que par l'entremise de celui auquel elle est unie, l'homme attribue involontairement aux personnes et aux choses qu'il juge, les qualités de ce milieu à travers lequel il les regarde; il croit voir sur l'objet la tache qui est dans son œil : ses *observations*, qui ne devroient être que des *sensations observées*, mais auxquelles il mêle sans cesse des *jugemens*, se sentent toujours un peu des *défauts* de sa *lu-*

aussi que toute personne qui tourne sur place un peu long-temps, éprouve une semblable illusion. L'homme ivre s'imagine que tout va tomber sur lui; parce que ses *esprits* visuels ayant eux-mêmes un mouvement *rétrograde*, les objets lui paroissent se mouvoir dans le même sens et se porter vers lui. De plus, par cela même qu'il croit les voir s'ébranler et tourner autour de lui, la crainte lui fait croire qu'à la fin ils pourroient bien tomber sur lui (1). S'il ne peut appercevoir

---

nette; l'objet même qui l'excite à ouvrir les yeux, lui brouillant la vue; et chaque individu, sain ou malade, soit au physique, soit au moral, suppose dans l'univers l'ordre ou le désordre qui est dans son œil, dans sa tête ou dans son cœur. Ainsi, au lieu d'imputer aux hommes des méprises souvent involontaires, il faut tâcher de les détromper sans leur dire jamais qu'on les détrompe; car *ce n'est pas la chûte qu'il faut relever, mais l'homme qui est tombé.*

(1) Que l'ivrogne se penche vers la muraille, ou que la muraille se penche vers l'ivrogne, il est certain que, dans les deux cas, il en sera plus proche : or, de temps en temps l'ivrogne a une rai-

les objets éloignés, c'est l'effet naturel de la foiblesse de ses esprits ; car, lorsqu'on a la migraine ou des vertiges, on a une sorte de nuage sur la vue, et l'on s'imagine aussi voir tourner tous les objets; genre d'illusion qu'on éprouve également dans une légère syncope. Le déplacement apparent de tous les objets aux yeux de l'homme ivre, est une conséquence naturelle de la réfraction de ses esprits visuels ; la vapeur du vin, qui l'offusque, étant un milieu fort inégal (1); genre de réfraction assez analogue à celle qui fait paroître hors de leur véritable place tous les objets plongés dans l'eau. Si tous les objets voisins lui paroissent doubles, cette illusion est l'ef-

---

son suffisante pour se pencher vers la muraille ; mais, comme il ne se sent pas en état de rendre un jugement définitif entre lui et cette muraille, il suppose le pire, et décide prudemment que c'est elle qui se penche vers lui.

(1) Il voit tout à travers un brouillard; mais ici le brouillard est en dedans : tant que l'on boit, il fait beau ; mais dès que l'on cuve, il pleut.

fet du mouvement rapide et tumultueux de ses esprits visuels, qui, étant comprimés par la vapeur du vin, ont des mouvemens de vibration fort irréguliers; car le mouvement des esprits visuels, et le mouvement réel de l'objet, comme nous l'avons déja observé, produisent les mêmes apparences. Quant à cet effet que nous attribuons au mouvement rapide et apparent de l'objet, on sait que, lorsqu'on pince une corde de violon pour la mettre en vibration, elle paroît double ou triple; illusion fort semblable à celle qu'il s'agit d'expliquer (1).

726. Les quantités de vin étant supposées parfaitement égales, on s'enivre plus en buvant à petits coups, qu'en buvant à grands coups; et le vin sucré eni-

---

(1) Dans deux instans consécutifs, et qui se succèdent avec une extrême rapidité, il voit l'image d'un même objet en deux lieux différens; et comme, au moment où il voit la seconde image, il n'a pas encore cessé de voir la première, il voit deux images presque en même temps, et en conséquence il croit voir deux objets.

vre moins que le vin pur (1). La raison de la première de ces deux différences est que le vin, lorsqu'on le boit à petits coups, ne tombant pas si vîte au fond de l'estomac, et demeurant plus long-temps attaché à sa partie supérieure, ses vapeurs doivent ainsi monter plus vîte à la tête, et en conséquence enivrer plus promptement. Par la même raison, une soupe au vin (le pain trempé dans

---

(1) Ce qu'on peut expliquer par ce raisonnement trivial : les propriétés d'une substance composée de parties de différentes espèces, doivent participer des propriétés des substances composantes : or, le vin enivre, et le sucre n'enivre pas. Le vin, combiné avec le sucre, doit donc enivrer moins que le vin seul. Selon toute apparence, il en seroit de même de toute autre substance qu'on feroit dissoudre dans du vin, et qui ne seroit pas de nature à occasionner une *pléthore de dilatation*. Je soupçonne qu'un *sel*, par exemple, le *sel marin*, et sur-tout le *nitre*, dissous dans le vin, produiroit plus sûrement cet effet. Car on sait qu'un des plus puissans moyens pour faire cesser l'ivresse, est de boire du café où l'on ait fait dissoudre du sel au lieu de sucre.

du vin) enivre plus que le vin seul. La cause de la seconde différence dont nous parlions d'abord, est que le sucre condense les esprits du vin, leur donne plus de corps, et diminue, par cela seul, leur disposition à se résoudre en vapeurs. On prétend même que, pour prévenir l'ivresse ou la faire cesser, il suffit de boire du vin sucré après le vin pur. J'ai ouï dire aussi qu'on pouvoit obtenir le même effet en buvant, après une grande quantité de vin, un peu d'huile ou de lait (1).

---

(1) Voici un remède aussi simple qu'efficace pour faire cesser l'ivresse presqu'à l'instant : je l'ai éprouvé sur un grand nombre d'individus, et toujours avec succès : appliquez sur le visage de l'homme ivre un linge trempé dans de l'eau fraîche, et réitérez l'opération deux ou trois fois : s'il est furieux, on peut lui administrer l'eau par aspersion, en ayant soin de se placer à cette distance qu'on doit toujours laisser entre les hommes et soi, en leur donnant ou leur vendant la santé ou la sagesse.

Observation relative aux effets salutaires ou nuisibles de l'usage du vin, même modéré.

727. L'usage du vin est nuisible aux sujets épuisés et d'une constitution fort sèche, mais salutaire aux individus de complexion humide, et qui ont un peu d'embonpoint. La raison de cette différence est, que les esprits du vin s'emparent de cette rosée onctueuse qui imbibe toute la masse du corps; et, pour nous servir d'une expression reçue, de son *humide radical;* ce qui est autant de dérobé aux esprits vitaux. Mais lorsque la quantité de cet humor est suffisante, et même excessive, alors le vin, en absorbant sa partie surabondante, et en desséchant un peu, a, par cela seul, des effets salutaires.

Observation relative aux chenilles.

728. Parmi les différentes espèces de vers, il en est peu d'aussi commune et d'aussi répandue que les chenilles : on

les voit se multiplier prodigieusement sur les arbres et dans les haies, dont elles détruisent presque toutes les feuilles ; ce qu'elles font d'autant plus vîte, qu'elles se nourrissent de la substance même de ces feuilles dont elles sont formées. C'est ordinairement au printemps qu'on en voit le plus ; saison où les rosées sont abondantes, et où les végétaux se couvrent de feuilles ; et c'est sur-tout après un vent d'*est* d'une certaine durée, qu'elles se multiplient, vu la nature sèche des vents qui soufflent de cette partie. Car, une des conditions les plus nécessaires pour la vivification des animaux qui sont le produit de la putréfaction, c'est une matière qui ne soit pas trop humide : aussi voit-on assez ordinairement ces insectes dont nous parlons, enveloppés d'une matière filamenteuse, et analogue à celle des toiles d'araignée ; ce qui annonce que, dans leur substance, la viscosité est unie à un certain degré de sécheresse. On sait de plus que la terre même est souvent couverte de toiles semblables qui sont formées par le soleil et la rosée. Il est aussi une espèce de chenille verte qui se forme au fond du calice des roses, sur-tout de celles qui ne sont pas exposées au vent, et auxquelles par conséquent la rosée s'attache davantage. Mais, de toutes les espèces de chenilles, la plus grosse et la plus nombreuse c'est celle qu'on trouve sur les choux, plante dont les feuilles sont remplies d'un suc onctueux, et très disposées à se putréfier. Sur la fin de l'été, les chenilles se changent en papillons ou en quelque autre espèce d'insecte ailé. Enfin, il est d'autres chenilles fort grosses, revêtues d'une sorte de duvet cotonneux, et qui semblent avoir quelque analogie avec le ver à soie.

Observation sur les mouches cantharides.

729. La *mouche cantharide* provient d'un ver ou d'une chenille; mais elle est particulière à certains arbres, tels que le *figuier*, le *rosier*, le *mûrier de*

buisson, etc. tous arbres ou arbrisseaux dont les fruits ont une saveur assez douce, mais avec une légère teinte de qualité âcre et mordicante. Car le figuier, par exemple, contient une sorte de *lait* tout à la fois doux et corrosif. On trouve sous les écailles de la pomme de pin, de petits grains dont la substance est aussi un peu âcre et détersive. On prétend de plus que les mûres de buisson donnent la galle aux enfans, et, en général, aux personnes qui en mangent trop. Ainsi, cette qualité âcre et corrosive qui caractérise les cantharides, n'a plus rien d'étonnant, attendu qu'il n'est presque point d'insecte qui ne soit formé d'une matière plus grossière et moins active. Le corps de la mouche *cantharide* est revêtu de couleurs éclatantes. Il se peut que la substance de ces insectes connus parmi nous sous le nom de *mouches-paons* ou de *mouches-dragons,* et qui sont teintes de couleurs si vives, ait aussi, jusqu'à un certain point, cette acrimonie et cette qualité mordicante.

Observation sur la lassitude, et les moyens de la diminuer.

730. Il est différens moyens pour diminuer la *lassitude*, entr'autres, le *bain et les onctions avec l'huile et l'eau chaude combinées ensemble* (1), ce qu'on peut expliquer ainsi : la lassitude est l'effet d'une sorte de contusion ou de compression des parties : or, l'effet du bain et de ces onctions est de les relâcher et de les amollir; effet qu'on obtient plus sûrement en combinant l'huile avec l'eau chaude, qu'en employant seulement *l'une ou l'autre* de ces deux substances, ou *toutes deux séparément*. Par le moyen de cette combinaison, l'eau s'insinue mieux dans les pores ; et une fois qu'elle y a pénétré, l'huile amollit et assouplit plus aisément les parties. L'expérience prouve que le *tabac* a aussi la propriété

---

(1) Le vrai remède à la lassitude, c'est de mettre simplement les pieds dans l'eau chaude, aux époques où la digestion est achevée.

de *diminuer la lassitude ;* en stimulant et fortifiant les esprits, il dilate les parties foulées ou comprimées (1); sans compter que, par sa qualité d'*opiate* (de *narcotique*), il ranime puissamment ces esprits, et doit en conséquence diminuer la lassitude, comme le feroit le sommeil même.

731. Lorsqu'on gravit une hauteur escarpée, c'est dans les genoux que la fatigue se fait le plus sentir; mais lorsqu'on descend, c'est dans les cuisses. Car, lorsqu'on monte en levant alternativement les deux pieds, tout le poids du corps

---

(1) Le tabac est pour l'homme ce que le fouet ou l'éperon est pour les chevaux ; c'est un stimulant. A chaque coup de fouet ou d'éperon que reçoit un cheval, on lui donne, pour ainsi dire, une prise de tabac ; et chaque prise de tabac qu'un homme s'administre, est un coup d'éperon ou de fouet qu'il se donne. Mais il est une autre substance qui possède à un plus haut degré la faculté de délasser le corps ou l'esprit, mais sans provoquer le sommeil, ou affoiblir la mémoire ; c'est le *café*.

porte sur les genoux; au lieu que, lorsqu'on descend, il porte sur les cuisses.

Observation sur les animaux qui peuvent quitter leur peau, leurs écailles, etc.

732. Les anciens comparoient l'état d'un animal qui vient de se dépouiller de sa peau, à celui de l'enfant qui, après la rupture de l'amnios ou de l'arrière-faix, vient de se débarrasser de cette enveloppe. Mais cette comparaison nous paroît défectueuse; car si elle étoit fondée, les animaux renaîtroient, pour ainsi dire, chaque fois qu'ils pourroient se dépouiller ainsi de leur peau. De plus, l'*amnios* n'est qu'une enveloppe générale et vague qui ne s'ajuste point aux formes des différentes parties du corps; au lieu que la peau se moule très exactement sur le tout et sur chacune de ses parties. Les animaux qui changent ainsi de peau, sont le *serpent*, la *vipère*, la *sauterelle*, le *lézard*, le *ver à soie*, etc. Ceux qui peuvent quitter leur écaille ou leur enveloppe écailleuse, sont le *homar*, le

crabe, la *langouste*, l'*écrevisse*, la *tortue*, etc. On trouve quelquefois la vieille peau, qui est la dépouille des premiers ; mais on ne trouve jamais ces écailles que les derniers ont quittées ; ce qui semble prouver qu'elles tombent et s'usent, pour ainsi dire, peu à peu : cependant, on a pour preuve de ce renouvellement, la souplesse et le peu de consistance de la nouvelle écaille, quelquefois aussi la fraîcheur et l'éclat de ses couleurs. Pour expliquer cette faculté qu'ont les animaux de la dernière classe, de quitter leurs écailles, et ceux de la première, de se dépouiller de leur peau, il suffit de supposer, dans les uns et les autres, une surabondance de matière propre pour former une peau ou une écaille ; ce qui peut venir aussi de ce que cette écaille ou cette peau est plus lâche, c'est-à-dire, moins adhérente et moins serrée contre la chair, que dans les autres animaux ; car il est évident que, dans ce renouvellement de l'une ou de l'autre, c'est la nouvelle qui chasse l'ancienne ; à peu près comme dans les *daims*, les nouvelles *cornes* se substituent aux vieilles qu'elles ont délogées ; et comme, dans les *oiseaux*, les nouvelles *plumes* font tomber les vieilles. Les oiseaux qui ont assez de matière pour former un nouveau bec, en changent aussi, et alors c'est également ce nouveau bec qui s'empare de la place qu'occupoit le vieux.

Observation sur l'effet de certaines attitudes.

733. La meilleure et la plus salutaire position où l'on puisse être en dormant, c'est de tenir le corps non pas tout-à-fait droit et de niveau, mais un peu en pente, et de manière qu'il forme en dessus une légère concavité ; effet qui doit naturellement résulter de la manière dont on fait ordinairement les lits ; ou encore, en retirant un peu ses jambes vers le haut, et les tenant pliées. La raison de ce précepte est que, dans une telle attitude, l'estomac est moins suspendu et mieux soutenu ; ce qui lui donne plus de

force. Aussi voyons-nous que les personnes qui ont mal à l'estomac, sont déterminées, par le seul instinct, à tenir ainsi leurs jambes retirées, et pliés au point de porter les genoux presque jusqu'au menton ; position qui les soulage beaucoup. On voit aussi que les galériens, nonobstant leur humiliante et dure situation qui sembleroit devoir les faire maigrir, ne laissent pas d'engraisser et de prendre assez d'embonpoint; toujours par la même raison, parce qu'en travaillant, ils sont *assis* (1), attitude où l'estomac est appuyé; au lieu que, dans les individus qui sont presque toujours debout, ou qui marchent beaucoup, ce

---

(1) Les galériens de Marseille, qui ne rament jamais, ou qui rament fort rarement, n'en sont pas moins gras, ni moins charnus. Voici peut-être la véritable cause de leur embonpoint; *ils n'ont plus d'honneur; le nôtre nous ronge; c'est un cheval blanc dans les boues de Paris.* Rien n'est plus *corrosif* que la *vanité humiliée;* et les nôtres ont trop de prétentions pour ne l'être pas souvent.

viscère est suspendu et comme *en l'air* (1). Ainsi, une attention essentielle à la prolongation de la vie, c'est de faire choix d'une profession et d'exercices qui mettent plus en mouvement les extrémités, les quatre membres, dis-je, que l'estomac et le ventre; tel est le cas des rameurs, des scieurs de long, etc.

734. Les *migraines* et les *vertiges* viennent plutôt de ce qu'on se lève quelque-

---

(1) C'est par la même raison que les personnes qui ont l'estomac très foible, doivent faire peu d'exercice après le dîner; et c'est aussi parce que ces exercices partageroient l'action du principe vital, qui alors ne doit point être appellé aux jambes ni aux bras, mais à l'estomac. Si l'on applique à toute autre opération une partie de la force dont la totalité est nécessaire pour bien digérer, il est clair qu'on digérera moins complettement. Pour bien digérer à l'heure où il s'agit de digestion, et où l'on a droit de s'en occuper, il faut ne faire que cela, ou tout au plus donner quelques petites secousses à l'estomac, à l'aide d'une conversation gaie et affectueuse avec des personnes pour qui de tels entretiens ne soient qu'un délassement mérité, et non la grande, l'unique affaire.

fois tout-à-coup après avoir été fort long-temps assis, que du simple effet de cette dernière attitude trop prolongée. Car, dans le premier cas, les vapeurs qui se sont ramassées tandis qu'on étoit assis, sont déterminées, par ce mouvement trop brusque qu'on fait en se levant, à se porter avec plus de force à la tête.

735. Quand on se tient trop long-temps appuyé sur une même partie, elle s'engourdit et devient comme *endormie*, comme *morte*. La cause de cet engourdissement est l'excessive compression qu'éprouve alors cette partie ; ce qui ferme le passage aux esprits, et les empêche d'y aborder. Aussi, au moment où l'on change d'attitude, éprouve-t-on, dans cette même partie, un *picottement*, une sorte de *fourmillement* occasionné par le retour des esprits qui font effort pour y pénétrer (1).

---

(1) Et qui, en y pénétrant, écartent les unes des autres les fibrilles que la pression excessive avoit trop rapprochées.

Observation relative aux années pestilentielles.

736. Dans les années pestilentielles, ou, en général, fort insalubres, cette disposition est annoncée par l'apparition d'une multitude immense de *grenouilles*, de *mouches*, de *sauterelles*, etc. fait confirmé par des observations multipliées, et dont la raison est sensible; car, ces animaux étant un produit naturel de la putréfaction, leur excessive multiplication annonce que la disposition, ou la constitution générale de l'air, tend à multiplier les maladies qui ont pour cause commune cette putréfaction même. On a lieu de former le même pronostic, lorsque les *pommes de chêne* (ou *fausses galles*) se trouvent remplies de *vers*; car il est une infinité de petites variations, dans la constitution de l'air, sur lesquelles nos sens n'ont point de prise immédiate, mais qui sont bien plus sûrement indiquées par ces corps susceptibles des impressions les plus légères, et

de les manifester par des effets sensibles.

Observation relative aux pronostics à former sur les hivers très durs.

737. Une opinion reçue parmi les cultivateurs, est que, dans les années où l'on trouve beaucoup de baies sur l'*églantier*, et de graines sur l'*épine blanche*, on doit s'attendre à un hiver très rude ; ce qu'ils attribuent à une secrette disposition de la divine providence, qui, suivant le langage formel des saintes écritures, *daigne tenir compte, même d'un moineau qui tombe sur la terre*, et à plus forte raison, pourvoir à la subsistance des oiseaux en général, durant cette saison si rigoureuse dont on est alors menacé (1). La cause naturelle et physique

---

(1) Dans l'hiver de 1794, saison où le thermomètre fut assez long-temps à 18 degrés au-dessous de 0, et où le vin geloit sous ma couverture, à côté de ma cuisse, je me faisois souvent cette question : *où se cache actuellement cette multitude*

de cette corrélation qu'il s'agit d'expliquer, pourroit être *le défaut de chaleur et l'excès d'humidité* qui auroient eu lieu durant l'été précédent, deux causes dont l'effet naturel seroit de multiplier excessivement ces baies ou ces graines, et de laisser, dans le corps de l'atmosphère, une grande quantité de vapeurs froides, d'où résulteroit pour l'hiver suivant un froid très âpre.

Observation relative aux médicamens dont l'effet est de condenser et de ranimer les esprits.

738. Les Turcs font grand usage d'une boisson connue chez eux sous le nom de *café*, nom qu'elle tire d'une espèce de baie dont elle est extraite. Cette baie est noire comme de la suie (1), et son odeur

---

immense d'animaux terrestres et d'oiseaux qu'on voit dans les campagnes durant l'été? comment peuvent-ils échapper à un tel fléau? Et en pensant à eux, je ne pensois plus à moi.

(1) Il semble que cette relation ait été écrite par un sauvage; et il paroît que les voyageurs dont

est forte, sans être aromatique. Après l'avoir moulue et réduite en poudre, ils la mettent en décoction dans de l'eau, qu'ils boivent ensuite aussi chaude qu'ils peuvent l'endurer. Elle se vend dans des boutiques auxquelles, par cette raison, ils donnent le nom de *cafés*, et qui répondent à ce que nous appellons des *tavernes* ou des *cabarets*. Le café a la propriété de fortifier le cœur, de dégager le cerveau, et de faciliter la digestion (1). Il est certain que l'effet principal de cette liqueur, de la racine et de la feuille du *bétel*, de la feuille de *tabac*, de l'extrait de *pavot* (ou de l'*opium*, appellé dans le commerce l'*amphion*), dont les

---

il transcrit la relation, n'avoient vu le café que *brûlé*.

(1) L'effet de cette liqueur est produit par quatre causes combinées ; savoir : 1°. l'humor aqueux ; 2°. la chaleur ; 3°. le grillage ou la torréfaction ; 4°. l'huile essentielle de cette baie ; car chacune de ces quatre causes, employée seule, produit une partie de cet effet.

Turcs font un si fréquent usage, lui attribuant la propriété de bannir toute espèce de crainte; il est certain, dis-je, que l'effet de toutes ces substances est de condenser les esprits, d'augmenter leur force et leur activité. Mais il y a un peu de diversité dans la manière d'en faire usage. Par exemple, on *boit* le *café* et l'*opium,* on *fume* le *tabac,* et l'on *mâche* le *bétel,* en y joignant un peu de *chaux.* Selon toute apparence, il est beaucoup d'autres substances de même nature, qu'on découvriroit sans peine, et dont on tireroit le même parti, si l'on savoit les chercher et corriger leurs qualités naturelles: par exemple, faites quelque épreuve de ce genre sur la *jusquiame,* sur la *mandragore,* sur le *safran* (tant sur la racine que sur la fleur), ainsi que sur la feuille d'*inde,* sur l'*ambre gris,* etc. sur l'*amome* d'*Assyrie,* si vous pouvez vous le procurer; enfin, sur cette poudre d'un rouge vif et connu sous le nom de *kermès;* en un mot, sur toutes ces substances qui ont la propriété d'enivrer et de provoquer le sommeil (1). Remarquez aussi qu'en faisant usage *du tabac*, on n'emploie ni la racine, ni la semence, qui ont cependant plus de force que la feuille.

Observation relative au goût de certaines nations qui se teignent le corps de différentes couleurs.

739. Les *Turcs* ont une poudre noire tirée d'un minéral auquel ils donnent le nom d'*alkool* : à l'aide d'un pinceau long et fin, ils étendent légèrement cette couleur sur leurs paupières ; ce qui fait ressortir le blanc de l'œil. Ils se servent de cette même poudre pour teindre leurs *cils* et leurs *sourcils*, qu'ils figurent en arc par ce moyen. *Xénophon* rapporte que les *Mèdes* étoient aussi dans l'habitude de se peindre les yeux. Les *Turcs*

---

(1) Mais alors il ne faudra pas les ranger dans la même classe que le *café*, dont l'effet est diamétralement opposé à celui du vin, et en est le remède.

emploient encore cette teinture dont nous parlions, pour noircir leurs cheveux et leur barbe. On trouve aussi parmi nous assez de personnes qui, ayant eu le malheur de *grisonner* plutôt qu'elles n'auroient voulu, emploient différens moyens pour noircir leurs cheveux, et se donnent ainsi une apparence de jeunesse (1). Par exemple, elles se peignent, dit-on, avec un peigne de plomb, ou ont recours à quelque autre expédient de même nature (2). Quant aux *Chinois,* qui ont un teint olivâtre ou blafard, ils emploient le vermillon pour se colorer les joues;

---

(1) Démenti par des *rides* et des *plis* indiscrets qui leur servent d'*extrait baptistaire.*

(2) Elles lavent fréquemment leurs cheveux avec une eau de mine de plomb. Lorsque les femmes, en usant de ces petits expédiens, le font avec assez d'adresse pour n'être jamais prises sur le fait, et parviennent ainsi à nous *plaire,* elles ne nous trompent point; car c'est précisément ce que nous leur demandons. Quant à l'homme, sa véritable toilette est la vigueur, le bon-sens, la probité, le courage, l'activité et la constance.

l'empereur sur-tout et les grands mandarins usent de cette petite ressource. Généralement parlant, tous les *sauvages* qui vont nuds, se peignent le corps; et ils ne se contentent pas d'étendre simplement ces couleurs sur leur peau, mais ils l'entament, ils y font une infinité de petites incisions et de piquures (ils se tatoüent) pour y faire pénétrer cette teinture et la rendre *indélébile;* par ce moyen, ils y impriment différentes figures. C'est ce que font encore aujourd'hui les sauvages de l'Amérique, et ce que faisoient autrefois les *Pictes* et les *Bretons,* nos ancêtres. Ensorte que les hommes seroient tentés de se teindre de couleurs aussi vives et aussi éclatantes que celles du plumage de certains oiseaux, pour peu qu'ils en trouvassent le moyen; et alors ils auroient une *peau charmante,* qui leur tiendroit lieu de ces vêtemens magnifiques dont ils se parent aujourd'hui; ce qui les dispenseroit de faire si souvent leur toilette.

Observation relative à l'usage du bain et des onctions.

740. Il est assez étonnant que le *bain*, employé comme partie du *régime*, soit tombé en désuétude. Les *Grecs* et les *Romains* en avoient une idée bien différente, et sembloient le croire aussi nécessaire que le boire et le manger. Ce goût s'est conservé chez les *Turcs* presque jusqu'à nos jours (1); mais, parmi

---

(1) Parce que l'*ablution* est chez eux une *observance* qui fait partie de la *religion* : *Moyse* et *Mahomet*, *législateurs-médecins*, avoient judicieusement prescrit cette pratique salutaire à leurs nations respectives, qui vivoient sous un *climat fort chaud* : d'où les femmes *turques* et *juives* ont conclu *très religieusement* et *très peu physiquement*, qu'elles devoient se *baigner tous les jours* dans l'*eau froide*, même dans les *pays froids*, même durant l'*hiver*, même durant leur *temps critique* : c'est se perdre durant sa vie, pour se sauver après sa mort, c'est-à-dire, *se tuer, pour se sauver*. D'où je conclus, moi, homme *spéculatif*, que les *religions*, ainsi que les *végétaux*, ne doivent être *transplantées* qu'avec de grandes *précau-*

nous, le *bain* fait partie de la *médecine*, et n'est plus regardé que comme un simple *remède*. Pour nous, qui parlons ici, notre sentiment est que le bain, du moins employé comme le faisoient les *Romains*, peut nuire à la santé, en amollissant excessivement toute l'habitude du corps, et le rendant ainsi plus sujet à la consomption. Quant aux *Turcs*, il doit leur être plus salutaire ; comme ils ne boivent que de l'*eau*, et ne se nourrissent que de *riz* ou d'autres végétaux peu substantiels ; cette manière de vivre donne à toute la substance de leur corps tant de consistance et de solidité, qu'il n'est pas à craindre que l'usage fréquent

---

tions. Car, tout étant *relatif*, telle opinion qui a tel degré de latitude, est une *vérité salutaire;* et un *bienfait* est, à tel autre degré, une *sottise* et un *fléau*. Avant de *planter* une *religion*, un *système politique*, et pour tout dire, des *opinions exotiques*, il faut bien *connoître* le *sol*, de peur d'*arroser* des *vices* avec du *sang*, de *mentir* au nom de la *vérité*, et de commettre des *crimes* au nom de la *vertu*.

du *bain* l'amollisse et l'affoiblisse excessivement. De plus, les *Turcs* sont fort *sédentaires*, ils se promènent même assez rarement ; et comme ils ne provoquent point la *sueur* par les *exercices*, le *bain* leur est plus nécessaire qu'à nous. Quoi qu'il en soit, il n'est pas douteux que le *bain*, et encore plus les *onctions*, employés de la manière convenable, ne puissent contribuer beaucoup à la *conservation* de la *santé* et à la *prolongation* de la *vie*. Mais c'est un sujet que nous nous proposons de traiter plus amplement dans le chapitre où nous exposerons les expériences, les observations et les pratiques relatives à la *médecine*; ce qui est son véritable lieu.

Expérience relative au papier marbré.

741. Les *Turcs* font du papier marbré, par un procédé fort simple, mais qui n'est pas encore en usage parmi nous. Ils prennent différentes couleurs à l'huile; ils les versent *séparément* et *goutte à goutte*, sur de l'eau qu'ils agitent légè-

rement. Puis ils se servent de cette eau pour humecter le papier, qui doit être un peu épais, et sur lequel ces couleurs s'étendent par veines et par ondes semblables à celles du marbre, ou de notre papier marbré.

Observation relative à la sèche, ou *au calmar*.

742. Dans toutes les espèces connues d'animaux terrestres, d'oiseaux et de poissons, le *sang* est *rouge;* si l'on en excepte la *sèche,* dont le sang est aussi noire que de l'encre ; fait assez étonnant ; et pour en rendre raison, on seroit tenté de supposer que cette couleur vient de ce que le sang, dans cet animal, subit une *concoction* plus longue et plus complette que dans tous les autres ; car l'on sait que, dans le boudin ordinaire, le sang devient de plus en plus *noir*, à mesure qu'il se *cuit;* sans compter que ce poisson dont nous parlons, est un mets délicat et recherché ; ce qui ne peut dépendre que de cette plus grande coction que nous avons supposée.

Observation sur certaines espèces de terre dont le poids augmente spontanément.

743. Au rapport de certains auteurs dignes de foi, si, après avoir pris de la terre sur les rives du Nil, et l'avoir déposée dans un lieu où elle ne puisse ni contracter une humidité sensible, ni éprouver aucune altération notable, on la pèse tous les jours, on trouve qu'elle conserve exactement le même poids, jusqu'au 17 de juin, jour où le Nil commence à croître (1); mais qu'ensuite son poids va en augmentant de jour en jour, jusqu'à ce que le fleuve soit parvenu à sa plus grande hauteur. Si ce fait est réel, on peut, pour en rendre raison, supposer que l'air commençant à se condenser, à l'époque dont nous parlons, et s'insinuant peu à peu dans cette petite quantité de terre, s'y con-

___

(1) C'est donc précisément *le 17 de juin* : voilà un fleuve bien *ponctuel !*

vertit en une sorte d'*humor aqueux* (1), qui en augmente le poids. Voici un fait de même nature, que nous avons vérifié par l'expérience, et qui semble appuyer cette explication. Hachez du *tabac*, pesez-le exactement, puis faites-le sécher à l'aide du feu, vous trouverez qu'il pesera beaucoup moins; mais si ensuite vous le laissez exposé à l'air pendant quelque temps, il recouvrera son premier poids. Selon toute apparence, dès le moment où le *Nil* commence à croître, toute la masse de l'air qui s'appuie dessus, ou qui l'environne, éprouve quelque grande altération; car les mêmes auteurs nous apprennent qu'à cette même époque de la crue de ses eaux, des maladies fort graves commencent à se manifester dans toute la ville du *Caire*.

---

(1) A quoi bon cette métamorphose? Pour expliquer ce fait, il suffiroit de supposer que l'*humor aqueux* déjà formé et répandu dans la masse de l'air qui environne cette terre, y pénètre peu à peu.

Observation relative au sommeil.

744. Lorsqu'on a très froid, sur-tout aux pieds, on a beaucoup de peine à s'endormir. Ce peut être parce qu'une des conditions requises pour pouvoir dormir, est d'avoir la respiration libre. Or, on sait qu'en général le *froid* a l'effet contraire, et qu'un froid très âpre occasionne même une grande difficulté de respiration. Une autre cause qu'on peut assigner, est que le froid appellant, pour ainsi dire, les esprits au secours de la partie qu'il a saisie, ils ne peuvent plus se réunir aussi complettement qu'il le faudroit pour en déterminer la plus grande partie à se porter à la tête ; autre condition sans laquelle le sommeil est également impossible. C'est en vertu de la même cause, que le *bruit*, l'*inquiétude*, une *douleur vive*, etc. empêchent de dormir, et qu'au contraire les *ténèbres*, le *silence*, la *paix de l'ame*, etc. provoquent le sommeil.

745. Certaines espèces de sons néan-

moins, tels que le bruit sourd d'un vent violent, le mugissement des ondes, le murmure d'un ruisseau, le bourdonnement des abeilles, un chant moëlleux, la voix d'une personne qui lit bien (1), ne laissent pas d'être favorables au sommeil, comme nous l'avons observé (expérience 112). La raison de cette différence est que les sons de ce dernier genre n'impriment aux esprits vitaux qu'un mouvement fort doux, et n'excitent qu'une attention fort légère. Or, l'effet de tout ce qui n'excite qu'une attention de cette nature, et qui n'a rien de pénible, rien de contentieux, est de calmer et de régler le mouvement des esprits, qui est naturellement vague, irrégulier et tumultueux.

---

(1) La voix d'une personne qui lit d'une manière monotone, et un livre ennuyeux, par exemple, un des miens, endorment encore mieux; et même tout livre, quel qu'il soit, fût-il très amusant, mais lu avec une excessive lenteur, provoque le sommeil.

746. *Le sommeil nourrit*, ou du moins il fait que le corps peut se conserver assez long-temps sans prendre de nourriture. Les animaux terrestres, qui dorment durant tout l'hiver, engraissent beaucoup durant ce sommeil (1), quoiqu'ils ne mangent point ; comme nous l'avons observé par rapport aux *ours*. On a trouvé des *chauve-souris* groupées ensemble dans des fours ou autres cavités également closes (2); fait qui porteroit à croire qu'elles dorment aussi durant tout l'hiver, et sans prendre d'alimens. Il faudroit faire de nouvelles observations sur les *abeilles*, afin de savoir

---

(1) De quoi se forme cette graisse ? Il faut croire que ces animaux se mangent eux-mêmes; mais si certaines parties mangent les autres, à mesure que les premières engraissent, les dernières doivent maigrir.

(2) On a prétendu aussi avoir trouvé des hirondelles groupées ensemble au fond d'un étang, et qui n'étoient pas mortes, mais seulement engourdies ou endormies . . . . par le conte même du naturaliste qui prétendoit les avoir trouvées là.

si elles ne dorment point durant cette saison, épargnant ainsi leur miel. Quant aux *papillons* et autres insectes volans, non-seulement ils dorment durant tout l'hiver, mais même ils restent comme morts : cependant, le plus foible degré de chaleur, provenant de l'action du feu ou des rayons solaires, suffit pour les ranimer. Les *loirs*, en été comme en hiver, dorment quelquefois plusieurs jours de suite et sans manger.

Observations relatives aux dents et autres substances dures qui se trouvent dans le corps des animaux.

Si l'on pouvoit trouver un moyen pour faire repousser les dents, à mesure que l'âge les fait tomber, on pourroit alors se flatter d'avoir pénétré dans un des plus profonds secrets de la nature. C'est du moins une recherche dont on peut s'occuper, et quel qu'en puisse être le succès, ce sujet a besoin d'être approfondi, et ne mérite pas moins que les autres parties des animaux, de fixer l'attention de l'observateur.

747. Il est dans le corps des animaux *cinq espèces* de *parties* dont la substance est beaucoup *plus dure* que celle de toutes les autres ; savoir : le *crâne*, les *dents*, les *os* proprement dits, les *cornes* et les *ongles*. C'est la tête qui offre à l'observation le plus grand nombre de ces parties dures : on y voit d'abord le *crâne* qui est tout *osseux*, puis les *dents*, les *os* des deux *mâchoires* : ajoutez-y ces petits os qui font partie de l'organe de l'*ouie*. Ensorte que l'assemblage du corps de l'animal a quelque analogie avec la structure d'un édifice, où les murs, les planchers et autres parties semblables, sont appuyés ou supportés par des colonnes, des piliers, des poutres, des solives, etc. tandis que le toit, même dans les palais les plus magnifiques, est tout d'une même matière, comme *tuiles*, *ardoises*, *plomb*, *pierre*, etc. Quant aux *oiseaux*, on y voit trois espèces de substances dures qui leur sont particulières ; savoir : le *bec* (qui est d'une matière analogue à celle des *dents*,

et qui semble leur en tenir lieu) ; la *coque* de leurs *œufs* et les *plumes ;* car leurs *serres,* leurs *éperons* ou leurs *ergots ,* peuvent être regardés comme leurs *ongles.* Mais, parmi les animaux qui ont des *écailles* dures , ou des *enveloppes écailleuses* (les testacées et les crustacées), comme les *huîtres ,* les *pétoncles,* les *moules,* les *homars,* les *écrevisses,* les *crabes,* les *langoustes* et sur-tout les *tortues,* on n'en voit point qui aient des os à l'intérieur; on n'y trouve tout au plus que des cartilages.

748. Lorsque les os , proprement dits, ont pris tout leur accroissement et tout le volume qu'ils doivent avoir, ils restent long-temps au même point ; il en est de même du *crâne.* Dans quelques animaux, les *cornes* tombent et se renouvellent. Passé un certain âge , les *dents* s'usent peu à peu, sans éprouver d'autres changemens: quant aux *ongles ,* ils croissent continuellement et à tout âge. Il en est de même du *bec,* partie fort saillante , qui, dans certains oiseaux, comme l'ai-

gle et le *perroquet,* tombent et se renouvellent.

749. La plupart des substances dures qu'on trouve dans les animaux, telles que le *crâne*, les *cornes*, les *dents*, les *ongles* et le *bec*, sont comme reléguées aux extrémités du corps; il faut toutefois en excepter les *os* proprement dits, qui se trouvent plus à l'intérieur, et auxquels la chair dont ils sont environnés, sert comme d'enveloppe. Les viscères sont ordinairement sans os; cependant on trouve quelquefois un os dans le *cœur* d'un *cerf* (1). Peut-être en trouveroit-on aussi dans celui de quelque autre animal.

750. Dans la cavité du crâne se trouve la *cervelle*, qui n'est qu'une espèce de moëlle. L'*épine dorsale* contient aussi une sorte de *moëlle* qui a beaucoup d'a-

---

(1) On dit aussi que le cœur de *St. François de Sales* s'étoit en partie ossifié; un commentateur de la légende dorée prétend que ce fut un effet de la charité et de la crainte du Seigneur.

nalogie avec la *cervelle ;* mais celle qu'on trouve dans les autres os, est d'une nature fort différente. Dans les *os* des *mâchoires*, on ne trouve point de moëlle séparée de la substance dure, et isolée, mais seulement une sorte de *pulpe médullaire, vague* et *diffuse*. On croit aussi que les *dents* contiennent une pulpe du même genre, également répandue dans toute la substance de l'os, et à laquelle on attribue les douleurs aiguës qu'on éprouve quelquefois dans ces parties : mais on doit plutôt la qualifier de *nerf ;* la *moëlle*, ainsi que le *sang*, étant *destituée* de toute *sensibilité*. Les *cornes* sont d'une substance toute homogène, et il en est de même des ongles.

751. Parmi ces substances dures dont nous avons fait l'énumération, les *dents* sont les seules qui soient susceptibles de *sensation ;* et non-seulement elles ont la *sensation* de la *douleur*, mais elles ont même celle du *froid*. Cependant nous croyons devoir borner nos observations actuelles à ce qui concerne les *dents*,

en renvoyant à leurs articles respectifs les recherches qui ont pour objet les autres substances dures.

752. L'*homme* a *trois espèces de dents*: les unes, fort *tranchantes*, et, par cette raison, qualifiées d'*incisives*; savoir : celles *de devant*; d'autres, beaucoup plus grosses et plus plates, placées dans la partie postérieure, et auxquelles on donne le nom de *molaires*; d'autres enfin, très aiguës, appellées *canines*, et qui se trouvent entre celles des deux premières espèces. Cependant on a vu quelques individus dont les dents n'étoient pas séparées comme elles le sont ordinairement, mais dont les mâchoires étoient chacune toute d'une piéce, et ne formant qu'un seul os, où l'on voyoit seulement de petits *enfoncemens* qui étoient comme autant de *divisions* et de marques répondantes aux séparations de nos dents : c'est ce qu'on rapporte du roi *Pyrrhus*. Certains animaux ont des dents fort longues, fort saillantes, quelquefois même jusqu'au point de déborder les lè-

vres, et auxquelles on donne le nom de *défenses*, de *crocs*, de *crochets*, de *broches*, etc. De ce genre sont le *verrat*, le *sanglier*, le *brochet*, le *saumon*, la *truite*, etc. le *chien* aussi, mais plus rarement. Dans d'autres espèces, comme celles de l'*homme* et du *cheval*, les *dents* sont contiguës, alignées, et régulièrement disposées. Dans d'autres espèces, telles que le *lion*, le *chien*, etc. les dents, sur-tout les plus longues, se croisent comme celles d'une scie. Certains poissons, comme le *brochet*, le *saumon*, la *truite*, etc. (1), ont plusieurs rangées de dents, et leur palais en est presque entièrement hérissé ; c'est ce qu'on observe sur-tout dans plusieurs espèces de poissons d'eau salée. Le *serpent*, la *vipère* et quelques autres reptiles, ont des *dents vénéneuses*, que le vulgaire appelle très improprement leur *aiguillon* ou leur *dard*.

753. Parmi les animaux qui ont des *cornes*, il n'en est point qui aient des

---

(1) Et le requin.

dents à la mâchoire supérieure; et parmi ceux qui ont cette rangée supérieure, on n'en voit point auxquels manque la rangée inférieure. Mais il ne s'ensuit point du tout de là que, dans les animaux d'une même espèce, la substance dure qui n'est pas employée à former les *dents supérieures*, le soit toujours à former des *cornes*, ou réciproquement; car les *daines*, par exemple, qui n'ont point de *cornes*, n'ont pas non plus de *dents* à la mâchoire supérieure.

754. On connoît l'âge des chevaux par leurs dents; par exemple, vers l'âge de trois ans, il leur en pousse une qu'on appelle la *dent du poulain* (1). A quatre ans, il leur en vient une autre qu'on appelle la *marque*, parce qu'elle a un trou assez grand pour contenir un petit pois, et qui, d'année en année, va toujours

---

(1) A deux ans et demi, ou trois ans, les pinces tombent, et sont remplacées par d'autres dents plus grosses, plus fortes et moins blanches, qui poussent fort promptement.

en décroissant jusqu'à l'âge de huit ans, époque où ce trou disparoissant tout-à-fait, la surface de cette dent devient unie; et alors on dit que le cheval *a rasé*, et que *sa bouche ne marque plus*.

755. Dans notre espèce, les dents commencent à pousser vers l'âge d'un an et demi; puis ces dents de lait tombent peu à peu, et il en repousse d'autres vers l'âge de sept ans. Mais il est tel individu à qui il vient des dents molaires à vingt, à trente, et même à quarante ans; il faudroit tourner ses observations de ce côté, afin de savoir plus précisément comment poussent ces dents tardives (1). L'histoire fait mention d'une certaine

---

(1) Elles poussent précisément comme celles qui succèdent aux dents de lait; comparaison que nous avons été, plus que tout autre individu, en état de faire; attendu qu'il nous est venu une dernière dent molaire à l'âge de trente-trois ans, et que, dans notre première enfance, presque tout notre dentier supérieur étoit double; autre singularité: cependant le mal de dents nous est inconnu.

comtesse de *Desmond*, qui vécut cent quarante ans, et dont le dentier se renouvella deux ou trois fois.

756. Rien n'est plus nuisible aux dents que de les teindre et de les frotter avec des substances mercurielles, ou de manger beaucoup de sucreries, ou enfin de prendre des alimens très chauds ou très froids; les rhumes, les catarres et les fluxions ne leur nuisent pas moins.

757. Les recherches à faire relativement aux dents, ont principalement pour objet la découverte des différens moyens qu'on pourroit employer; 1°. pour les conserver; 2°. pour les nettoyer et entretenir leur blancheur; 3°. pour les tirer de leurs alvéoles, en faisant souffrir le moins qu'il est possible; 4°. pour faire cesser ou diminuer du moins la douleur qu'on y éprouve quelquefois; 5°. pour loger et fixer des dents artificielles à la place de celles qu'on a perdues; 6°. enfin, pour les faire repousser à mesure que l'âge les fait tomber; ce qui est le point le plus essentiel, et le principal

objet de cet article. Ainsi, il faut tourner son attention vers celles qui repoussent naturellement, afin de savoir au juste le *comment*, le *mode* de cette pousse. Par la même raison, il faut faire d'autres observations pour savoir comment les *cornes* de certains animaux se renouvellent; car jusqu'ici, du moins à notre connoissance, on n'a pas encore fait assez de recherches sur le *mode* et les *causes* de ce renouvellement, pour se mettre en état *de le provoquer à volonté*. Ainsi, il seroit nécessaire de tenter quelques expériences pour découvrir s'il ne seroit pas possible *de faire pousser des cornes aux animaux qui n'en ont point*, et par quels moyens on pourroit parvenir à ce but : en second lieu, comment il faudroit traiter les animaux qui ont naturellement des cornes, tels que le *taureau*, la *vache*, le *daim*, etc. pour qu'ils en eussent de beaucoup plus grandes : en troisième lieu, ce qu'il faudroit faire pour que celles du *daim*, qui, à mesure que cet animal vieillit, se resserrent et deviennent plus aiguës, redevinssent plus amples et plus branchues, comme dans les jeunes *daims*. A l'aide de ces expériences et d'autres semblables, on sauroit s'il est possible de provoquer la formation de cette substance dure dont les cornes ou les dents sont composées, et de la déterminer vers les parties d'où elles naissent ordinairement. Dans les mêmes vues on pourroit faire d'autres expériences et d'autres observations, afin de savoir comment il faudroit traiter les oiseaux tout jeunes, pour que leur bec devînt et plus gros et plus long qu'il ne l'est ordinairement; ou pour augmenter la grosseur et la longueur de leurs serres, de leurs ergots, de leurs éperons, etc. Enfin, il faudroit tâcher de composer un *gargarisme*, une *eau*; en un mot, une substance de telle nature que les enfans auxquels on l'administreroit, eussent les dents plus belles et plus fortes : la substance qu'on emploie ordinairement dans cette vue, est le *corail*.

Observations relatives à la génération des animaux, et au temps de leur séjour dans la matrice.

758. Parmi les différentes espèces d'animaux, il en est, comme le *daim*, le *mouton* (le *bélier et la brebis*), le *lapin sauvage*, etc. (ainsi que la plupart des oiseaux et des poissons), qui n'engendrent que dans certaines saisons; et d'autres, telles que l'*homme* et tous les *animaux* domestiques, comme *chevaux, porcs, chiens, chats*, etc. qui engendrent en tout temps. La cause qui met ceux de cette dernière classe en état d'engendrer en toute saison, n'est autre que la *surabondance* et la *plénitude* qui est le *vrai principe* de toute *génération*. Or, cette *plénitude* peut avoir deux causes : l'une est la *nature même de l'animal*, s'il est de *complexion chaude et humide*, ou *sanguine*; l'autre est l'*abondance de la nourriture*. Quant à la première cause, l'*homme*, le *cheval*, le *chien*, etc. qui peuvent engendrer en tout temps, sont

aussi des animaux de complexion très chaude et très humide. Le *pigeon*, qui, de tous les oiseaux, est le plus chaud et le plus humide, couve fréquemment ; et le pigeon domestique, presque sans interruption. Le *daim* est un animal froid et mélancolique, comme le prouvent son extrême timidité et le peu de consistance de sa chair. Le *mouton* est un animal fort doux, et qui boit fort peu, ce qui indique aussi une complexion froide. La substance de la plupart des *oiseaux* est beaucoup plus *sèche* que celle des animaux terrestres. Les *poissons*, en général, sont aussi d'une nature *froide*. Quant à la seconde cause, savoir, l'*abondance de la nourriture;* l'*homme*, la *vache*, le *porc* et le *chien* mangent beaucoup (1).

---

(1) Quelquefois cependant, proportion gardée, la *vache*, le *porc*, la *brebis*, etc. dînent mieux que leur maître, qui s'affame lui-même pour les engraisser, et *l'âne mange plus que le meûnier*. L'abondance est dans les sociétés humaines, mais elle n'est pas chez tous les individus : chez les uns,

Et nous voyons que certains animaux, qui, étant *sauvages, engendroient rarement,* deviennent plus *féconds* en devenant *domestiques;* parce que, dans le dernier cas, ils sont tenus *plus chaudement* et *mieux nourris.* Quant aux *daims,* on sait que le temps de leur *rut* est le mois de *septembre,* époque où ayant été abondamment nourris durant tout l'*été,* ils sont dans cet état de *plénitude* auquel tient la *faculté d'engendrer.* Lorsque les pluies tombent de bonne heure; par exemple, un peu avant *la mi-septembre,* le *rut* de ces animaux est avancé d'autant; et par la même raison, la sécheresse le retarde un peu. Le

---

elle est en dehors, parce que, chez les autres, elle est en dedans. Mais au fond, qu'importe que les uns ne mangent pas assez, pourvu que les autres mangent trop ; la meilleure pitance appartient de droit à ceux qui n'ont pas faim, et qui ne l'ont pas gagnée : cette inégalité a trop duré pour n'être pas juste; plus on a souffert d'un mal, moins on a droit de s'en plaindre, et l'antiquité d'un abus doit le légitimer.

bélier et la *brebis*, à raison de leur peu de chaleur, s'accouplent aussi vers le même temps, ou peu auparavant. Mais la plupart des animaux, soit terrestres, soit aquatiques, dont la génération est périodique et bornée à certaines saisons, s'accouplent au *printemps ;* la chaleur douce et graduellement croissante, qui règne alors et qui ranime puissamment leurs esprits, augmentant leur force et les excitant à la génération. Il est encore une autre cause en vertu de laquelle la plupart des animaux n'engendrent que dans cette saison ; savoir : *le rapport du temps de la gestation* (1) *au temps de* l'*accouplement.* Car, aucun animal ne recherche l'accouplement tant que sa femelle est pleine, ou qu'elle est occupée, soit à couver, soit à nourrir ses petits : et l'on s'est assuré par des expériences multipliées, que si l'on ôte à des oiseaux,

---

(1) Nous emploierons ce mot, à l'exemple de M. de Buffon, pour désigner la durée du séjour du fœtus dans la matrice.

soit leurs œufs, soit leurs poussins, ou à des animaux terrestres, leurs petits, ils s'accouplent de nouveau; expérience qu'on peut réitérer trois ou quatre fois de suite, et toujours avec le même succès.

759. Dans les différentes espèces d'animaux, le temps de la *gestation* est plus ou moins long : il est de neuf mois pour notre espèce; de six mois pour la vache et la brebis; de neuf pour les *daims;* de onze pour les cavales; de neuf semaines pour les chiennes. Ce temps, pour la femelle de l'*éléphant,* est, dit-on, de deux ans; car on doit regarder comme fabuleuse cette tradition qui le porte jusqu'à dix années. Quant aux *oiseaux,* il est, par rapport à leur génération, deux espèces de temps à considérer; savoir : 1°. celui qui s'écoule entre l'accouplement et la ponte; 2°. celui qui s'écoule entre le moment de la ponte et l'époque où les petits doivent éclorre. Le temps de la *couvée,* pour les *oiseaux,* varie beaucoup moins que celui de la *gestation* pour les *animaux terrestres.* La poule couve pen-

dant trois semaines ; la dinde, l'oie et la canne, pendant un mois. Il faut, par des observations plus exactes et plus variées, déterminer aussi le temps de la couvée des autres espèces d'oiseaux. Cette grande diversité qu'on observe entre les différentes espèces d'animaux terrestres, par rapport au temps de la *gestation*, peut être attribuée à deux causes, dont l'une est la *nature même de chaque espèce*; et l'autre, *la constitution de la matrice*. Quant à la première, *le temps de la gestation, ou du séjour du fœtus dans la matrice, est proportionné à la durée de l'accroissement total hors de la matrice.* C'est ce qu'on observe principalement dans l'*homme*. De même dans l'espèce de l'éléphant, qui n'acquiert qu'en un grand nombre d'années la taille qui lui est propre, le temps de la gestation est aussi fort long. Mais, dans la plupart des autres espèces, la seconde cause, savoir, la *constitution de la matrice*, je veux dire, son degré de *sécheresse* et de *dureté*, concourt avec la première cause. Le *pou-*

lain, par exemple, a besoin de quatre années pour prendre tout son accroissement : il en est de même du *faon* et du *veau;* au lieu que, dans l'espèce du *chien*, où l'accroissement ne dure que neuf ou dix mois, le temps de la gestation n'est que de neuf semaines. Quant aux *oiseaux*, comme on observe entre les espèces de cette classe, moins de différence et d'inégalité, par rapport au temps de l'accroissement, on y en observe aussi beaucoup moins, par rapport au temps de la couvée et de la formation du fœtus dans l'œuf; la plupart prenant tout leur accroissement dans l'espace d'une année.

760. Dans certaines espèces, les femelles ont plusieurs petits, d'une seule portée ; et de ce genre sont la *chienne*, la *hase*, la *lapine*, etc. D'autres, telles que la *femme*, la *lionne*, etc. n'en ont ordinairement qu'un seul à la fois ; ce qui peut dépendre de la quantité de la semence nécessaire pour former un individu de chaque espèce : s'il en faut peu, la femelle pourra avoir un grand nom-

bre de petits ; mais, s'il en faut beaucoup, elle n'aura qu'un seul petit à la fois, ou tout au plus deux, et quelquefois trois. Cette différence peut dépendre aussi du nombre des divisions ou des poches de la matrice, entre lesquelles la semence, au moment de l'accouplement, peut se partager, en formant comme autant de ruisseaux différens.

Observation relative aux ESPÈCES *visibles* (aux images visuelles).

761. L'observation prouve assez que la *réfraction* peut *augmenter l'intensité de la lumière, et amplifier les images colorées*. Car, de même que l'image d'une pièce de monnoie plongée dans l'eau, y paroît beaucoup plus grande que dans l'air, celle de la lumière d'une chandelle renfermée dans une lanterne et plongée dans ce fluide (avec les précautions nécessaires), paroît aussi fort amplifiée. J'ai ouï parler d'une expérience qui consistoit à renfermer des vers-luisans dans des fioles, et à les plonger dans l'eau,

pour attirer les poissons. Je n'ai pas encore rassemblé assez d'observations de ce genre, pour pouvoir décider si, lorsqu'une personne étant plongée dans l'eau et nageant sur le dos, regarde des objets placés dans l'air, ils lui paroissent amplifiés ou diminués. Car, lorsque l'objet est plongé dans le milieu le plus dense, l'œil étant placé dans le milieu le plus rare, il paroît toujours amplifié, comme on s'en est assuré par une infinité d'expériences : mais l'objet placé dans le milieu le plus rare, paroît-il plus grand ou plus petit à l'œil placé dans le milieu le plus dense ? C'est ce qu'il faudroit savoir, et ce que j'ignore.

762. Il faudroit faire aussi de nouvelles expériences pour savoir *si des rayons réfléchis seroient susceptibles de réfraction comme les rayons directs*. Par exemple, prenez une piéce d'argent, mettez-la dans une cuvette vide, éloignez-vous jusqu'à ce que vous cessiez d'appercevoir la piéce, votre œil se trouvant un peu au-dessous de la ligne droite qui part

de cette piéce, et qui rase le bord du vaisseau ; puis remplissez d'eau la cuvette (et remettez-vous au point où vous aviez cessé de la voir), alors vous la verrez, mais elle vous paroîtra dans un lieu différent de celui où vous l'aviez vue d'abord, ce qui sera l'effet de la *réfraction* (1). Actuellement, pour revenir à l'expérience que nous avons principalement en vue, mettez un miroir dans cette cuvette ; je suppose qu'alors les *rayons réfléchis* par lesquels vous verrez la piéce, se seront *réfractés*, comme les *rayons directs* par lesquels vous l'avez vue dans le second cas de l'expérience précédente (2), et que les rayons *réfléchis*

---

(1) L'original anglois dit, de la *réflexion* ; mais c'est une faute de copiste : dans le second cas, on verra la piéce *par des rayons de lumière, qui, en passant de l'air dans l'eau, se seront réfractés ou rompus de haut en bas*, et pourront ainsi parvenir à l'œil, qui, à cette distance, se trouve placé trop bas pour la voir par des rayons droits : cette piéce paroîtra aussi beaucoup plus grosse.

(2) Les rayons *droits* sont ceux qui n'ont pas

par *lesquels vous la verrez, n'auront pas fait l'angle de réflexion précisément égal à celui d'incidence.* Cette expérience pourroit être poussée encore plus loin, et faite de manière qu'on pût voir l'image de l'objet, sans voir le miroir; car, comme alors cette image seroit, pour ainsi dire, *en l'air,* elle auroit l'apparence d'un *esprit.* Par exemple, après avoir mis un tableau représentant le *diable,* ou tout autre objet semblable, fort près de la surface de l'eau d'une *citerne,* d'un *vivier,* ou d'un *bassin,* la figure étant tournée vers cette surface, mettez une glace dans l'eau, et placez le spectateur de manière qu'il ne puisse voir ni l'eau, ni le tableau (par des rayons directs), alors il s'imaginera voir le *dia-*

été *réfractés* par le passage de l'eau dans l'air; et les rayons directs sont ceux qui viennent de l'objet à l'œil, sans avoir été réfléchis par un miroir; le mot *droit* se rapportant à cette espèce *d'inflexion* qui est l'effet de la *réfraction;* et le mot *direct,* à cette autre espèce d'inflexion, beaucoup plus grande, qui est l'effet de la *réflexion.*

ble en personne (1). Suivant une vieille tradition qui a cours, même de nos jours, parmi les habitans d'Oxford, on croit que, dans cette ville, le moine *Roger Bacon* s'élança d'un clocher à un autre, en traversant les airs. Les gens éclairés pensent que ce religieux se contenta de faire illusion à l'aide de certaines glaces dans lesquelles son image paroissoit traverser les airs, quoiqu'il marchât réellement sur la terre.

Observation sur l'impulsion et la percussion.

763. Lorsqu'un corps grave est déja en mouvement, il est plus facile de lui donner une seconde impulsion, qu'il ne l'avoit été de lui donner la première lorsqu'il étoit encore en repos. Cette diffé-

---

(1) Cette expérience ainsi faite ne rempliroit pas son objet ; pour faire une telle illusion, il faudroit employer un *miroir concave*. Au reste, je n'ai pas besoin d'avertir le lecteur que j'ai été obligé de refondre tout le texte des deux pages précédentes, qui n'étoit pas supportable.

rence peut être attribuée à deux causes. 1º. L'effet de ce mouvement, déja imprimé, est de *secouer*, en quelque manière, l'*inertie* des corps solides, qui, outre cette pesanteur, en vertu de laquelle ils tendent tous vers le centre des graves, ont de plus une tendance naturelle au repos. En second lieu, lorsqu'un corps est en repos, celui sur lequel il est *appuyé*, lui *résiste*; cette *résistance* fait qu'il éprouve dans toutes ses parties une *compression* beaucoup plus grande que celle qu'il éprouveroit naturellement; et comme alors il faut une certaine force pour vaincre cette résistance, il en faut par conséquent davantage pour le mettre en mouvement (1); car, si ce corps grave étoit suspendu à un fil, ou à une corde, il seroit aussi facile de lui donner

---

(1) Cette résistance vient en partie de ce que les petites aspérités de sa surface inférieure engrènent dans les petites aspérités de la surface supérieure du corps sur lequel il est appuyé, et s'y enfoncent d'autant plus avant, qu'il est lui-même plus pesant.

l'impulsion, que s'il étoit déja en mouvement.

764. On ne peut lancer *aussi loin* un corps *très grand ou très petit*, qu'*un corps de grandeur moyenne*. Ainsi, il paroît que, pour pouvoir mettre en mouvement un corps quelconque, il faut employer une force qui soit *dans une certaine proportion avec sa masse*; ce qui peut s'expliquer ainsi : l'impulsion ne peut avoir lieu qu'en vertu de deux causes réunies; savoir : *la force du corps mouvant*, et la *résistance du corps à mouvoir*: or, si le dernier est d'une grandeur excessive, il résiste trop ; et s'il est excessivement petit, il résiste trop peu (1).

---

(1) Un corps ne peut *communiquer son mouvement* à un autre corps qu'en *agissant sur lui* ; or il ne peut *agir sur lui* s'il n'éprouve de sa part aucune *résistance*, puisque son *action* ne consiste et ne peut consister qu'à *surmonter une résistance* quelconque , et que , sans *résistance* , il ne peut y avoir d'*action*. Donc cette même *force d'inertie* par laquelle tout corps *résiste au mouvement*, est pourtant une *condition requise et essentielle* pour

765. L'expérience journalière prouve qu'un corps d'un poids quelconque, mais simplement posé sur un autre corps, n'a jamais autant de force pour le rompre, le briser, le diviser, le presser, que si, ayant placé le corps supérieur à une certaine distance du corps inférieur, on se sert du premier pour frapper le dernier, soit en le poussant avec la main, soit en le laissant tomber dessus. Il se peut que, dans ce dernier cas, l'air même contribue, jusqu'à un certain point, à augmen-

---

la communication du mouvement; paradoxe qui peut choquer à la première vue, mais qui n'en est pas moins une vérité fondamentale, et auquel il faut s'accoutumer, parce qu'il est une des plus grandes clefs, non-seulement de la *physique,* mais même de la *morale;* car la vertu n'est qu'une certaine *force de résistance,* qu'une *faculté habituelle de résister* et à *la force morte* de notre *inertie* ou *paresse* naturelle, et à *la force vive,* soit de *nos propres passions,* soit des *passions d'autrui.* La plus grande partie des résistances que nous éprouvons, sont nécessaires pour nous faire agir et exister par cette action.

ter la force du coup. Mais la principale cause de cette différence nous paroît être que les parties de ce corps avec lequel on frappe le corps inférieur, ou qu'on laisse tomber dessus, ne sont pas seulement pressées de haut en bas, mais qu'elles exercent aussi les unes sur les autres une pression réciproque, à peu près comme elles le feroient si le corps formé de leur assemblage étoit lancé à travers l'air et dans toute autre direction. On conçoit aussi que, dans le cas où le corps supérieur tombe sur le corps inférieur et le frappe, le premier *prévient la résistance du dernier;* or, *la priorité d'action* a toujours de puissans effets, comme on peut le prouver par une infinité d'exemples (1).

---

(1) Pour renforcer en apparence ce raisonnement assez spécieux par lui-même, on peut lui donner cette forme : toute force a besoin d'un certain temps pour exercer son action ; ou, si l'on veut, elle ne peut avoir son effet qu'au bout d'un certain temps. Or, la résistance que le corps in-

Observation relative au chatouillement.

766. Il est, dans le corps humain, des parties plus sensibles que toutes les autres au *chatouillement;* telles sont la

---

férieur et frappé oppose au corps supérieur qui le frappe, est une vraie force, puisqu'il faut une force positive pour la surmonter : elle a donc besoin d'un certain temps pour exercer son action, ou pour faire sentir son effet. Donc, si cette résistance du corps frappé ne fait sentir son effet au corps frappé, qu'un certain temps après que celui-ci lui a fait sentir le sien, l'effet de cette résistance sera tout-à-fait ou presque nul; et un corps d'une très petite masse, mais mu avec une très grande vitesse, produira un très grand effet sur un corps d'une très grande masse, et qui auroit été capable de lui opposer une fort grande résistance, s'il avoit eu le temps de lui résister. Mais tout ce raisonnement, quelque spécieux qu'il puisse être, porte visiblement sur une supposition absurde; car nous avons fait voir dans la note précédente, et dans une infinité d'autres, que *la résistance du corps frappé est une condition absolument nécessaire pour la communication du mouvement.* Donc le *mouvement* du corps frappant ne peut être *communiqué* au corps frappé, *avant* que celui-ci lui ait *résisté;*

plante des pieds, les aisselles et les flancs. La cause de l'extrême susceptibilité de ces parties est d'abord *le peu d'épaisseur de la peau* dont elles sont

---

il n'est même qu'une *suite de cette résistance*; et il *lui succède* plutôt qu'il ne *la prévient*. Voici une explication un peu plus satisfaisante que la sienne. Dans la *percussion*, le corps frappant *met en vibration* les petites parties du corps frappé; il ne peut les mettre en vibration, sans *diminuer*, du moins dans le moment, l'*effet* de leur *force de cohésion*, ou, ce qui est la même chose, sans les *détacher un peu les unes des autres.* Donc la *percussion* facilite plus leur *séparation*, que ne le feroit la *simple pression.* Ainsi, les quantités de mouvement étant égales, *lorsqu'il s'agit de diviser, de décomposer, de détruire, la vitesse vaut mieux que la masse*; vérité importante qui s'applique aussi aux sociétés humaines; pour les décomposer et les pulvériser, il faut recourir à la fulminante activité des *Alexandres*, des *Césars*, ou de leurs singes; ces ames toutes de feu étant nécessaires dans ce seul cas, et des fléaux dans tout autre cas. Ainsi, *il faut appeller ces grands hommes quand tout va mal, et les chasser quand tout va bien.*

revêtues, sans compter que ces parties sont celles qui *touchent et sont touchées le plus rarement*. Car l'effet du chatouillement dépend d'un très léger mouvement dans les esprits; mouvement que le peu d'épaisseur de la peau, ainsi que des attouchemens rares, subits et intermittens, doivent rendre plus faciles à provoquer. En effet, nous voyons que l'extrémité d'une *plume*, d'une *paille*, etc. passée très légèrement sur les lèvres ou sur les joues, y excite un chatouillement auquel on a peine à résister; effet qu'on ne pourroit produire, soit en touchant les mêmes parties avec un corps plus gros, plus roide ou plus obtus, soit en les touchant plus rudement. Quant à l'effet de la *surprise* occasionnée par un *contact subit et intermittent*, personne n'ignore qu'on ne peut, en se touchant comme nous le disions, se chatouiller soi-même (1). On sait aussi que la paume

---

(1) Si notre philosophe, avant d'écrire ceci, eût seulement essayé de passer légèrement sur ses lè-

de la main, quoique revêtue d'une peau aussi mince (1) que celle des parties dont nous parlions plus haut, est cependant beaucoup moins chatouilleuse; parce que, touchant et étant touchée continuellement, elle est très accoutumée à des contacts quèlconques. Un autre effet du chatouillement est d'exciter le *rire;* ce qu'on doit attribuer à l'émission subite des esprits, suivie de celle de l'air des poumons; double cause qui est elle-même l'effet d'une tendance naturelle à éviter ce chatouillement et le corps qui l'excite; car, lorsqu'on chatouille une partie, elle

---

vres l'extrémité de sa plume, il se seroit convaincu qu'on peut fort bien se chatouiller soi-même ; mais peut-être un auteur original est-il moins chatouilleux qu'un traducteur.

(1) La paume de la main d'un philosophe, ou d'un paresseux, est en effet revêtue d'une peau très mince; mais il nous semble que, dans un marin, ou un muletier, la peau de la paume de la main et de la plante des pieds n'est pas précisément de la même épaisseur que celle des lèvres ou des aisselles.

fait un mouvement rétrograde et subit, comme pour s'échapper; et en se chatouillant l'intérieur des narines avec l'extrémité d'une plume ou d'un brin de paille, on se fait éternuer; mouvement convulsif qui est l'effet d'une subite émission des esprits; d'où s'ensuit l'expulsion de l'humor de cette partie. Au reste, le chatouillement est ordinairement accompagné d'une sensation assez désagréable, et qu'on a peine à supporter long-temps.

Observation relative à la rareté des pluies en Égypte.

767. Il est assez étonnant que, dans le temps même où les eaux du Nil se répandant sur les terres de la basse Égypte, y causent une vaste inondation, il ne pleuve point ou presque point dans cette contrée; ce qu'on peut attribuer ou à la nature de l'eau, ou à celle de l'air, ou enfin au concours de ces deux causes. Quant à la première cause, cette rareté des pluies peut être l'effet du grand espace que parcourent les eaux de ce fleu-

ve, et de la rapidité de son cours; car une eau coulante s'évapore moins vîte qu'une eau stagnante (1), ou encore de

---

(1) Il sembleroit, au premier coup d'œil, que ce devroit être le contraire. Lorsqu'on dirige un courant d'air sur une masse d'eau, elle s'évapore beaucoup plus vîte; et l'on sait que les vents naturels produisent le même effet; parce que, dans ces deux cas, un plus grand nombre de portions d'air sec (qu'on peut regarder comme autant d'éponges sèches), touchent et lèchent, pour ainsi dire, la surface de cette eau. Or, que l'air se meuve contre l'eau, ou que l'eau se meuve contre l'air, n'est-ce pas à peu près la même chose, quant au mouvement et à ses effets? Non, sans doute, peut-on répondre; car, dans le premier cas, l'air, en pressant l'eau et en s'appuyant dessus, doit agir avec plus de force sur ce fluide; au lieu que, dans le second cas, l'eau fuyant, pour ainsi dire, devant l'air, ou glissant sous ce fluide, échappe ainsi à son action, et ne lui laisse pas le temps d'agir. D'un autre côté, une eau coulante essuie une infinité de grands et de petits chocs qui la font jaillir et se répandre en gouttes imperceptibles dans la masse d'air supérieure et contiguë; ce qui doit accélérer son évaporation. Ainsi, nos explications nous jetant tantôt à droite, tantôt à gauche, et

la concoction de cette eau; car une eau qui a subi une concoction plus parfaite, est aussi moins évaporable qu'une eau crue; comme une eau qu'on tient long-temps sur le feu, s'évapore moins vîte en continuant à bouillir, qu'au moment où l'ébullition a commencé. Il est également certain que l'eau du Nil a une saveur beaucoup plus douce que celle des autres fleuves, et qu'elle est un puissant remède pour la *gravelle, la mélancolie, l'affection hypocondriaque,* etc. ce qui prouve sa qualité adoucissante (son *édulcoration*). De plus, comme ce fleuve traverse de vastes plaines, et sous un climat fort chaud, ses eaux n'étant ombragées ni par des arbres, ni par des montagnes, le soleil qui agit dessus avec beaucoup de force, peut ainsi leur enlever toutes leurs crudités. Quant à *la nature*

---

se détruisant réciproquement, le plus sûr seroit de finir par où nous aurions dû commencer; je veux dire, par l'expérience qui nous expliquera tout cela.

de l'air, que je regarde comme la principale cause de cette rareté des pluies dans la basse Égypte, je conçois que l'air de cette contrée, fort rare et fort sec, ayant une sorte de soif, absorbe avec tant d'avidité l'humor aqueux, que cet humor se répand et se distribue en parties très fines et très déliées dans tout le corps de l'atmosphère, où il est complettement dissous ; ce qui ne lui permet plus de demeurer sous la forme de vapeurs sensibles, ni de se ramasser en gouttes pour former des pluies.

Expérience relative à la clarification.

768. Nous avons dit, dans l'article qui traite de la *clarification*, sur-tout de celle que nous qualifions d'*interne*, que le *blanc d'œuf* et le *lait* ont la propriété de *clarifier* certaines liqueurs. Des auteurs dignes de foi assurent que les *Égyptiens*, pour clarifier et améliorer l'eau du *Nil*, la mettent dans de grandes jarres, y jettent une certaine quantité d'*amandes pilées*, dont ils enduisent aussi l'orifice de ces

vaisseaux; puis l'agitent en lui imprimant un mouvement circulaire, et n'en font usage qu'après l'avoir laissé suffisamment déposer. On pourroit essayer aussi d'employer ces *amandes pilées* pour *accélérer* et *compléter* la *clarification* de la *bière nouvelle* ou du *moût de vin*.

Observation relative aux plantes qui n'ont jamais de feuilles.

769. *Le corail* est presque la seule plante qui ait des branches sans avoir de feuilles ; cependant on trouve dans les déserts de *Saint-Macaire*, en *Égypte*, une plante assez haute et de couleur brune, qui a, comme le *corail*, des branches dépourvues de feuilles ; avec cette différence toutefois, que les siennes se réunissent à leur extrémité supérieure. Retirée dans l'intérieur d'une maison, et mise dans l'eau, elle s'y déploie et s'y développe d'une manière étonnante ; développement qui a fait imaginer aux superstitieux habitans des contrées voisines, que cette plante est fort utile aux

femmes en travail d'enfant, et pour faciliter leur délivrance.

Observation relative à la matière du verre.

770. Le verre ou le crystal de *Venise* est composé de parties égales d'une sorte de pierre tirée de *Pavie* par la voie du *Tésin*, et des cendres d'une plante appellée *kali* en *arabe* (1), qui croît dans le désert situé entre *Alexandrie* et *Rosette*. Les *Égyptiens* l'emploient d'abord pour le chauffage : ensuite ils en compriment les cendres dont ils forment ainsi des masses presque aussi dures que des pierres ; et ils les vendent en cet état aux *Vénitiens*, qui les combinent avec d'autres matières vitrifiables.

---

(1) D'où est venu le nom d'*alkali*, par lequel on désigne ordinairement les sels analogues à celui qu'on tire de ces cendres.

Expériences et observations relatives aux moyens de prévenir ou de retarder la putréfaction, et principalement celle des cadavres humains.

771. Un sujet qui mérite de fixer l'attention de tout observateur, c'est l'art de préserver de la corruption les cadavres humains, et de conserver, non-seulement leur substance, mais même leurs proportions, leurs principaux contours et linéamens; art que les *Égyptiens* possédoient au plus haut degré, comme on en peut juger par leurs *momies*, dont quelques-unes, dit-on, se sont conservées jusqu'à 3000 ans. Il est vrai qu'ils avoient trouvé le moyen d'en tirer la *cervelle* et les *entrailles*, les parties *les plus corruptibles*. Cependant, de tels procédés ne mériteroient pas d'exciter notre admiration, et n'auroient pas suffi pour conserver ces corps si long-temps; car on sait combien la *chair* qui restoit, est une substance molle et *putrescible*. Mais, conformément à l'observation et

au principe exposés au n°. 100, il paroît que la putréfaction, que nous regardons comme un période naturel aux corps de cette espèce, et comme un genre d'altération inévitable, n'est au fond qu'un phénomène purement accidentel, et qu'en général la matière ne tend pas à la corruption avec autant de force et de promptitude qu'on le croit communément. D'où l'on peut conclure que les corps mis dans l'*ambre jaune*, dans le *mercure*, dans les *baumes* (dont nous parlerons plus bas), dans la *cire*, dans le *miel*, dans des *gommes*, et peut-être aussi dans des *glacières*, se conserveroient fort long-temps : et nous pouvons, sans craindre de nous répéter, résumer ici les observations que nous avons faites dans le n°. cité, par rapport à l'anéantissement ; savoir : que, si l'on pouvoit découvrir des moyens suffisans pour empêcher l'action des trois principales causes de la putréfaction, les corps auxquels on appliqueroit ces moyens, ne seroient plus sujets à se corrompre. Ainsi, la première précaution à prendre est de *garantir le corps à conserver, du contact de l'air;* fluide qui mine, pour ainsi dire, peu à peu tous les corps exposés à son action, et qui, avec les esprits qu'ils renferment, concourt à leur dissolution. En second lieu, il faut *éloigner avec soin du corps à conserver*, toute substance avec laquelle il a de l'affinité, et ne le mettre en contact qu'avec des corps d'une nature toutà-fait différente. Car il est clair que, si ces corps environnans et contigus ne pouvoient rien recevoir du corps en question, celui-ci ne pourroit rien perdre, et qu'en conséquence il se conserveroit en entier; objet qui seroit rempli, si l'on mettoit, par exemple, dans l'*ambre gris* ou dans le *mercure,* des *plantes herbacées,* des *mouches* et autres corps semblables. La troisième attention est de ne choisir pour ces expériences, que *des corps qui n'aient pas assez de volume pour se corrompre spontanément;* car, si ces corps étoient très volumineux et sur-tout très épais, la putréfaction pourroit avoir lieu dans leur intérieur; en supposant même qu'aucune partie de leur substance ne s'exhaleroit et ne passeroit dans les corps adjacens. Ainsi, ils ne sauroient avoir trop peu d'épaisseur; fussent-ils aussi minces que des feuilles. Il est un quatrième genre de préservatif qui devient absolument nécessaire, lorsqu'il s'agit de conserver un corps auquel on doit laisser tout son volume naturel; par exemple, d'un cadavre; il faut, dis-je, que *la substance qui doit envelopper le corps à conserver, soit éminemment dessiccative, et ait la propriété d'en tirer tout l'humor surabondant;* autrement les causes de putréfaction agiront dans son intérieur, même en supposant qu'on puisse prévenir toute espèce d'émanation et d'émission. *Tite-Live* rapporte, qu'environ quatre cents ans après la fondation de *Rome*, on trouva (1) dans un monument deux coffres

---

(1) Sur le mont Janicule.

de plomb, dont l'un renfermoit le corps du roi *Numa*, et l'autre, des livres qui traitoient des *rites sacrés* et de la *discipline des pontifes*. Dans celui qui renfermoit le corps, on ne trouva autre chose qu'un peu de cendres fort légères aux extrémités. Quant aux livres que renfermoit l'autre coffre, ils s'étoient parfaitement conservés ; et l'écriture en étoit encore si nette, qu'on eût dit qu'ils venoient d'être écrits : ils étoient de parchemin, et couverts de trois ou quatre rangs de ces espèces de bougies ou de cierges dont on faisoit usage pour les veilles sacrées, et qui leur servoient comme d'enveloppe : ce qui semble prouver que les Romains, à l'époque de la mort de *Numa*, n'avoient pas fait autant de progrès que les *Égyptiens*, dans l'art d'embaumer les cadavres et de les conserver ; puisque celui-ci étoit déja totalement consumé. Mais, au rapport de *Plutarque* et de quelques autres historiens, *César Auguste* ayant eu la curiosité de faire ouvrir le tombeau d'*Alexandre-le-*

Grand, et de voir le corps, trouva qu'il s'étoit parfaitement conservé, et qu'on y distinguoit encore tous les contours et même les traits du visage. Cependant, malgré toutes les précautions qu'on avoit prises pour l'embaumer, et le choix du baume, sans doute excellent, qu'on avoit employé dans les mêmes vues; ce corps avoit si peu de consistance, qu'*Auguste* s'étant avisé de toucher au nez, confondit tous les traits et le défigura totalement. Ce fait ne rend que plus étonnant ce qu'on rapporte touchant les *momies d'Égypte*, qui sont, à ce qu'on prétend, presque aussi dures que la pierre (1); car, je ne vois entre leur manière d'embaumer les corps, et celle des autres nations, qu'une seule différence, qui, à la vérité, ne laisse pas d'être importante; savoir: qu'ils les enveloppoient d'un linceul gommé qui faisoit plusieurs tours, et qui, se moulant exactement sur

---

(1) Celles du cabinet national ont toute l'apparence d'une pétrification.

le corps, en conservoit ainsi toutes les proportions, tous les contours et tous les linéamens; moyen que, selon toute apparence, on n'avoit pas employé pour le corps d'*Alexandre* (1).

Observation sur la grande quantité de nitre qu'on trouve sur certains rivages.

772. Dans un canton de la *Palestine*, appellé autrefois l'*Idumée*, près du fort de *Caty* et des puits d'*Assan*, il semble aux voyageurs, et durant plusieurs journées, que la mer soit toute proche, quoiqu'ils en soient à une assez grande distance. La véritable cause de cette apparente proximité, n'est autre que le *nitre* qui brille parmi les sables, et qu'on trouve en grande quantité sur ces rivages.

---

(1) Il faut dire aussi qu'un roi d'Égypte, fort cupide, s'étoit emparé du premier cercueil qui étoit d'or, et en avoit substitué un de plomb; ce qui, en donnant de l'air au cadavre, avoit pu contribuer à le consumer plus vite.

Observation relative à certaines eaux sur lesquelles flottent des corps très pesans.

773. Les eaux de la *mer morte*, d'où sort, comme l'on sait, une grande quantité de bitume, sont si denses et si épaisses que, si l'on y jette des animaux, après leur avoir lié tous les membres, ils surnagent. Ce fait semble prouver que, si certains corps vont au fond de l'eau, la véritable cause de leur *immersion* n'est autre que l'*excès de leur pesanteur spécifique sur celle de ce fluide*. D'où il semble qu'on puisse conclure qu'il ne seroit pas impossible de composer, à l'aide du mercure ou de tout autre liquide d'une grande pesanteur spécifique, une eau assez dense et assez pesante pour que le fer même y surnageât ; expérience qui, à la vérité, ne seroit pas d'une fort grande utilité, et qui pourroit tout au plus servir à faire illusion. Au reste, c'est par une cause de cette nature que tous les métaux, excepté l'or, flottent sur le mercure.

Observations sur les matières combustibles qui ne se consument point ou presque point.

774. On prétend qu'au pied d'une colline peu éloignée de la *mer morte*, on trouve une pierre noire que les hermites de ce canton emploient pour le chauffage, qui brûle à peu près comme le charbon de terre, et qui ne souffre aucun déchet, mais qui change seulement de couleur, et devient d'un blanc éclatant. Ce fait toutefois doit paroître d'autant moins étonnant, qu'un fer chauffé jusqu'à l'incandescence, et qui est tout aussi ardent, ne se consume point. Mais que cette autre substance dont nous parlons puisse demeurer long-temps dans cet état, c'est ce dont on a lieu en effet d'être étonné. Car le fer, lorsqu'on le tire du feu, s'éteint aussi-tôt. Quoi qu'il en soit, ce seroit une découverte très utile et vraiment économique, que celle d'une matière à brûler qui donneroit un bon feu, et qui, néanmoins, dureroit plus que toutes les

autres. Il ne me paroît pas non plus tout-à-fait impossible qu'il y ait, comme on le prétend, des chandelles faites avec de la *laine de salamandre* (sorte de minéral), qui ont aussi la propriété de blanchir seulement en brûlant, mais sans se consumer (1). Voici à quoi se réduit l'état précis de la question : cette substance, qui peut procurer une flamme et, en général, un feu de très longue durée, est et doit être un corps *tangible* et *pesant*. Mais il se pourroit aussi que cette flamme, dans le corps qui brûle, fût nourrie par des esprits ou une vapeur, c'est-à-dire, par un fluide sans pesanteur, et *analogue à la matière du feu follet* (2). Mais une vapeur si foible, m'objecterez-vous, et la flamme qu'elle nourriroit, ne se-

---

(1) Il veut sans doute parler de *l'amiante* que les charlatans de Paris nous vendoient pour faire des mèches incombustibles, et par conséquent fort mauvaises.

(2) Voilà un article digne du petit *Albert*, et des *éphémérides de Mathieu Laensberg*.

roient pas de longue durée. Sans doute, pourrois-je répondre; mais ne pourroit-on pas nourrir cette flamme et la faire durer, par le moyen de l'huile, de la cire, du suif, etc. et sans que la mêche se consumât (1)?

---

(1) Mais alors le principal objet ne seroit pas rempli; car il s'agit de trouver un moyen pour se chauffer et s'éclairer à peu de frais, comme ces bons hermites qui *se chauffent avec des pierres*, et ce grand opérateur qui *s'éclaire avec de la laine de salamandre*. Or, cette huile, cette cire et ce suif coûtent infiniment plus que cette mêche. Le véritable état de la question seroit de trouver une matière inflammable qui fût de nature à n'être pas décomposée par la combustion, mais seulement sublimée, puis ramenée à l'état de liquide, enfin reportée dans la lampe par un tuyau; découverte qui au fond n'est pas plus difficile à faire que celle d'une bouteille qui s'emplit à mesure qu'on la boit. Or, cette matière si précieuse que nous cherchons, les grands hommes qu'Ozanam a compilés de très bonne foi, l'ont découverte; mais ils l'ont vue si nettement, qu'ils n'ont jamais pu parvenir à nous la faire voir.

Observations relatives aux moyens de diminuer la dépense du chauffage.

775. Le charbon de terre dure plus que le charbon de bois; et le charbon fait avec des racines coupées par gros morceaux, dure plus que le charbon de bois ordinaire. La tourbe, les mottes et la bouze desséchée, sont des matières à vil prix, qui donnent un feu assez fort et de longue durée. Le menu charbon, je veux dire le charbon fait avec de petites branches d'arbres, ou avec des tiges d'arbrisseaux épineux, et mêlé avec le gros charbon de bois, le fait durer davantage. Les glaïeuls bien secs donnent un feu clair et peu dispendieux; les brasseurs et les boulangers l'emploient probablement, parce qu'il seroit difficile d'en tirer un autre genre d'utilité. Il faudroit essayer de mêler avec le charbon de terre quelque autre matière, comme terre, craie, etc. Un tel mélange, si on le faisoit furtivement, comme les charbonniers, et pour augmenter le poids

apparent du charbon, seroit sans doute une supercherie punissable; mais, si on le faisoit ouvertement et pour son propre usage, ou seulement pour s'instruire sur ce point, alors ce seroit une opération aussi permise qu'utile, et de plus, un moyen vraiment économique.

Observations sur les moyens de resserrer l'air, et de le mettre en mouvement pour se rafraîchir.

776. Les habitans de *Gaza* sont encore dans l'usage de mettre dans les murs de leurs maisons des pots et autres vaisseaux de terre, pour tirer l'air du haut de l'édifice, et l'amener ensuite, à l'aide de certains tuyaux, dans les appartemens du bas; moyen sans doute assez ingénieux pour renouveller et rafraîchir l'air durant les grandes chaleurs. On dit aussi qu'en *Italie* et en *Espagne*, on a des appartemens pour prendre le frais; avantage qu'on se procure à l'aide d'un air en mouvement, et d'une espèce de vent

léger qu'on sait y exciter (1). Mais on peut conjecturer qu'ils parviennent à ce but, en faisant d'abord passer l'air par un canal étroit, qui va ensuite en s'élargissant, et se termine par un évasement (ce qui, en occasionnant dans ce fluide des espèces de réflexions multipliées, lui imprime un mouvement circulaire), plutôt qu'à l'aide de ces tuyaux pratiqués dans les murs, et dont nous parlions plus haut (2).

---

(1) Avantage qu'il ne seroit pas fort difficile de se procurer en *France;* il suffiroit pour cela de multiplier ce que nous appellons des *ventouses*, de tenir bouchées, durant l'hiver, toutes celles qui ne seroient pas destinées à empêcher les cheminées de fumer, et de les déboucher toutes durant l'été : effet qu'on obtiendroit plus sûrement et à moins de frais, en pratiquant aux ventouses ordinaires de petits tuyaux dont l'orifice seroit tourné vers l'intérieur de l'appartement, débouché durant l'été, et bouché durant l'hiver.

(2) C'est une indication vague et obscure de ce que les physiciens appellent un *ventilateur;* et les marins, une *trombe.* Les *ventilateurs* sont connus; quant à cette *trombe,* ce n'est qu'une espèce

Observations sur les moyens de juger de la salubrité ou de l'insalubrité de l'air.

777. On ne sauroit trop multiplier les observations et les expériences, pour se mettre en état de faire un choix judicieux de substances, et, en général, de moyens à l'aide desquels on pût, pour ainsi dire, *tâter l'air,* et savoir s'il est salubre ou insalubre dans telle saison, dans tel édifice, dans tel lieu, etc. L'expérience prouve que les confitures et les pâtisseries se moisissent et se gâtent plus vîte dans certaines maisons, que dans d'autres. Je suis également persuadé qu'un morceau de viande ou de poisson crud se corromproit plus vîte dans telle masse d'air, que dans telle autre. Rien ne seroit plus utile

---

de grand *entonnoir* de grosse toile (suspendu entre le grand mât et le mât de misène), dont l'évasement est en haut, la partie la plus étroite se terminant dans la *cale* ou dans l'*entre-pont*, en un mot, dans la partie du vaisseau dont on veut rafraîchir et renouveller l'air.

qu'un cours d'expériences et d'observations dont on pourroit tirer des règles certaines et précises sur ce point. Dirigé par de telles règles, on formeroit des pronostics beaucoup plus sûrs, relativement aux saisons et à la température en général, qu'à l'aide de toutes ces figures que tracent les astronomes, sans compter l'avantage de pouvoir choisir pour son domicile les édifices et les lieux les plus salubres.

Observation sur les moyens d'augmenter le lait dans les animaux qui en donnent.

778. On trouve, près de *Bethléem*, une sorte de pierre qui, réduite en poudre et jetée dans l'eau dont s'abreuvent les bestiaux, augmente la quantité de leur lait. Une expérience qui seroit encore plus utile, ce seroit de jeter quelque substance composée, dans l'eau des abreuvoirs destinés aux animaux de cette classe, pour les mettre en état de donner plus de lait, pour les engraisser, ou pour les pré-

server des maladies *épizootiques* ou contagieuses. Peut-être le *nître* et la *craie*, mêlés ensemble, et tempérés l'un par l'autre, rempliroient-ils cet objet.

Observation sur certains sables qui ont de l'affinité avec le verre.

779. On prétend que, dans une vallée située au pied du *Mont-Carmel* (en *Palestine*), on trouve un sable qui paroît avoir la plus grande affinité avec le verre; affinité si grande qu'il convertit en une substance vitreuse les substances minérales qu'on y tient plongées; ou que réciproquement il convertit des morceaux de verre en ce sable primitif qui en est comme la *matrice* : double conversion fort étrange, pour peu qu'elle ait quelque réalité. On peut, avec assez de probabilité, l'attribuer à quelques fourneaux naturels, renfermés dans le sein de la terre, et, en général, à la grande chaleur qui règne dans les terres situées au-dessous. Ces auteurs, toutefois, ne font mention d'aucune éruption de flammes

qui ait eu lieu dans la vallée en question. Cette observation pourroit être appliquée aux opérations des verreries. Il faudroit, par exemple, mêler avec les matières vitrescibles, mais non encore vitrifiées, du verre déja fait et remis en fusion. Il se pourroit, qu'à l'aide de cette combinaison, la vitrification devînt plus facile et exigeât une chaleur moins forte (1).

───────────────

(1) Pour savoir si cette combinaison peut accélérer la vitrification, mettez d'abord dans un fourneau de verrerie une masse composée de matières vitrifiables seulement; et, dans un autre fourneau, une masse composée de matières vitrifiables et de verre déja fait, le poids de la matière non vitrifiée égalant celui de la masse mise dans l'autre fourneau; comparez les temps qui auront été nécessaires pour opérer la vitrification complette de ces deux masses; enfin, recommencez l'expérience sur deux autres masses semblables et de même poids, mais en mettant la masse mixte dans le premier fourneau; et dans le second fourneau, la masse uniquement composée de matières vitrifiables, non encore vitrifiées. Par ce moyen, si, dans ces deux opérations, la masse de matière vitrifiable, combinée avec du verre déja fait, est plutôt

Observation relative à la formation et à l'accroissement du corail.

780. Dans la mer de *Sicile*, et au

---

vitrifiée que la masse homogène, vous serez certain que cette plus prompte vitrification aura été l'effet de la *combinaison*, et non de *la plus grande chaleur du fourneau* (*Méthode de renversement*).

Ou mettez dans le même fourneau, et alternativement, de petites masse composées, les unes de matières vitrifiables seulement; les autres, de matières vitrifiables combinées avec du verre déja fait, les quantités de matières vitrifiables, mais non vitrifiées, étant égales dans toutes ces masses. Si toutes les masses de matières vitrifiables, combinées avec du verre déja fait, sont plutôt vitrifiées que les autres, la conséquence tirée de la première expérience sera confirmée (*Méthode alternative*).

Enfin, mettez dans le même fourneau une suite de petites masses, ou la proportion du verre déja fait avec les matières vitrifiables, mais non vitrifiées, soit de plus en plus grande; les quantités de matières vitrifiables, et non vitrifiées, étant égales dans toutes ces masses mixtes. Si toutes ces masses sont d'autant plus promptement vitrifiées, que la proportion du verre déja fait, qui s'y trouvera combinée, sera plus grande, il sera évident

sud de cette île, on trouve une grande quantité de *corail*. Cette plante ne croît que sous l'eau; elle est totalement dépourvue de feuilles : elle ne pousse des branches qu'autant qu'elle reste dans l'eau; tant qu'elle y est plongée, elle est molle et de couleur verte; mais exposée à l'air, elle acquiert cette dureté et ce beau rouge qu'on lui connoît. On dit aussi que le *corail* porte une espèce de petit fruit, ou de baie, de couleur blanche, mais que nous n'y voyons jamais lorsqu'on nous l'apporte, et que ceux qui le pêchent rejetent peut-être comme ne pouvant être d'aucun usage. C'est, toutefois, une particularité qu'il faudroit

---

que *la combinaison des matières vitrifiables avec du verre déjà fait, accélère leur vitrification* (Méthode de gradation).

Il est inutile d'ajouter que cette triple expérience dirigée par ces trois méthodes ainsi combinées, pourroit être appliquée à toutes les matières qu'on expose à l'action du feu ou des dissolvans; par exemple, aux métaux, et qu'elle épargneroit des tâtonnemens dispendieux.

tâcher d'observer par soi-même, afin de mieux approfondir la nature de cette plante.

Observations relatives à la récolte de la manne.

781. La meilleure manne est celle qu'on tire de la *Calabre*; c'est aussi la contrée qui en fournit le plus. On la trouve ordinairement sur les feuilles du *mûrier*; jamais, toutefois, sur celles des mûriers qui croissent dans les *vallées*. Cette substance tombe et se dépose sur ces feuilles, durant la nuit, comme toute autre espèce de rosée. Il paroît que la rosée de cette espèce se dissipe et se perd dans le corps de l'atmosphère, avant de pouvoir parvenir jusqu'aux arbres des vallées. On peut conjecturer aussi que la feuille du *mûrier* est la seule qui ait la propriété de coaguler, en quelque manière, cette rosée, et de la rendre plus épaisse; car, on ne trouve point de manne sur d'autres arbres; la finesse et le moëlleux des fils du ver à soie, qui se

nourrit de ces feuilles, prouvent assez qu'elles contiennent des sucs délicats et homogènes. Ajoutez que ces feuilles, sur-tout celles du *mûrier* noir, sont un peu *velues* et hérissées de petites aspérités ; ce qui peut contribuer à conserver et à fixer cette rosée. Il seroit également utile de faire des observations plus exactes et plus multipliées, relativement aux rosées qui tombent sur les arbres où les plantes herbacées des montagnes; car il se peut que beaucoup de rosées de cette espèce se dissipent et se perdent avant de parvenir jusqu'aux vallées ; et s'il est vrai que la rosée de mai puisse être, en médecine, d'un meilleur usage que toute autre, je présume que c'est sur les montagnes qu'il faut la recueillir.

Expériences relatives aux moyens de corriger le vin.

782. Certaines relations nous apprennent que, pour rendre les vins de Grèce moins fumeux et moins *capiteux*, il suffit d'y mettre un peu de *soufre* ou d'a-

lun (1) ; substances dont l'une est onctueuse, et l'autre astringente. Il n'est pas douteux que ces substances n'aient toutes deux la propriété de retenir la partie volatile de cette liqueur, et de l'empêcher de s'élever. Cette même expérience pourroit être tentée sur d'autres vins, et même sur la bière forte ; je veux dire qu'il faudroit mettre dans ces liqueurs, tandis qu'elles fermentent, ces substances dont nous parlons, ou d'autres semblables, dont l'effet seroit peut-être de les rendre moins fumeuses et moins échauffantes.

Observations sur le feu grégeois et autres feux artificiels.

783. On sait que le *feu grégeois* ne

---

(1) On sait que l'*alun* a la propriété de rendre le vin mousseux ; propriété qui, à la première vue, semble un peu opposée au but de cet article. Cependant, comme l'alun ne produit cet effet que par sa viscosité, il se peut qu'en *liant davantage* les parties de la liqueur, et en augmentant leur *cohérence*, il la rende, par cela même, *moins pénétrante*, moins volatile et moins capiteuse.

s'éteignoit point dans l'eau : certains feux d'artifice, connus aujourd'hui sous le nom de *feux sauvages*, et dont le *bitume* est la base, ont la même propriété ; faits qu'on explique avec assez de probabilité, en supposant que le *bitume* n'est qu'une *concrétion, composée d'une substance ignée, combinée avec une substance aqueuse;* combinaison qui n'a pas lieu dans le *soufre*. C'est ce que prouve suffisamment l'exemple de ce lieu situé près de *Pouzzoles,* et appellé la *cour de Vulcain,* où l'on entend gronder continuellement un tonnerre souterrein, accompagné d'éruption d'eaux bouillantes; car on sait d'ailleurs que, dans ce même lieu, se trouve une grande quantité de bitume; au lieu que l'*Etna*, le *Vésuve*, et autres semblables volcans, dont le *soufre* est la base, ne lancent, dans leurs éruptions, que de la *fumée,* des *cendres,* des *pierres ponces* (des *laves*), jamais de l'*eau*. On prétend aussi que le *bitume,* mêlé avec la *chaux,* et tenu plongé dans l'eau, s'y convertit à la longue en une substance extrêmement dure, et qui forme une sorte de rocher artificiel (1).

Observations sur une espèce de ciment qui devient aussi dur que le marbre.

784. Il est une espèce de *ciment*, composé de *farine*, de *blanc-d'œuf* et de *chaux* pulvérisée, qui, avec le temps, devient aussi dur que le *marbre*, et dont se trouvent enduites ces *thermes* fameuses qu'on voit près de *Cume*. On s'est assuré, par l'expérience, que l'*aimant* et le *caillou* pulvérisés et liés ensemble, à l'aide du *blanc d'œuf* et de la *gomme adragant*, deviennent, en peu de jours, aussi durs que la pierre.

---

(1) Il s'agit de la *pouzzolane*, matière qu'on emploie en effet pour bâtir dans l'eau; parce que ce fluide ne la détrempe et ne l'amollit pas comme les autres. On prétend que ce pilier, qui est à l'entrée du port de *Marseille*, et auquel s'amarrent les vaisseaux qui entrent, doit à cette matière son étonnante solidité, et une durée de plusieurs siècles.

Observations sur la facilité ou la difficulté de la guérison de certaines espèces de blessures ou d'ulcères.

785. Quelques anciens ont observé que les blessures aux *jambes* sont plus difficiles à guérir que les blessures à la *tête*, et qu'il en est de même des *ulcères* qui se forment dans ces deux parties. La raison de cette différence est que la cure des maux de la première espèce exige un certain degré de *dessiccation*, auquel l'affluence des humeurs que leur poids détermine vers les parties inférieures du corps, met naturellement obstacle : au lieu que les maux de la première espèce n'exigent point cette condition; l'effet de la *sécheresse* étant au contraire d'empêcher que les parties ne se réunissent et ne se consolident. Cette observation est confirmée par la différence que les chirurgiens modernes ont observée entre les *Anglais* et les *Français*, par rapport aux blessures de ces deux espèces. Car, dans la nation anglaise, qui est de complexion

plus humide, les blessures à la tête sont les plus difficiles à guérir; et dans la nation française, dont la complexion est plus sèche, ce sont les blessures à la tête qu'on a le plus de peine à réduire.

Observation sur les causes de la salubrité ou de l'insalubrité des vents de sud.

786. Les anciens ont observé aussi que, dans les années où les vents de *sud* règnent fort long-temps, sans interruption et sans pluie, les *maladies*, et sur-tout les *fièvres*, sont très communes; mais que ces mêmes vents, accompagnés de *pluie*, n'ont plus des effets si pernicieux. La raison de cette différence est sensible : les vents de *midi*, par eux-mêmes, donnent à l'air une disposition *fébrile* et *morbifique* ; mais, lorsqu'ils sont accompagnés de *pluie*, ils deviennent *rafraîchissans*; ce qui diminue cette *chaleur* étouffante qu'ils produisent naturellement, et prévient la *pléthore*, qui en est l'effet. Aussi cette différence n'a-t-elle

pas lieu sur les côtes, où les *vapeurs* de la *mer*, sans le secours des *pluies*, suffisent pour *rafraîchir* l'atmosphère.

Observation relative aux blessures faites avec certains métaux.

787. Quelques anciens observateurs prétendent aussi que les blessures faites avec l'*airain* (le *cuivre*), sont plus faciles à guérir que les blessures faites avec le *fer*; différence dont il est d'autant plus facile de rendre raison, que le *cuivre* étant par lui-même doué d'une vertu *curative*, guérit en partie la blessure, au moment même où il la fait, et porte, pour ainsi dire, avec lui son remède; au lieu que le *fer*, ayant une qualité *corrosive*, augmente le mal en le faisant (1). Ainsi,

---

(1) Il y a ici deux choses à considérer: d'abord, le trou ou la fente faite avec un corps quelconque dur et aigu ou tranchant; puis, l'effet que cette substance produit sur les chairs en les touchant. Au reste, son assertion est un peu contraire aux idées communes; mais il se pourroit que le cuivre fût très nuisible intérieurement, et le fût moins

il seroit à souhaiter que les instrumens qu'emploient les chirurgiens pour opérer sur les parties blessées, fussent plutôt de *cuivre* que de *fer*.

Observation sur les mortifications de chairs, occasionnées par le froid.

788. Dans les contrées où règne un *froid* très âpre, lorsque le nez ou les oreilles sont mortifiés et comme gangrenés par le froid, si l'on approche du feu ces parties, elles se putréfient aussi-tôt. La raison de ce phénomène est que le feu tire brusquement à l'extérieur le peu d'esprits restant dans les parties affectées, ce qui achève et rend complette la putréfaction commencée par le froid. Mais la *neige*, appliquée à propos sur ces parties, peut les sauver; parce qu'elle détermine les esprits à l'intérieur, et les y retient jusqu'à ce qu'ils puissent se ra-

---

extérieurement; et que le fer qui, sous différentes formes, est très utile intérieurement, fût nuisible extérieurement, même par le simple contact.

nimer : à quoi l'on peut ajouter que la *neige* a un certain degré de *chaleur* foible et occulte, comme le prétendoit certain moine, en se prévalant de ce passage des saintes écritures.

Rendons hommage à celui qui fait tomber la neige, comme des flocons de neige, et qui répand la gelée semblable à des cendres. D'où ce commentateur ne craignoit pas d'inférer que la *neige* a, comme la *laine*, la propriété d'*échauffer*, et que la *gelée* a, comme les *cendres*, celle de *corroder*. L'*eau chaude* peut aussi être utile dans le cas dont nous parlions; parce qu'elle ouvre les pores peu à peu, sans agir trop brusquement sur les esprits. On pourroit tirer de cette expérience des indications pour faciliter la cure des *gangrènes*, soit *spontanées*, soit occasionnées par la trop fréquente application des *opiates* ; genre de traitement où il faut rejeter tout ce qui peut produire une *chaleur sèche*, et recourir aux substances tout à la fois *rafraîchissantes*, et douées d'un foible degré de *chaleur intime*, combiné avec une *vertu fomentative*.

Observation relative à la pesanteur spécifique de certains corps.

789. Pesez séparément de l'*eau forte* et du *fer*; faites dissoudre ce métal dans cet acide, pesez ensuite cette dissolution, et vous trouverez que son poids sera égal à la somme des poids de ces deux substances prises séparément. Cependant le tout a dû souffrir un grand déchet, résultant de cette vapeur épaisse qui s'est élevée durant tout le temps où l'*eau forte* a agi sur le *fer*. D'où il semble qu'on puisse conclure que toute opération, dont l'effet est de dilater un corps et de séparer ses parties, en augmente le poids. Au reste, nous n'avons fait cette expérience qu'une fois ou deux; et il pourroit s'être glissé quelque erreur dans notre résultat.

Observation relative aux corps qui surnagent.

790. Deux onces d'*eau forte* ne peuvent dissoudre que deux drachmes de *mercure*. Faites donc cette dissolution, et essayez d'y faire surnager une petite pierre de la grosseur d'une muscade, vous n'y réussirez pas ; elle ira au fond. Cependant, il est hors de doute que la pesanteur spécifique de cette liqueur étant augmentée par le métal très pesant qu'on y a fait dissoudre, sa faculté de *porter* doit l'être aussi ; car on sait qu'une eau très chargée de *sel* peut porter un *œuf;* et je me rappelle qu'un médecin m'ayant ordonné, pour la goutte, des bains d'eaux minérales, lorsque j'y entrois, je sentois que mon corps ne s'y plongeoit pas avec autant de facilité que dans l'eau commune. Mais il paroît que l'excès de la pesanteur spécifique du mercure sur celle de la pierre, ne suffit pas pour balancer l'excès de la pesanteur spéci-

fique de cette pierre sur celle de l'eau-forte (1).

Observation sur le mouvement de conversion d'un corps, composé de deux parties, de poids fort inégaux, et lancé horizontalement ou obliquement.

791. Prenez un corps composé de deux parties, dont l'une soit beaucoup plus pesante que l'autre ; par exemple, de *bois* et de *plomb*, ou de *plomb* et *d'os*;

---

(1) Ce calcul est faux ; car, telles sont à peu près les pesanteurs spécifiques de ces trois substances ; celle de l'*eau* étant égale à l'unité. *Eau-forte*, 1. 5 ; *pierre*, 2, ou 2. 5 ; *mercure*, 13, ou 14. Comparaison d'où il résulte que l'excès de la pesanteur spécifique du mercure sur celle de la pierre, est beaucoup plus grand que l'excès de la pesanteur spécifique de la pierre sur celle de l'eau forte. On peut conjecturer que le *mercure* étant décomposé et comme dénaturé par cette dissolution, il y perd une grande partie de la pesanteur spécifique qu'il avoit dans l'état métallique, et qu'il ne peut plus augmenter de beaucoup celle de l'eau-forte.

placez en avant sa partie la plus légère, et lancez-le, avec une certaine force, dans une direction horizontale ou oblique; vous le verrez se retourner en l'air jusqu'à ce que sa partie la plus pesante soit placée tout-à-fait devant, à moins qu'il ne soit d'une longueur excessive. La raison de ce mouvement de *conversion* est qu'en vertu de la première impulsion donnée à ce corps, son extrémité la plus dense et la plus pesante éprouve dans ses parties une plus forte pression ; et telle est en général la véritable cause de tout mouvement violent, cause inconnue jusqu'ici, comme nous l'avons déja observé. Or, comme cette extrémité postérieure et la plus pesante (qui éprouve dans ses parties une pression beaucoup plus forte, et qu'elle peut moins endurer) se meut, par cela seul, beaucoup plus vîte, que l'extrémité antérieure et la plus légère ne peut lui céder sa place, il faut absolument que le corps se retourne; car, une fois qu'il s'est retourné, alors il peut plus aisément tirer en avant la partie la plus légère (1). Galilée observe avec raison que, si, en transportant un bassin ouvert, et en partie rempli d'eau, on lui imprime une très grande vîtesse, qui ne puisse d'abord se communiquer toute entière à ce fluide, on le verra se porter et s'accumuler vers la partie postérieure de ce bassin, c'est-à-dire, du côté où le mouvement a commencé (2) : exemple que ce physicien

---

(1) Quel triple et quadruple galimathias! Ce fait s'expliqueroit beaucoup mieux par la raison qu'il indique lui-même pour expliquer celui qu'il propose dans la dernière phrase de cet article. Si, de deux corps séparés auxquels on donne une même impulsion, le plus pesant est lancé le plus loin ; lorsqu'après avoir assemblé ces deux corps, et placé devant le plus léger, on les lancera encore par une même impulsion; la partie la plus pesante allant plus vîte (par l'hypothèse), elle passera nécessairement devant l'autre ; effet qui ne pourra avoir lieu sans que le tout se retourne.

(2) Il n'est pas vrai que, dans cette expérience, l'eau se porte du côté où le mouvement a commencé; la vérité est qu'elle se porte aussi en avant: mais, comme elle se meut d'abord moins vîte en

allègue pour rendre raison du flux et reflux de l'océan ; car, attribuant sans balancer la révolution diurne au mouvement de rotation de la terre, il suppose de plus que cette planète, tournant d'occident en orient, avec beaucoup trop de vîtesse pour que les eaux de l'océan puissent suivre son mouvement, ces eaux qui restent en arrière, se portent ainsi vers la partie opposée: mais, quoique cette explication porte à faux, cependant l'exemple sur lequel il la fonde, n'en est pas moins réel, et remplit fort bien notre objet. Quant à cette inégale pression dans les parties, qui est la principale base de notre raisonnement, elle n'est pas moins sensible dans l'expérience suivante. Prenez un morceau de *bois* et

---

avant, que le bassin qui la contient, elle paroît ainsi se mouvoir en arrière, avec une vîtesse égale à la différence de ces deux vîtesses ; le mouvement du bassin, ou plutôt le bassin même étant ici l'objet de comparaison. Le mouvement *absolu* de ce fluide est en *avant*, et son mouvement *relatif* est en *arrière*.

un morceau de *fer*, ou une *pierre* de même grandeur et de même force; lancez-les tous les deux à la fois avec une force égale; vous verrez bientôt ces deux corps se quitter, et le plus pesant passer devant l'autre.

Expériences et observations tendant à prouver que l'eau peut être le milieu ou le véhicule du son.

792. Il est hors de doute, comme nous l'avons déja en partie observé, que l'*eau* peut *transmettre les sons*; car si, ayant mis une pierre au fond d'un vaisseau rempli d'eau, vous frappez dessus avec une autre pierre, vous entendrez fort distinctement le son produit par ce choc. Il en est de même d'une longue perche qu'on traîne sur des cailloux au fond de l'eau. On seroit tenté de croire que, dans cette dernière expérience, c'est la *perche*, et non l'*eau*, qui *transmet* le *son*; mais ce seroit une erreur; car, dans un vaisseau, lorsqu'on jette l'ancre attachée à son cable, on entend aussi assez distinc-

tement le bruit qu'elle fait en heurtant le fond, quoique ce cable ne soit pas un corps assez solide pour transmettre le son (1).

Observations relatives au mouvement rétrograde et subit des esprits, occasionné par les objets déplaisans.

793. Un objet qui blesse quelque sens, produit un mouvement rétrograde et subit dans les esprits, qui alors, abandonnant les parties respectives, y occasionne une sorte de défaillance, d'où résulte ce tremblement, ce tressaillement ou frémissement, et, en général, ce mouvement de trépidation qu'on y éprouve alors. Quant aux sons, le bruit d'une scie qu'on aiguise, ou tout autre son très perçant, agace les dents et fait tres-

---

(1) Et l'eau qui, selon vous, la transmet, est-elle un corps plus solide que ce cable ? Ce seroit assez de dire que le cable le transmet moins bien ; ce qu'il faudroit aussi prouver après l'avoir dit, ou plutôt dire, après l'avoir éprouvé.

saillir. Les saveurs très déplaisantes excitent des mouvemens analogues; par exemple, lorsqu'on prend une médecine ou des pilules, on éprouve dans la tête et dans le cou un tressaillement encore plus marqué. Il en est de même des odeurs rebutantes; mais alors, l'effet est moins sensible, parce qu'on est maître de le prévenir ou de le faire cesser, en se bouchant les narines. Au lieu que, dans les chevaux, qui ne peuvent user d'un tel moyen, il est très marqué; car l'on sait que l'odeur d'un cadavre, sur-tout celle d'un cheval mort, les met en fuite, et qu'alors ils s'emportent avec une rapidité qui semble tenir de la folie. Il en faut dire autant du tact, lorsqu'on passe tout-à-coup du soleil à l'ombre, on éprouve une sorte de léger frisson. Et cette observation s'applique également à la vue; car, quoique les objets qui s'y rapportent, n'aient, par eux-mêmes, et indépendamment de la réflexion, rien de déplaisant, cependant, lorsqu'on passe tout-à-coup d'une lumière fort vive dans les ténèbres, on éprouve aussi un léger tressaillement.

Observation relative à la double réflexion (ou réflexion de rayons déja réfléchis), d'où résultent certains échos.

794. A *Pavie*, on voit un temple qui n'a plus de fenêtres qu'à sa partie supérieure; sa longueur est de cent pieds; sa largeur, de vingt; et sa hauteur, d'environ cinquante; la porte est précisément au milieu (1). On prétend que, lorsqu'une personne, placée près de la muraille opposée à celle où est cette porte, se met à crier, la voix est répétée douze ou treize fois, l'écho s'affoiblissant peu à peu, comme celui du *pont de Charenton*. Ce son réfléchi semble venir de la partie du mur qui est au-dessus de la porte. Lorsqu'on se

---

(1) Au milieu de quoi? Est-ce au milieu de l'église, ou au milieu d'un des quatre murs? Et dans ce dernier cas, est-ce au milieu de l'un des murs transversaux, ou de l'un des murs longitudinaux?

place sur les bas-côtés de cette église, ou plus près de la porte, mais latéralement, soit à droite, soit à gauche, on l'entend aussi. Mais, si l'on se tient à la porte même, ou au milieu de l'église, et en face de cette porte, on cesse de l'entendre (1). Il est bon d'observer en passant, que les vieux murs réfléchissent beaucoup mieux le son, et produisent des échos beaucoup plus forts et plus distincts, que ne le peuvent faire les neufs; les premiers étant plus secs et plus *caves* (plus poreux).

Observation sur l'analogie des effets de la simple imagination, avec ceux des sensations.

795. Les effets que produit sur nous la simple idée des objets qui frappent notre imagination, sont quelquefois aussi puissans et aussi marqués que ceux qu'au-

---

(1) Le traducteur latin dit au contraire que, dans cette dernière position, on entend l'écho; et que, dans le précédent, on cesse de l'entendre.

roit produit la présence même de l'objet, s'il eût affecté nos sens immédiatement. Par exemple, lorsque nous voyons une autre personne manger quelque chose d'acide; en un mot, de ces substances qui agacent les dents, notre imagination est tellement affectée de cette vue, que nous éprouvons nous-mêmes une sensation analogue; la simple idée de l'action d'un autre produisant sur nous le même effet que si nous la faisions nous-mêmes. De même, si l'on fixe trop long-temps la vue sur une roue qui tourne rapidement, ou encore sur une personne qui tourne sur place, et fort vîte, on est soi-même saisi d'une sorte de vertige. Lorsqu'on se trouve sur un lieu fort élevé, sans balustrade, ou garde-fou, on éprouve un étourdissement, on chancèle, et l'on se sent près de tomber; les esprits étant alors affectés par la simple idée de la chûte, à peu près comme ils le seroient si l'on tomboit réellement, à moins que l'œil ne soit accoutumé à voir de près de grandes élévations et des précipices. Enfin, combien de personnes, en voyant couler le sang des autres, ou donner la question, ou pendre, tombent en syncope, comme elles y tomberoient si leur propre sang couloit, ou si elles subissoient elles-mêmes le supplice dont elles ne sont que spectatrices.

Observations relatives aux moyens de conserver les corps.

796. Prenez une fleur de *giroflée*; liez-la légèrement à un petit bâton; mettez l'une et l'autre dans un vaisseau rempli de *mercure*, et de manière que la fleur en soit entièrement couverte; puis, mettez un petit poids sur l'orifice du vaisseau, afin de faire enfoncer le petit bâton dans le *mercure*, et de l'y tenir plongé. Enfin, laissez l'appareil en cet état pendant quatre ou cinq jours; au bout de ce temps, la fleur sera encore fraîche; mais sa tige sera devenue un peu plus dure, et un peu moins flexible : si vous la comparez avec une autre fleur de même espèce, et cueillie dans le mê-

me temps, ces différences seront encore plus sensibles : expérience qui prouve que les corps se conserveroient assez bien dans le mercure ; et que ce métal a non-seulement la propriété de les *conserver*, mais de plus celle de les *durcir* par sa *froideur*. Si cette fleur paroît encore fraîche, cette fraîcheur vient seulement de ce que le mercure l'a conservée dans l'état où elle étoit au moment où on l'y a plongée ; fait d'autant plus remarquable, que le *mercure* la comprime fortement (1). Mais la tige ne pourroit être plus roide si elle n'eût été durcie ; effet qu'il faut sans doute attribuer à la *froideur* de ce métal.

Observation relative à l'accroissement et à la multiplication des métaux.

797. Quelques anciens rapportent qu'on trouve dans l'*île de Chypre* une espèce de *fer* qui, étant coupé par petits

---

(1) Mais cette compression est égale et uniforme dans toutes les parties.

morceaux, et enfoui dans une terre fréquemment arrosée, y végète, en quelque manière, au point que tous ces morceaux deviennent beaucoup plus gros. On sait depuis long-temps (et c'est un fait bien constaté), que le *plomb* augmente de volume, et se multiplie spontanément (1). On en a vu la preuve dans

---

(1) Les livres d'alchymie sont remplis de faits de cette nature, auxquels il ne manque rien pour intéresser vivement les amateurs, sinon des preuves. Comme une vingtaine d'*adeptes*, en différens temps et en différens lieux, nous ont honorés de leurs graves et mystérieuses confidences, en nous offrant gratis l'initiation formelle, nous devons, par reconnoissance, leur faire présent d'une règle déduite d'un principe incontestable parmi les vénérables *rose-croix*, et d'un procédé à l'aide duquel ils pourront composer, avec une merveilleuse facilité, autant d'or qu'on en peut faire par des raisonnemens à perte de vue, amalgamés avec des termes de métaphysique; avances peu dispendieuses! Tout corps qui a la propriété de *digérer* et de s'assimiler d'autres corps, les digère, et se les assimile d'autant plus aisément et d'autant mieux, qu'on *les lui fait manger en plus petite quantité*,

de vieilles statues qu'on avoit laissées dans des caves ou autres souterrains, et atta-

---

plus graduellement et plus lentement. Par exemple, si je mange en un seul repas quatre livres de pain, non-seulement je ne pourrai digérer ces quatre livres, mais même je ne digérerai pas la quantité de pain que j'aurois digérée, si je m'étois contenté de la ration que la nature a allouée à mon foible estomac ; et mon creuset intestinal rejettera beaucoup de *scories*. Mais, si je mange, en quatre jours et en douze repas, cette même quantité de pain, je la digérerai fort aisément. Or, il est démontré, dans tous les livres canoniques d'alchymie, que l'or a la faculté de s'assimiler et d'*aurifier* les autres métaux, sur-tout l'*argent* et le *mercure ;* puisque les alchymistes les moins zélés, dont les désirs sont autant de syllogismes, souhaitent cette assimilation et cette *aurification*. Cela posé, si, à telle quantité d'or je mêle un dixième d'argent, mais tout à la fois, ce dernier métal ne se combinera pas parfaitement avec le premier, et il n'en résultera qu'un *alliage ;* parce que j'aurai voulu faire manger à l'or quatre livres de pain en un seul repas. Mais, au lieu de l'étouffer ainsi, je diviserai ce dixième d'alliage en cent parties ; je ne jetterai d'abord dans le creuset où sera l'or, qu'un seul de ces centièmes ; je remuerai bien le tout pour

chées par les pieds avec des liens de plomb ; car on a observé qu'au bout d'un certain temps, ce métal se renfloit au point de déborder la pierre, et d'y former des saillies semblables à des verrues (1).

---

faciliter la combinaison ; lorsque l'or aura eu le temps de digérer complettement ce premier centième, je lui servirai le second; je lui laisserai le temps de digérer le second, avant de lui servir le troisième ; et ainsi de suite. Pour peu qu'on ait lu attentivement le catéchisme de l'alchymie, on ne doutera point qu'il ne soit très facile de faire, à l'aide de ce procédé, et avec six livres d'argent, pour cinq sous d'or. Voilà du moins un grain de raison allié à un quintal de folie; et comme cette raison est en très petite quantité, elle sera complettement digérée par les fous.

N. B. Pour pouvoir convertir l'argent en or, il faut d'abord en avoir : or, c'est ordinairement parce qu'on n'en a pas, qu'on veut faire cette conversion ; mais ce cercle vicieux n'est qu'une très légère difficulté dont on se tire par un emprunt à fonds perdu avec l'intérêt.

(1) Ce plomb joignoit-il encore bien exactement à la pierre par sa surface intérieure ? ou cette pierre elle-même ne se seroit-elle pas renflée ?

Observation relative à l'immersion d'un métal vil dans un métal plus précieux.

798. J'appelle *immersion* des métaux, cette combinaison très étroite (sans être parfaite), qui a lieu lorsque le métal le plus vil étant allié avec un métal plus précieux, ces deux métaux s'incorporent ensemble, à tel point qu'il n'est plus possible de les séparer ; ce qui est une apparente, mais fausse transmutation, semblable à cette imparfaite combinaison qui a lieu lorsqu'on incorpore, soit du *mercure* avec l'*or*, soit du *cuivre* ou du *plomb* avec l'*argent*. Ce métal factice, connu chez les anciens sous le nom d'*électre*, n'étoit autre chose que de l'*or*, auquel on allioit un cinquième d'*argent*. On le substituoit à l'*or* pur dans une infinité de cas ; cependant il avoit plus d'éclat et certaines propriétés de plus. Si, après avoir fait cet alliage clandestinement, on vouloit ensuite le faire passer pour de l'*or*, ce seroit sans doute une supercherie condamnable ; mais cet-

te même opération, si on la faisoit ouvertement et avec l'approbation des magistrats, seroit un excellent moyen pour économiser le métal le plus précieux. J'ai ouï dire à un homme très versé dans la *métallurgie*, que, si on allie à l'*or* un *quinzième d'argent*, de manière à l'y incorporer parfaitement, il n'est plus possible de l'en séparer par aucun dissolvant, à moins qu'on n'ait soin de combiner ensuite avec ce métal factice, une quantité d'*argent* beaucoup plus grande que ce quinzième qui en fait partie, afin de l'attirer plus aisément; ce qui est le dernier refuge, dans les séparations de cette espèce (dans l'opération du *départ*); mais ce seroit un procédé fort long et fort ennuyeux, auquel peu de personnes voudroient s'assujettir. Quoi qu'il en soit, cette expérience est susceptible d'être poussée beaucoup plus loin: par exemple, on pourroit, au lieu d'un quinzième d'argent, n'en mettre qu'un vingtième, et ajouter à cet alliage un peu de ces substances qu'on emploie ordinairement pour rendre la combinaison plus intime et l'incorporation plus parfaite.

N. B. que l'alliage de l'*argent* avec l'*or* est toujours facile à découvrir ; il suffit pour cela de comparer le poids du métal avec son volume (1). Mais, comme le *plomb* pèse plus que l'*argent*, on ne pourroit découvrir, par ce même moyen, l'alliage du premier de ces deux métaux avec le dernier, dans le cas où

---

(1) Cette comparaison ne suffiroit que dans le cas où l'on sauroit déja quel poids il doit avoir sous ce volume ; ou, ce qui est la même chose, quel volume a une quantité d'or pur de même poids. La règle générale, pour découvrir l'alliage, est de comparer les volumes de deux masses égales, (c'est-à-dire, du même poids) ; l'une, du métal vérifié ; l'autre, du métal douteux ; ou de comparer les poids de deux masses, aussi de ces deux espèces, et dont les volumes sont égaux. Par exemple, pesez dans l'air les deux masses égales, puis pesez-les dans l'eau ; si celle dont vous doutez y perd plus de son poids que celle dont vous ne doutez pas, votre doute est fondé, et le métal à vérifier contient en effet de l'alliage.

ils seroient combinés en telle proportion que l'excès de la quantité de l'*argent* sur celle du *plomb* fût suffisante pour compenser l'excès de la pesanteur spécifique du dernier de ces deux métaux sur celle du premier (1).

Observation sur les causes qui peuvent rendre les métaux plus fixes.

799. L'*or* est la seule substance qui soit en même temps *très fixe et très fusible*. Cette fusibilité prouve assez qu'il

---

(1) Cette supposition nous paroît fausse; car, en quelque proportion qu'on puisse combiner le *plomb* avec l'*argent*, il en résultera toujours un métal dont la pesanteur spécifique sera plus grande que celle de l'*argent* pur; excès de pesanteur spécifique qu'on pourra découvrir, en pesant, d'abord dans l'air, puis dans l'eau, deux masses d'égal poids; l'une, d'argent pur; l'autre, d'argent combiné avec du plomb; et cette dernière masse pesée dans l'eau perdra moins de son poids que la première; ou, ce qui est la même chose, si l'on donne précisément le même volume aux deux masses, celle où il entrera du plomb, pesera plus que l'autre.

abonde en *esprits* : ainsi, on ne doit pas attribuer sa *fixité* à une disette d'esprits qui puissent se porter au-dehors, et, en s'exhalant, entraîner avec eux ses parties solides; mais à la distribution égale et uniforme de ces esprits entre toutes les parties tangibles, et à l'étroite union de ces dernières; deux conditions d'où il résulte qu'ayant une tendance moins forte à se porter au-dehors, ils trouvent aussi moins d'issues pour s'échapper. Il faudroit faire quelques essais pour savoir si le *verre* fondu une seconde fois ne perdroit pas une partie de son poids (1). Car les parties du verre sont distribuées d'une manière uniforme; mais elles sont moins serrées et moins étroitement unies que celles de l'or; comme on en peut juger par la facilité avec laquelle la *lumière*, la *chaleur* et le *froid* le pénètrent,

---

(1) Il perdra probablement de son poids; mais c'est de sa pesanteur spécifique que l'auteur veut parler; car il désigne indifféremment par ce mot de *poids*, et le *poids absolu* et le *poids relatif*.

et par son peu de pesanteur spécifique. Il est d'autres corps qui ne contiennent point ou presque point d'esprits, et dont par conséquent rien ne peut s'exhaler. De ce genre sont ces *coupelles* (ces *creusets*), qu'on met dans les fourneaux de réverbère, et sur lesquels le feu n'a point de prise. Ainsi, la *fixité* d'une substance peut avoir trois causes : la *distribution égale et uniforme des esprits entre les parties tangibles; l'étroite union de ces dernières parties*, à quoi il faut joindre leur *tissu plus serré* et *leur assemblage plus ferme* ; enfin, *la totale privation ou la très petite quantité d'esprits;* trois conditions dont les deux premières peuvent se trouver unies avec la *fusibilité;* mais dont la dernière est incompatible avec cette propriété.

Observation sur cette espèce d'inquiétude dont on observe les effets dans tous les corps, et sur leur tendance perpétuelle au changement.

800. Un des sujets les plus difficiles

à approfondir, et qui néanmoins mérite le plus de fixer l'attention, c'est cette espèce de *vuide, d'indigence,* ou de *mécontentement* (1) qu'éprouvent tous les corps; disposition d'où naît leur tendance perpétuelle à admettre d'autres substances dans leurs pores, et à s'en pénétrer: par exemple, l'*air* se *pénètre* (s'*imboit* (2)) des rayons lumineux, des sons, des odeurs, des vapeurs et exhalaisons de toute espèce : tout nous démontre qu'il le fait même avec une sorte d'*avidité* et

---

(1) Nous voilà encore dans la poésie et la rhétorique: quand on n'a pas des idées nettes sur un sujet, on ne trouve point le terme propre; et quand on ne trouve point le terme propre, on a recours à des expressions figurées. Le figuré est le représentant naturel du propre, comme le propre est celui des idées, et comme les idées représentent les objets réels; mais, dans ce cas, comme dans tous les autres, le représentant ne vaut jamais le représenté; et la présence de la chose même vaut mieux que sa représentation.

(2) Mot créé par Rousseau, et qui nous seroit bien nécessaire ici.

de *soif*, comme s'il étoit peu content de sa texture propre et primitive; autrement il n'admettroit pas ces substances, ou ces modes, avec tant de promptitude et de facilité. De même l'*eau*, et, en général, toutes les *liqueurs* admettent, dans leurs interstices, les substances *sèches*, sur-tout les substances *terrestres*, dont la nature est analogue à la leur : et réciproquement, les substances sèches s'imbibent aisément d'eau, et, en général, d'*humor aqueux*. Ainsi, rien de plus judicieux que ce mot d'un ancien philosophe : *que la substance terrestre et la substance aqueuse sont l'une pour l'autre une espèce de gluten ou de colle* (1). Le *parchemin*, les *peaux*, les *étoffes*, tous corps composés, non de parties dé-

---

(1) Chacune, en se logeant dans les interstices de l'autre, remplit à l'intérieur un grand nombre de vuides, multiplie les contacts réciproques entre les petites parties, et augmente ainsi leur force de cohésion, qui, toutes choses égales d'ailleurs, est proportionnelle aux nombres de points qui se touchent.

liées et *détachées* les unes des autres, comme les *cendres*, le *sable*, etc. mais de parties *cohérentes*, qui forment des touts solides, sans pores très apparens, ne laissent pas de s'imbiber promptement de différentes liqueurs. Les métaux eux-mêmes se laissent pénétrer par des liqueurs actives ou des dissolvans (tels que les *acides minéraux, végétaux et animaux*); réciproquement ces dissolvans pénètrent le *métal* et la *pierre* (1). Mais tel de ces dissolvans (l'eau régale), qui agit sur l'*or*, n'agit pas sur l'*argent*; et réciproquement (l'esprit de nitre). L'or qui, par sa grande pesanteur spécifique,

---

(1) Il se trompe : cette proposition n'est pas la réciproque ou l'inverse de la précédente; la véritable est celle-ci : ces dissolvans admettent aussi, dans leurs interstices, les particules *pierreuses* ou *métalliques;* car les acides dissolvent, et les métaux sur lesquels on les jette, et ceux qu'on y plonge; ce qu'ils ne peuvent faire; dans le premier cas, sans pénétrer ces métaux; ni dans le second cas, sans admettre, dans leurs interstices, les particules métalliques.

semble être le plus solide et le plus compact de tous les métaux, s'imbibe toutefois très promptement de *mercure*. Enfin, il paroît que ce mouvement par lequel certains corps en pénètrent d'autres, n'a rien de très violent, et semble être l'effet d'un *consentement mutuel* : mais quelle est la véritable cause de ce double phénomène, et à quel principe faut-il le rapporter? C'est un sujet qui exigeroit une recherche *ex-professo*, et vers lequel il faut diriger tout à la fois ses observations et ses réflexions. Quant à ce joli mot de certain philosophe : que *la matière est une sorte de courtisane qui se prostitue, pour ainsi dire, à tous venans, et appète indifféremment toutes les formes;* ce n'est qu'une notion vague et hazardée. La flamme est la seule substance qui, non contente de se laisser pénétrer par un corps, veuille de plus le travailler, le surmonter, le convertir en sa propre substance, et remporter sur lui une sorte de victoire; ou qui, lorsqu'elle se trouve la plus foible, s'étouffe, en quelque manière, et se tue elle-même.

Centurie IX.

Expériences et observations tendant à prouver que la faculté de percevoir réside dans les corps mêmes privés de la faculté de sentir; application de cette théorie aux prédictions et à la découverte des choses cachées.

Un des faits les mieux constatés par une continuelle expérience, c'est celui-ci : tous les corps, quels qu'ils puissent être, même ceux qui sont privés de la faculté de *sentir*, ne laissent pas d'être plus ou moins doués de la faculté de *percevoir*. Car, lorsque les corps sont appliqués à d'autres corps, on les voit, en conséquence d'une sorte de *choix*, *s'unir* aux substances avec lesquelles ils ont de l'*affinité*, et *repousser* ou fuir celles dont la *nature* est *opposée* à la leur (1). Lorsqu'un corps agit sur un au-

---

(1) Le texte original dit : par une sorte de *choix*,

tre corps, son action est toujours précédée d'une *perception* qui a lieu, et dans le *corps altérant* et dans le *corps altéré*; autrement les corps ne pourroient agir les uns sur les autres, n'auroient aucune influence réciproque, et seroient tous semblables. Dans certains corps, cette perception est si subtile, qu'elle échappe aux sens, instrumens trop grossiers relativement à des nuances si délicates et à des impressions si légères. C'est ainsi que le *thermomètre* indique les plus légères variations de la température par rapport au *chaud* et au *froid*, variations dont nous ne sommes avertis par aucune sensation. Cette perception si fine a quelquefois lieu à une certaine *distance* aussi bien que dans le cas du *contact immédiat*, comme nous en voyons des exemples, soit dans cette *attraction* que l'*aimant* exerce sur le *fer*, soit dans la *naphte ba-*

---

ces corps embrassent ce qui leur plaît, et excluent ou chassent ce qui leur déplaît : je n'ai pas cru devoir traduire *littéralement* de telles expressions.

bylonique, qui prend feu à une distance assez grande d'un corps enflammé. Ainsi, ces perceptions délicates sont un sujet qui mérite de fixer l'attention de l'observateur, et d'être approfondi par une recherche *ex-professo* ; ces facultés de *percevoir* et de *sentir* étant *les deux grandes clefs du sanctuaire de la nature*, et la première étant quelquefois la meilleure. C'est aussi une des principales bases de la *divination naturelle* (1). Car ces perceptions délicates indiquant les plus foibles degrés d'un phénomène commençant, annoncent ainsi de bonne heure ses degrés plus sensibles et plus marqués qui n'auront lieu que long-temps après. Or, ces indications ne ser-

---

(1) La *divination naturelle* n'est que l'art de prédire les événemens d'après l'inspection de leurs signes naturels. Le nom qu'il donne à cette science, fait allusion à l'art mystique et mensonger des *augures*, des *aruspices* et autres *jongleurs* de l'antiquité, qui se sont perpétués, mais sous d'autres formes.

vent pas seulement à *prédire les événemens futurs,* mais aussi à *découvrir les choses cachées dans le présent,* comme le prouvent une infinité d'expériences et d'observations délicates en ce genre. Par exemple, doutez-vous si des *semences* sont *vieilles* ou *nouvelles,* vos sens seront en défaut, et ne pourront vous instruire sur ce point; mais jetez ces *semences* dans l'*eau bouillante,* et vous distinguerez aisément les *nouvelles;* car elles *germeront* presque sur-le-champ. De même le témoignage des *sens* ne suffit pas pour juger des *bonnes ou des mauvaises qualités de l'eau* destinée à servir de boisson; mais on reconnoît bientôt la meilleure, par la promptitude avec laquelle elle s'évapore et se consume, ou par beaucoup d'autres moyens indiqués dans la *quatrième Centurie.* De même enfin, *dans la physiognomonie,* les simples *linéamens* du corps décèlent ces dispositions naturelles de l'ame et ces *inclinations primitives,* que la *dissimulation* nous excite à *voiler* par mille prétextes, et que l'*éducation* nous apprend à *vaincre* ou à *réprimer*. Ainsi, nous ne traiterons dans cet article que de ce genre de perceptions qui se rapportent à la *divination naturelle*, et à *l'art de découvrir les choses cachées*, quoique présentes ; renvoyant à un autre lieu ce qui regarde les perceptions relatives à d'autres objets. Cette *divination*, à la vérité, peut avoir d'autres bases : par exemple, si vous connoissez les *causes* et les phénomènes qui *accompagnent* ou ces causes, ou leurs effets, vous êtes, par cela même, en état de prédire ces effets ; et il en est de même de la découverte des choses cachées. Cependant, nous nous attacherons ici plus particulièrement à ce genre de *divination* et de *découvertes* qui ont pour fondement *une perception fine et anticipée* (1).

---

(1) Les expressions du texte original, dans tout ce préambule, étant un peu vagues, même après les additions et les changemens que nous y avons faits, le lecteur nous saura peut-être gré de lui

Il n'est pas douteux qu'on ne puisse pressentir la disposition de l'air ou de

---

donner ici en note un petit extrait que nous avions fait pour notre propre usage.

Les prédictions peuvent avoir pour base quatre espèces de signes.

1°. Toute *cause* qui *produit constamment l'effet* qu'on lui attribue, en est, par cela même, le *signe* et *l'annonce*.

2°. S'il est vrai que toute cause annonce son effet, comme les *phénomènes* qui *accompagnent* constamment cette *cause, l'annoncent* elle-même, il est clair qu'ils *annoncent* également *son effet;* mais la première *indication* est *immédiate*, et celle-ci n'est que *médiate;* ce n'est qu'une *annonce d'annonce*.

3°. Si la nature m'ayant doué d'une sensibilité plus fine et plus prompte que celle de la plupart des autres hommes, m'a mis en état de percevoir les premiers et les plus foibles degrés d'un phénomène commençant et croissant, mais encore insensibles pour eux, elle m'a mis, par cela même, en état de prévoir plutôt qu'eux ses degrés plus sensibles et plus marqués, qu'ils ne percevront peut-être qu'au moment même où ils auront lieu ; et je suis, en quelque manière, leur *vedette née*. Or, ce que je dis de moi, il faut le dire des *enfans*,

l'eau à la corruption, ou à la putréfaction, long-temps avant qu'elle se manifeste par des effets sensibles ; telles que *maladies épidémiques, nielle,* etc. Ainsi, nous commencerons par indiquer quelques signes, ou pronostics relatifs aux années d'une constitution pestilentielle et insalubre.

801. Nous avons parlé, dans les Centuries précédentes, des indications que fournissent les *vents de midi,* d'une longue durée et *sans pluie;* ainsi que de celles qu'on peut tirer des *vers* qu'on trouve quelquefois dans les *pommes* de *chêne,* ou *fausses galles.* L'apparition d'une multitude immense de *grenouil-*

---

des *femmes*, des *eunuques,* etc. de tels instrumens, de tels corps, solides ou fluides, qui sont affectés par ces nuances imperceptibles pour nos sens.

4°. Par la même raison, les phénomènes sensibles qui accompagnent constamment les degrés insensibles d'un phénomène commençant, annoncent et ces foibles degrés, et les degrés plus sensibles qui doivent leur succéder.

les, de *crapauds*, de *sauterelles*, de *mouches* et d'autres animaux semblables, qui sont autant de produits diversifiés de la putréfaction, est encore un pronostic de qualités pestilentielles dans l'air, l'eau, etc.

802. Les *chaleurs excessives* qui se font sentir de très bonne heure, même au *printemps*, sur-tout au mois de *mai*, et accompagnées de grands *calmes*, annoncent aussi une *température insalubre*. Et, généralement parlant, on doit avoir la même idée de toutes les années *où il tonne et vente peu*.

803. Une sécheresse excessive qui dure tout l'*été*, même jusqu'à la fin d'*août*, et à laquelle succèdent de *petites pluies* suivies d'une nouvelle sécheresse, sont d'un sinistre présage, et annoncent beaucoup de *maladies* pour l'*été* de l'année suivante. Car, vers la fin du mois d'*août*, ces douces émanations de la terre qui ont pénétré dans les arbres et les plantes herbacées, s'étant exhalées et dissipées, sur-tout ce mois ayant été sec, comme

nous le supposons, si la terre transpire alors, il ne peut plus s'en élever qu'une vapeur grossière, qui, se répandant insensiblement dans tout le corps de l'atmosphère, corrompt toute la masse de l'air, et lui communique des qualités nuisibles. Les petites pluies qui tombent après une telle température, amollissant la surface de la terre, provoquent ainsi une abondante émission de vapeurs pernicieuses. Aussi, les personnes qui, après ces pluies, ont l'imprudence de s'exposer au grand air, courent-elles risque d'être atteintes de maladies graves. Lorsque les *Africains*, après une grande sécheresse, voient tomber ces premières pluies, ils ne sortent point du tout. Mais, s'il tomboit d'abord de grosses pluies, au lieu de provoquer la transpiration de la terre, elles y mettroient obstacle, en détrempant sa surface, et bouchant ses pores. De plus, dans le premier cas même, si la sécheresse revient, elle fait durer et fixe, en quelque manière, la corruption de l'air, que les premières pluies ont commencée; elle aggrave ses funestes effets, et étend son influence jusqu'à l'*été* de l'année suivante; à moins que ses impressions ne soient détruites ou très affoiblies par l'acrimonie et la force pénétrante du froid d'un hiver très rigoureux, qui toutefois succède rarement à de telles sécheresses.

804. Lorsque les *maladies contagieuses et épidémiques*, telles que *petites véroles, fièvres pourprées, petites fièvres*, soit intermittentes, soit périodiques, qui sont des restes de l'*été*, durent tout l'*hiver*, c'est un fort mauvais signe, et un pronostic de maladies graves pour l'été suivant. Leur longue durée et leur obstination annoncent que la putréfaction étant très intime et très profonde, n'a pu parvenir à son maximum, et achever toute sa période en une seule fois.

805. Pour faire quelque expérience tendant à notre but, il faudroit exposer à l'air libre un morceau de viande ou de poisson crud; et s'il se putréfioit promptement, ce signe annonceroit qu'il y au-

roit dans l'air une disposition marquée à la putréfaction. Cependant, comme on ne peut juger si cette putréfaction est prompte ou lente, qu'en comparant le résultat d'une expérience de ce genre, avec celui d'une expérience semblable faite dans une autre année, il ne seroit pas inutile de la faire dans la même année, et précisément dans le même temps, en exposant deux morceaux de viande ou de poisson crud, de la même espèce et du même volume ; l'un, à l'air extérieur ; l'autre, à celui de l'intérieur d'une maison ; car je présume que, si l'air avoit alors une disposition générale à la putréfaction, la viande ou le poisson se putréfieroit plus promptement dans l'air extérieur qui a plus de force et d'influence, que dans l'air intérieur qui en a beaucoup moins, et dont les qualités peuvent être corrigées par une infinité de causes locales. Le meilleur temps pour faire cette expérience, ce seroit la fin de *mars*, l'époque où l'on peut le mieux juger de l'influence qu'a eue l'*hiver* précédent, et de celle qu'aura l'*été* suivant, sur la constitution générale de l'air. Et comme il n'est pas douteux que les émanations de la terre ne modifient et ne teignent, pour ainsi dire, la masse d'air qui s'appuie dessus; pour en juger plus sûrement, il faudroit mettre un morceau de viande ou de poisson sur la terre même, et un autre tout semblable, au bout d'une longue perche plantée verticalement.

806. Prenez de la *rosée de mai*, et voyez si elle se putréfie promptement ou lentement; cette substance étant aussi très propre pour indiquer le plus ou le moins de disposition de la terre et des vapeurs terrestres à la putréfaction.

807. La sécheresse des mois de *mars* et de *mai*, le mois d'*avril*, placé entre deux, étant pluvieux, annonce un *été* salubre; et le signe contraire annonce un *été* mal sain.

808. Les moyens que nous venons d'indiquer pour connoître la disposition générale de l'air, ne serviroient pas seulement à former des pronostics certains

sur le plus ou moins de salubrité des différentes années ; mais on en tireroit aussi des indications également sûres, dans le choix de son domicile, ou du moins d'un lieu de séjour et de retraite pour rétablir sa santé ; enfin, ils fourniroient d'autres indications relativement aux précautions à prendre pour conserver ses provisions, ou au choix à faire d'un domicile où elles pussent se conserver aisément. Les expériences que nous avons indiquées, peuvent remplir ce triple objet.

809. Quant au choix d'un lieu de domicile ou de séjour, il faut faire différentes épreuves, pour connoître non-seulement le plus ou moins de disposition de l'air à la *corruption*, mais encore ses degrés de *chaleur* ou de *froid*, de *sécheresse* ou d'*humidité*. Car toutes ces considérations importent à la *santé* et sous plus d'un rapport. On sait (et c'est une observation que nous avons déjà faite), que, dans certaines maisons, les *sucreries*, les *pâtisseries*, et les *vian-*

des cuites se *moisissent* ou se *putréfient* plus vîte que dans d'autres. On en voit aussi où les *boiseries suent* à tel point, qu'elles se couvrent de gouttes sensibles ; tous effets manifestes de l'excessive humidité de l'air de ces maisons. Mais, comme il vaut mieux s'assurer de toutes ces choses, avant de bâtir, que de courir tous les risques de l'expérience, on peut avoir recours aux moyens suivans.

810. Dans chacun des différens lieux entre lesquels vous voulez faire un choix pour votre séjour ou votre domicile, mettez de la *laine*, une *éponge*, un morceau de *pain*, etc. puis voyez si ce corps ne devient pas *plus humide et plus pesant*. S'il le devient en effet, ce signe annonce que l'*air* de ce lieu est *humide* et *grossier ; humidité* qui sera *proportionnelle à l'augmentation du poids* de ce corps.

811. On sait que, dans certains lieux, l'*air* est sujet à des *variations plus grandes et plus fréquentes* que dans d'autres; variations qui peuvent dépendre, soit

de la *nature même du sol*, soit du *voisinage des bois et des montagnes*, et qui sont fort contraires à la santé. Il faudroit placer, à la même heure du jour, en différens lieux où il n'y eût point d'ombre, et entièrement découverts, *deux thermomètres* parfaitement égaux à tous égards. Ces instrumens une fois placés, chaque fois que vous vous absenterez, vous observerez à votre départ et à votre retour, le degré auquel se sera fixée la liqueur, dans le tube de chacun ; vous comparerez ensemble d'abord ces deux degrés ; puis les variations de l'un de ces tubes, à celles de l'autre. Cela posé, vous jugerez que celui des deux lieux où la *liqueur* aura *le plus baissé*, est le *plus chaud*, et au contraire (1). Or, plus

---

(1) Il s'agit ici, et dans toute la collection (comme nous l'avons déjà observé), du *thermomètre de Drebbel*, où une masse *d'air* renfermée dans la *boule* qui termine un *tube renversé*, et dont l'extrémité inférieure est plongée dans de l'eau colorée, fait *baisser* cette *eau*, en se *dilatant*, lorsque la *chaleur augmente*, et la fait mon-

il y aura, dans l'un de ces deux lieux, de différence par rapport à l'élévation

---

ter, en se *contractant*, lorsque la *chaleur diminue*: genre d'instrument qui n'indique que d'une manière très équivoque, les variations de l'air, par rapport à sa température, parce qu'il est en même temps affecté par les variations de ce fluide, relativement à sa pesanteur. Car la masse d'air renfermée dans la boule, tendant toujours à se mettre en équilibre avec l'air extérieur, elle se contracte et fait monter la liqueur, lorsque la pesanteur de l'air extérieur augmente; et au contraire, la fait baisser, en se dilatant, lorsque cette pesanteur diminue; ensorte que, si la quantité dont la diminution de la pesanteur de l'air extérieur tend à faire baisser la liqueur, et la quantité dont la diminution de la chaleur tend à la faire monter, sont parfaitement égales, la liqueur n'aura aucun mouvement, et n'indiquera pas une diminution de chaleur qui aura eu lieu réellement; que, si la première quantité est plus grande que la seconde, la liqueur baissant, quoiqu'elle doive monter à raison de la diminution de la chaleur, cette chaleur qui aura réellement diminué, paroîtra avoir augmenté, et *vice versâ*, deux fois. Cependant, comme il ne s'agit pas ici de quantités précises, mais seulement des variations de l'air en

ou à l'abaissement de la liqueur dans le tube, entre le moment de votre départ et celui de votre retour, ou plus le temps écoulé entre ces deux momens sera court, les différences étant les mêmes, plus aussi les variations et les inégalités de l'air, relativement à sa température, seront grandes et fréquentes. Enfin, plus il y aura de différence à cet égard entre les deux lieux à comparer, plus il y en aura aussi entre leurs variations, par rapport à la température (1).

---

général, par rapport à sa température, et beaucoup plus des variations observées dans un même temps et dans deux lieux différens, que des variations observées dans un même lieu et dans deux temps différens (sans compter que cette équivoque dont nous avons parlé est commune aux deux lieux à comparer), cet instrument, tout grossier qu'il est, peut, jusqu'à un certain point, remplir son objet.

(1) J'ai été obligé de réformer totalement le texte de ce passage. Il ne considéroit ici que les différences d'un lieu à un autre lieu, par rapport à la température; au lieu qu'il s'agissoit de considérer les différences d'un lieu à un autre lieu, par

812. Des pronostics non moins utiles que les précédens, ce sont ceux qui ont pour objet *les grands froids, les hivers longs et rigoureux, ainsi que les étés fort chauds et fort secs;* pronostics qui peuvent tout à la fois conduire à la découverte des causes, et indiquer de bonne heure les mesures à prendre, soit

rapport aux variations de la température d'un temps à un autre temps. Or, pour remplir ce dernier objet, il faut faire deux genres de comparaisons. 1°. Comparer, dans chacun des deux lieux, le degré où se trouve la liqueur du thermomètre, au moment de chaque départ, au degré où elle s'est fixée au moment de chaque retour. Puis, ces deux variations une fois déterminées, comparer la variation d'un lieu à la variation de l'autre lieu. Et alors celui des deux lieux où l'on aura trouvé le plus de différence, par rapport à l'élévation ou à l'abaissement de la liqueur dans le thermomètre, entre les momens de départ et ceux de retour, sera celui où les variations de l'air, par rapport à sa température, seront le plus grandes, et par conséquent le plus mal sain; ce qui suppose que les deux instrumens seront comparables, c'est-à-dire parfaitement semblables.

pour multiplier, soit pour conserver les subsistances. Nous avons déja parlé des pronostics qui se tirent de la *multiplication excessive des baies de l'églantier, des graines de l'épine blanche et des mûres de buisson.* De plus, si les boiseries et les pierres, qui suent ordinairement, et qui deviennent sensiblement humides au commencement de l'hiver, se trouvent alors fort sèches, ou encore si ces eaux qui dégouttent ordinairement des auvents ou des toits, à cette même époque, sur-tout le matin, tombent beaucoup plus tard, tous ces signes annoncent des gelées âpres, et un hiver très rigoureux; vu qu'ils indiquent la constitution sèche de l'air, et une disposition constante au beau temps qui, en hiver, est presque toujours accompagné de fortes gelées.

813. En général, un été froid et humide annonce un hiver très rigoureux; car alors l'action des rayons solaires, pendant tout l'été, n'ayant pas été suffisante pour dissiper les vapeurs aqueu-

ses qui se sont élevées de la terre, elles se réfléchissent, pour ainsi dire, et retombent sur l'hiver.

814. Un été et un automne chauds et secs, sur-tout si la chaleur et la sécheresse se prolongent fort avant dans le mois de septembre, annoncent que le commencement de l'hiver sera fort doux; que le froid ne se fera sentir que vers la fin de cette saison, et se prolongera dans le printemps; un automne chaud et sec, après un été de même nature, annonçant que la chaleur et la sécheresse dominent encore, et que les vapeurs aqueuses, qui ordinairement diminuent l'une et l'autre, dans cette saison, ne se sont pas élevées en assez grande quantité pour produire ce double effet.

815. Un hiver fort doux et où l'on voit encore de la verdure, pronostique un été chaud et sec, les vapeurs se tournant alors en pluie durant l'hiver; vapeurs qui, dans le cas opposé, auroient été fixées par la gelée, et se seroient ensuite répandues dans le corps de l'atmosphère,

à la fin du printemps, et durant tout l'été de l'année suivante.

816. Lorsque les oiseaux de passage paroissent de bonne heure, ils annoncent une température semblable à celle des pays d'où ils viennent: par exemple, si les oiseaux accoutumés aux climats froids, comme les *corbeaux*, les *outardes*, les *bécasses*, etc. viennent des régions septentrionales plutôt qu'à l'ordinaire, on peut les regarder comme autant de couriers qui annoncent l'approche de l'hiver. Mais, si ce sont des oiseaux du pays même, qui paroissent ainsi avant le temps, ils pronostiquent une température analogue à celle de la saison où ils paroissent ordinairement. Par exemple, si les *hirondelles*, les *chauve-souris*, les *coucous* et autres oiseaux semblables, qui ne paroissent ordinairement qu'au commencement de l'été, se montrent de bonne heure, c'est un présage de grandes chaleurs pour l'été suivant (1).

---

(1) Voyez le tableau raisonné de pronostics à la fin de cette Centurie.

817. Les *pronostics* les plus *immédiats*, c'est-à-dire ceux qui se rapportent à un temps fort court et peu éloigné, sont *plus sûrs* que ceux qui se *rapportent* aux *saisons*. Par exemple, un bruit sourd qui se fait entendre sur les rivages de la mer, ou un murmure semblable à celui des vents, et qu'on entend dans les bois, quoiqu'aucun vent ne se fasse encore sentir, annonce que dans peu il ventera. Car les vents de cette nature, qui viennent de l'intérieur de la terre, du moins en grande partie, ne sont pas d'abord sensibles, et ne le deviennent qu'au moment où ils sont resserrés et comprimés par l'eau ou par les bois. Aussi un bruit souterrain fournit-il la même indication.

818. L'air de la région la plus élevée de l'atmosphère est promptement affecté par les vapeurs qui s'y ramassent et qui sont la matière première des tempêtes; et il l'est d'une manière sensible longtemps avant que celui de la région inférieure où nous vivons le soit sensiblement. Ainsi, lorsque les petites étoiles

disparoissent, c'est ordinairement un présage de tempête prochaine. On trouvera beaucoup d'exemples du même genre dans notre *histoire des vents* (1).

819. Les montagnes, grandes et élevées, sont aussi plus promptement affectées (2) que les plaines ou les vallées, par cette disposition de l'air d'où résultent les tempêtes. Aussi, dans le pays de *Galles*, lorsqu'on voit certaines montagnes couvertes de nuages fixes, que le vulgaire appelle leur *bonnet de nuit*, regarde-t-on ce phénomène comme un sinistre présage. Les tempêtes se formant ordinairement dans ce qu'on appelle la *moyenne région de l'air*, il n'est pas étonnant qu'avant le moment où elles se font sentir, on voie les vapeurs qui

---

(1) Dont nous publierons la traduction après celle de *l'histoire de la vie et de la mort*.

(2) Dans ce n°. et le précédent, notre auteur emploie ce mot *perçoivent*, qui se rapporte au principal objet de l'article; j'ai cru devoir le changer.

les enfantent se ramasser dans la région la plus voisine.

820. L'*air* et le *feu* ont une sorte de *perception* fine et délicate d'un *vent* prêt à s'élever, mais qui n'est pas encore sensible pour l'homme. Par exemple : le mouvement tremblotant de la flamme des chandelles nous annonce un vent dont nous ne sentons pas encore le souffle, et la forme sinueuse qu'elle prend en s'élevant, nous avertit aussi que l'air est déjà un peu agité. Il en est de même des charbons, lorsque les cendres s'en détachent plus vîte et en plus grande quantité qu'à l'ordinaire. La raison de ces indications est qu'aucun vent n'est sensible pour nous dans le premier instant, et avant d'avoir donné à l'air une impulsion d'une certaine force ; ainsi la flamme étant plus mobile que l'air, une foible impulsion doit la mettre plutôt en mouvement. Quant aux cendres, il n'est pas étonnant qu'elles se détachent si aisément des charbons avant qu'on ait senti l'impression d'aucun vent ; car nous ne

connoissons ordinairement la direction du vent qui souffle que par celle qu'il fait prendre aux herbes, aux brins de paille, aux plumes et autres corps légers qu'il élève dans l'air. Lorsque le vent s'élève des profondeurs de la mer, non-seulement il produit un bruit sourd, qui paroît venir de l'eau, mais de plus il fait monter à sa surface de petites bulles et une écume blanche, en forme de cercles; car un vent de cette espèce n'est pas sensible à sa première éruption, et ne le devient qu'au moment où, sortant de dessous l'eau en certaine quantité, il prend un peu de corps et de force.

821. Nous avons parlé ci-dessus de l'indication fournie, soit par les cendres qui se détachent des charbons, soit par les brins d'herbe ou de paille, et autres corps légers que le vent agite et disperse. Ainsi, en général, des corps légers de cette espèce, comme plumes, duvets de chardons, etc. mis en mouvement, et flottant çà et là dans l'air, décèlent un vent prêt à s'élever, et qui n'est annoncé par aucun souffle sensible.

Quant aux *pronostics* qu'on peut tirer des *animaux*, relativement à la température, il est bon d'observer que, vivant presque toujours en plein air (*sub dio*), ils ont, par cela seul, un sentiment plus fin et plus prompt des légères variations de l'air, que l'homme qui se trouve presque toujours renfermé dans l'intérieur des maisons ; et les *oiseaux* ont, à cet égard, un avantage marqué sur les *animaux terrestres ;* car, ils vivent dans un air beaucoup plus libre et plus pur, sans compter qu'ils sont à même d'exprimer, par les inflexions de leurs voix et les variations de leur vol, les changemens qu'ils pressentent.

822. Des *oiseaux aquatiques*, tels que les *mauvis*, les *mouettes*, etc. volant en troupe de la mer vers le rivage ; ou au contraire, des *oiseaux terrestres*, tels que les *hirondelles*, les *corneilles*, etc. volant de la terre vers l'eau, et la frappant avec leurs ailes, sont un double présage de *pluie* et de *vent*. La raison de cette double indication n'est autre

que le *plaisir* même qu'éprouvent les *oiseaux* de ces deux espèces, lorsque l'air devient *plus dense et plus humide;* plaisir qui les excite à se mettre en mouvement, à voler en troupe, et à battre aussi des ailes (quelle que soit d'ailleurs la direction qu'ils prennent). On doit être d'autant moins surpris de voir les oiseaux aquatiques donner des signes de joie, lorsque l'air devient analogue à l'eau, leur élément, que les oiseaux terrestres, comme on le sait, se plaisent également dans un air humide, et aiment à se baigner. C'est en vertu de la même cause qu'on voit alors certains oiseaux se plumer ou arranger leurs plumes; qu'on entend les *oies* crier fréquemment; et que les *corneilles* semblent implorer, appeler la *pluie;* tous signes de la sensation agréable qu'éprouvent ces oiseaux à mesure que l'air s'amollit et se détend.

823. Lorsque le *héron* s'élève fort haut, et paroît même quelquefois au-dessus d'un nuage, c'est un signe de vent; au

contraire, le *milan* prenant un essor très élevé, est un présage de calme et de beau temps. La raison de cette différence est que chacune de ces deux espèces d'oiseaux, en s'élevant ainsi, cherche naturellement le genre d'air qui lui convient le mieux, et dans lequel elle se plaît le plus. Or, le *héron*, en qualité d'*oiseau aquatique*, doit se plaire dans un air un peu dense, sans compter que cet oiseau ayant le vol assez pesant, a besoin, pour se soutenir, d'un air un peu grossier; mais le *héron*, en s'élevant jusqu'à cette région supérieure, cherche moins la *densité* de l'air que sa *fraîcheur* : or, en qualité d'*oiseau de proie*, et par conséquent *fort chaud*, il doit aimer l'*air frais*. Aussi le voit-on souvent voler contre le vent, à peu près comme on voit les *truites* et les *saumons* nager contre le courant. Cependant il est vrai, en général, que tous les oiseaux recherchent de préférence un air d'une certaine profondeur, par la même raison que les nageurs aiment les eaux profondes; car, lorsqu'ils sont ainsi élevés, ils peuvent se soutenir, en tenant simplement leurs ailes étendues, et presque sans leur donner de mouvement.

824. Lorsque les poissons se jouent à la surface de l'eau, c'est ordinairement un signe de pluie; car le poisson n'aimant point l'air sec, il ne s'approche de l'air extérieur que lorsqu'il devient plus humide; et lorsque cet air est sec, ces animaux doivent, pour l'éviter, nager, comme ils le font, à une plus grande profondeur.

825. Généralement parlant, un air humide ranime et réjouit tous les animaux terrestres; on les voit alors paître avec plus d'avidité. Lorsque les *moutons* pressentent la pluie, ils dorment beaucoup moins, et courent de grand matin aux prairies. Le gros et le menu bétail, les *daims*, etc. à l'approche de la pluie, sont aussi plus avides. On voit même alors les *génisses* lever fréquemment la tête, et aspirer l'air humide par leurs naseaux, avec un plaisir manifeste.

826. A l'approche d'un temps pluvieux, la tige du *trèfle* se renfle, et cette plante prend une attitude plus droite ; l'effet naturel de l'humidité étant de redresser les tiges et de courber les feuilles. Il est une plante qui porte des fleurs rouges, qu'on trouve parmi les chaumes, après la moisson (la *pimprenelle*), et qui fournit aussi une indication de ce genre ; car, lorsque sa feuille se déploie le matin, on peut compter sur le beau temps pour toute la journée.

827. Dans notre espèce même, à l'approche de la *pluie* ou de la *gelée*, les *cicatrices*, les *cors*, etc. se font sentir plus vivement ; les maux actuels sont plus douloureux, et les maux assoupis se réveillent ; la première de ces deux causes augmentant la *quantité des humeurs* ; et la dernière, leur *acrimonie* : aussi l'effet commun de ces deux extrêmes est-il de provoquer la *goutte*.

828. Les *vers*, la *vermine*, etc. semblent aussi pressentir la pluie ; car, à l'approche d'un temps pluvieux, les vers de

terre paroissent; les taupes fouillent davantage et poussent à la surface plus de terre; les mouches et les puces piquent plus sensiblement, etc.

829. Les effets sensibles de l'humidité sur les corps solides, fournissent aussi des indications relativement à la pluie; par exemple, à l'approche d'une température de cette espèce, les pierres et les boiseries suent; les boîtes ne s'ouvrent qu'avec peine; les chevilles d'un violon sont plus difficiles à tourner, etc. Cependant les effets du premier genre ne doivent être attribués qu'à une cause extérieure; car la pierre et les boiseries ne font qu'attirer l'humidité, et la retenir à leur surface; au lieu qu'elle pénètre dans l'intérieur de ces autres bois, et les fait renfler sensiblement.

Observations sur les différentes causes qui, en agissant sur l'estomac, y excitent l'appétit.

830. Les substances *froides* et *sèches* sont celles qui excitent le plus l'*appé-*

tit ; car le *froid* décèle, en quelque manière, l'*indigence* (la *foiblesse*) de la *nature*, et annonce qu'elle a *besoin* de *secours ;* il en faut dire autant de la *sécheresse.* Aussi voit-on que tous les acides, tels que *vinaigre, jus de citron* ou de *limon, verjus, huile de vitriol,* etc. provoquent la *faim.* Et cette maladie connue sous le nom de *faim canine,* n'a d'autre cause qu'une matière *acide,* qu'un phlegme de nature *vitreuse,* qui s'est attaché à l'orifice de l'estomac. Mais, si les substances acides excitent l'appétit, c'est encore parce qu'elles *contractent les nerfs* qui ont leur insertion dans l'orifice de l'estomac ; contraction qui provoque puissamment la faim. Les *oignons,* le *sel* et le *poivre,* employés comme assaisonnemens, produisent le même effet en *irritant* et *agaçant* ces mêmes *nerfs ;* car l'effet du mouvement est de déterminer les fluides vers les parties mues, et d'humecter ainsi ces parties. L'*absynthe*, les *olives,* les *câpres* et autres substances plus ou moins *amères ,* qui ont aussi la propriété d'*exciter l'appétit*, la doivent à leur qualité *abstersive* (*détersive*). Ainsi, les quatre principales *causes* qui peuvent exciter l'*appétit*, sont le *refroidissement de l'estomac*, uni à un certain degré de *sécheresse*, la *contraction*, l'*irritation* et l'*action détersive*, sans compter le *jeûne* même, qui n'est qu'une sorte de *vuide*; mais, lorsqu'il est poussé trop loin, il produit quelquefois l'effet opposé; l'extrême *inanition* déterminant vers l'estomac des *humeurs ténues et bilieuses* dont l'effet propre est d'*émousser l'appétit*.

Observation relative à l'odeur agréable qui est quelquefois l'effet de l'arc-en-ciel.

831. Les anciens ont observé que les terres sur lesquelles s'appuie l'extrémité de l'*arc-en-ciel*, ou au-dessus desquelles il est comme suspendu, exhalent une odeur agréable. La raison de ce phénomène peut être que ces terres contiennent quelque substance d'une odeur

suave, que la douce rosée de l'*iris* en tire peu à peu, et détermine à s'exhaler ; car tel est aussi l'effet des pluies très fines qui répandent dans la terre je ne sais quoi de doux et de suave ; mais l'*humor aqueux* dont se forment ces pluies, n'est jamais aussi atténué, ni aussi délicat que celui de l'*arc-en-ciel*. Il se peut encore que ce dernier genre d'*humor* recèle une sorte de *parfum*; en effet, l'*iris* n'est autre chose qu'un assemblage de gouttes imperceptibles, qui ne peuvent prendre ainsi la forme d'une rosée très fine qu'autant qu'elles se rassemblent dans la région la plus basse de l'atmosphère ; région où elles se chargent peu à peu de la partie la plus suave des fleurs et des autres parties des plantes herbacées ; à peu près comme le feroit une eau distillée. Car les pluies et les rosées ordinaires tombant de fort haut, ne peuvent conserver un tel parfum qui, dans le long espace qu'il auroit à parcourir pour monter jusqu'à cette région si élevée, se dissiperoit nécessairement. D'ailleurs, ne se pourroit-il pas qu'à notre insu, telle espèce d'eau fût par elle-même un peu douée de cette odeur suave, quoiqu'elle ne fût pas sensible dans l'eau des étangs, des rivières, des fontaines, etc. Mais une bonne terre, récemment labourée, exhale une odeur suave et rafraîchissante; parfum que l'eau a peut-être aussi lorsqu'elle n'est pas trop *homogène*; car les substances d'une texture trop uniforme ne peuvent affecter les sens. Au reste, il est certain que le *sel commun*, qui n'est qu'une sorte d'*eau consolidée par une longue congélation*, exhale quelquefois une odeur assez analogue à celle de la *violette*.

Observation sur les odeurs agréables, et leurs causes.

832. Toute *odeur agréable* suppose deux conditions absolument nécessaires; savoir : un certain degré de *chaleur* pour digérer la matière qui en est la base, et un certain degré d'*humidité* pour en répandre les *émanations*. Quant à la *cha-*

leur, nous voyons que les bois et les épices, d'une odeur suave et forte, sont des productions plus communes dans les *pays chauds*, que dans les *pays froids*; et l'*humidité* n'est pas moins nécessaire que la *chaleur*, à la formation de ces odeurs dont nous parlons; car on sait que les substances trop desséchées perdent tout leur parfum, et que les fleurs des plantes qui sont encore sur pied, exhalent une odeur plus suave le matin et le soir, qu'à midi. Certaines substances odoriférantes perdent aussi tout leur parfum lorsqu'on les tient près du feu; de ce genre sont la *violette*, la *pariétaire*, la *giroflée*, etc. et généralement toutes les fleurs qui contiennent des esprits très froids et très délicats. Il en est d'autres, telles que l'*eau-rose*, etc. qui conservent leur odeur, soit qu'on les approche ou les éloigne du feu. D'autres enfin n'ont point d'odeurs, ou du moins n'ont une odeur très agréable qu'autant qu'on a soin de développer leur partie odorante par l'action du feu. Il faut ranger dans cette classe le *genièvre*, la plupart des *gommes* les plus douces, et, en général, toutes les substances dont la partie odorante est enveloppée dans un *humor gras et onctueux*. Mais on peut dire, en général, que toutes les odeurs de cette espèce sont plus agréables, lorsque la *chaleur* qui les développe est un peu *foible* ; ou lorsque leur force naturelle est diminuée par un moyen quelconque ; parce qu'alors l'effet de leur émission est plutôt de chatouiller et de flatter le sens, que de le rassasier. Aussi, l'odeur des violettes et des roses est-elle plus suave que celles des épices et des gommes : enfin, les odeurs agréables, mais naturellement fortes, ne plaisent qu'à une certaine distance.

Observation sur la nature corporelle des odeurs.

833. Il est certain que toutes les *odeurs*, sans exception, sont accompagnées de *l'émission de quelque substance corporelle* : et c'est en quoi elles diffèrent de

la *lumière*, des *couleurs* et des *sons*, qui, en conséquence, se portent à des distances beaucoup plus grandes. Je sais que l'odeur qui s'exhale des bois de citronnier ou d'oranger, et des plaines couvertes de romarins, se portent à de grandes distances en mer; peut-être même à celle de vingt milles. Mais au fond, qu'est-ce que cela? Le bruit du canon se porte aussi loin; cependant le mouvement dont il est l'effet, est resserré dans une sphère bien étroite; au lieu que ces bois et ces plaines dont nous parlons, occupent de grands espaces. De plus, on voit que les odeurs s'attachent aux corps solides; comme le prouve celle des gants parfumés, ce qui démontre suffisamment leur nature corporelle, sans compter qu'elles sont souvent de très longue durée; ce qu'on ne peut dire des *sons* ni de la *lumière*.

Observations sur les odeurs, soit fétides, soit agréables.

834. Les *excrémens* de la plupart des

animaux exhalent une *mauvaise odeur*, qui affecte principalement les animaux de la même espèce. Sans parler de l'*homme*, les *chevaux*, dont l'écurie est souvent nettoyée, sont plus beaux et plus vigoureux. Il en est de même des *pigeons* dont on nettoie fréquemment le colombier, ainsi que de tous les oiseaux tenus en cage; nous voyons même que le *chat* a soin de couvrir ses excrémens et de les cacher à la vue : observations qu'il faut appliquer principalement aux *animaux carnivores*. Parmi les animaux terrestres, le *chien* est presque le seul qui aime les odeurs fétides; nouvelle preuve qu'il y a dans l'odorat de cet animal quelque chose de particulier qui le distingue de celui de tous les autres animaux de cette classe. La cause de cette impression que l'odeur des excrémens fait sur presque tous les animaux, est facile à appercevoir: si le *corps* même les *rejette*, à plus forte raison les *esprits* doivent-ils les *rejeter*; et l'on sait d'ailleurs que les excrémens qui sont le résidu de la première digestion;

par exemple, les *selles*, sont aussi ceux qui exhalent l'odeur la plus fétide; ceux qui proviennent de la seconde digestion, tels que l'*urine*, sentent un peu moins mauvais; et ceux qui proviennent de la troisième, encore moins. Les *sueurs*, par exemple, exhalent une odeur plus supportable que celle des deux premiers genres de déjections, sur-tout la sueur des sujets de complexion fort chaude. De même, la plupart des substances putréfiées sentent mauvais; et c'est tantôt une odeur fétide, tantôt une odeur de moisi. La cause de cette odeur rebutante des matières excrémentitielles, peut être qu'il résulte de la putréfaction un arrangement de parties, une texture contraire, par sa nature et ses effets, à celle qui constitue un corps sain et vigoureux; la première n'étant, à proprement parler, que la dissolution de cette dernière forme (mode ou manière d'être). Une autre raison plus intime et plus profonde, qui peut servir à expliquer le même fait, c'est que les objets qui sont de nature à flatter un sens quelconque, doivent cet avantage à une texture plus uniforme, à un arrangement de parties plus régulier, à l'espèce d'*ordre* qui règne dans leur *composition*: lorsque cette condition leur manque, ils blessent toujours les sens respectifs. C'est ainsi qu'un mélange de couleurs disparates choque la vue; qu'une combinaison de sons discordans blesse l'oreille, et qu'un salmis, composé d'alimens, de saveurs trop différentes, est repoussé par le goût; enfin, qu'une surface rude et hérissée d'aspérités déplaît au tact. Cela posé, la putréfaction d'un corps n'est que la dissolution de sa première forme; ce n'est qu'un assemblage confus et indigeste de parties peu analogues les unes aux autres. Il est néanmoins une exception assez frappante, qui semble contredire notre principe. Certaines substances putréfiées et excrémentitielles, comme le *musc*, la *civette*, etc. ne laissent pas d'exhaler une odeur très suave; à quoi, si nous devons en croire certains auteurs, il faut ajouter *l'ambre gris,* qui, selon eux, provient du sperme d'un poisson ; opinion tout-à-fait dénuée de vraisemblance : enfin, la *mousse,* je veux dire celle qu'on trouve sur le *pommier (sauvageon),* a une odeur un peu plus agréable que celle des excrétions du même genre; toutes exceptions qu'on peut expliquer, en supposant qu'il reste dans ces substances excrémentitielles et putréfiées, un peu des esprits de la meilleure qualité, qui auront passé en même temps, et qui s'y seront fixés; observation qu'il faut appliquer sur-tout aux animaux de complexion fort chaude. Mais à ces causes il en faut joindre une plus déliée et plus difficile à appercevoir; c'est, dis-je, que les sens humains repoussent naturellement tout plaisir excessif, et semblent demander qu'il s'y mêle de temps en temps quelque nuance de douleur et de sensation déplaisante. On sait, par exemple, combien un petit nombre de dissonances qui se mêlent à un grand nombre d'accords, et en rompent l'uniformité, rendent l'harmonie plus suave. Il est aussi des saveurs naturellement déplaisantes, telles que celles des *harengs saurs*, du *caviar*, du *fromage de parmésan*, etc. qui ne laissent pas de plaire au goût, lorsqu'elles se trouvent combinées avec d'autres dans une juste proportion. Peut-être en est-il de même des odeurs; car toutes celles dont nous parlions plus haut, ont une certaine force et une sorte d'acrimonie, dont l'effet est d'éveiller et d'agacer le sens respectif (1).

---

(1) Voici, je pense, quelle peut être la règle sur ce point : lorsqu'une sensation désagréable et même un peu douloureuse, l'est seulement *assez pour éveiller notre sensibilité*, en rompant l'excessive uniformité des sensations agréables et de trop longue durée, qui l'ont précédée; et pour nous rendre plus capables de goûter celles de ce dernier genre, en les faisant valoir par l'opposition; mais *pas assez pour laisser des traces durables*, et occuper long-temps d'elle-même, d'elle seule, alors elle contribue à nos plaisirs et à notre bonheur. La douleur est l'épine; et le plaisir, le fruit, cette épine aiguisant le plaisir qui la suit. Le plaisir est enfant du désir satisfait; point de désir vif sans privation; et toute privation de plai-

On observe aussi que des lieux où urinent un grand nombre de personnes, s'exhale une odeur qui a quelque analogie avec celle de la *violette*, et que l'urine d'une personne qui a mangé de la *muscade*, exhale aussi une odeur agréable (1).

Les notions générales, vagues et superficielles, sur les *élémens* et *leurs com-*

---

sir est une douleur commencée. Ainsi, pour jouir, il faut souffrir.

(1) Ce sujet un peu rebutant pour des femmelettes, ne rebute point le vrai philosophe qui en sent toute l'utilité; il sait qu'il est lui-même le produit d'une substance excrémentitielle, et nourri par des substances dont la plupart se sont nourries, en partie, d'autres excrémens, et quelques-unes même, des siens. La nature ne nous prête ses matériaux que pour un instant; elle les reprend presque aussi-tôt, pour en former, ou en nourrir d'autres êtres, qu'elle détruira ou diminuera aussi, pour en former ou en nourrir d'autres encore, et ainsi de suite à l'infini; en ne laissant jamais de vuide dans son vivant attelier, dont tous les rebuts redeviennent matériaux, et en parcourant un cercle éternel que la pensée humaine n'embrassa et n'embrassera jamais.

binaisons, sur les *influences des corps célestes*, sur le *froid* et le *chaud*, le *sec* et l'*humide*, sur les *qualités actives et passives*, ont fait méconnoître la véritable marche de la nature, et confondu toutes les idées sur son *action progressive*, sur la *vraie nature des modes, actifs et passifs, de la matière*; enfin, sur *les textures intimes et constitutives des corps*. Ainsi, écartant d'abord toutes ces notions vagues et fantastiques, nous fixerons notre attention sur des exemples d'un meilleur choix, et analysés avec plus de soin, pour en extraire des principes mieux déterminés, qui nous conduiront peu à peu, et par une sorte d'*échelle*, aux principes les plus généraux. Mais, nous nous contenterons pour le moment de donner ici quelques exemples de ces *actions progressives* de la nature et de ces *textures intimes* de la matière.

Observations sur les causes de la putréfaction.

835. Toute *putréfaction* a pour *principale cause l'action des esprits* renfermés dans le corps qui se putréfie; et pour *cause concourante*, *l'action des corps environnans*, soit air, soit liquide, ou toute autre substance. Ce dernier genre d'action peut avoir lieu de deux manières; savoir: ou par *l'introduction de quelque substance* qui passe des corps ambians dans celui qui se putréfie; ou par *provocation*; je veux dire, par l'action de quelque corps extérieur et contigu, qui excite le corps en question (ou ses parties), et le *sollicite*, pour ainsi dire, à la putréfaction. Quant à l'opinion commune sur ce sujet; savoir: que la putréfaction a pour cause, ou le froid, ou une chaleur étrangère et extraordinaire; ce n'est qu'une supposition hazardée, et qui ne peut soutenir l'examen. Car, dans les corps inanimés, le *froid* est le plus puissant *obstacle* à la *putréfaction*; en accordant toutefois qu'il

détruit toute vivification, en éteignant, pour ainsi dire, le *feu vital;* la vivification dépendant principalement de l'action des esprits atténués jusqu'à un certain point, et l'effet direct du froid étant de les coaguler, de les glacer. L'opinion qui attribue la putréfaction à une chaleur étrangère, n'est pas mieux fondée. Il est vrai que, si cette chaleur accidentelle et étrangère, étant excessive, prédomine sur la chaleur naturelle et sur les esprits innés du corps en question, elle tend à le décomposer ou à y produire quelque altération notable. Mais ces effets ont pour cause l'*émission* ou la *compression,* ou la *suffocation des esprits innés,* ainsi que la *disposition confuse* et l'*inégale distribution des parties tangibles,* et non un prétendu *conflit entre la chaleur naturelle et la chaleur accidentelle.*

Observation relative aux mixtes imparfaits.

836. Lorsque la nature tend à opérer

quelque transmutation, ou quelque grande altération, il se forme un genre de composé, moyen entre celui qui existoit d'abord, et celui auquel tend son action; composés que nous qualifions de *mixtes imparfaits*, dont la nature n'a rien de permanent, et qui sont ordinairement de courte durée : telles sont les différentes espèces de *brouillard*, de *fumée*, de *vapeurs*, etc. le *chyle* dans l'*estomac*, les *animaux* lorsque la *vivification* n'est encore qu'*ébauchée*. Cette *action moyenne*, dont les *mixtes imparfaits* sont le produit, les anciens l'avoient désignée par les mots d'*inquination*, d'*inconcoction*, (de *crudité*, d'*indigestion*); mais ce n'est au fond qu'un *commencement de putréfaction;* car les parties d'un composé de ce genre sont dans un état de confusion, jusqu'à ce que le tout ayant pris telle forme déterminée, ou telle autre, elles se soient arrangées dans un *ordre fixe* et permanent.

*Observations sur l'état de concoction
et sur celui de crudité.*

837. Ces mots de *concoction* ou de *crudité* sont tirés de ce qu'on a observé dans les *animaux*, soit dans leur tout, soit dans leurs parties; puis on a appliqué leur signification aux *liqueurs*, aux *fruits*, etc. par exemple, on l'applique également aux *alimens*, aux *urines*, aux *excrémens*, etc. etc. Les *quatre espèces* de *digestions*; savoir: celles qui ont lieu successivement dans *l'estomac*, dans le *foie*, dans les *artères* et dans les *nerfs*, sont également qualifiées de *concoctions*; et on les regarde comme autant d'*effets* successifs de la *chaleur*; toutes notions hazardées dont se contente un esprit étroit et superficiel, qui s'attache à un petit nombre d'objets, et ne sait point étendre sa vue au-delà des objets les plus familiers. Ceux qui attachent à ce mot de *concoction*, la signification la plus fixe et la mieux déterminée, regardent ce genre d'action comme

une altération graduelle par laquelle un corps se change en un corps d'une autre espèce, et passe de l'état de *crudité* à celui de *digestion,* qui est le dernier terme de cette action progressive et la fin de toute l'opération. Tant que le corps à convertir ou à altérer, a sur la cause efficiente qui tend à opérer cette conversion, un avantage assez grand pour résister à son action, et pour conserver, jusqu'à un certain point, sa première forme, ou texture, ce corps demeurant dans un état de *crudité* ou *d'indigestion,* toute l'action qui a lieu alors doit être désignée par cette dénomination même. Cette *concoction,* il est vrai, est en grande partie l'effet de la *chaleur,* mais non de la *chaleur seule;* tout ce qui peut provoquer ou faciliter la conversion ou l'altération, comme le *repos, l'addition d'une substance déjà digérée,* devant aussi être regardé comme autant de *causes* ou de *moyens* de *concoction.* Ce genre d'action a deux périodes ou degrés; l'une est l'*assimilation* ou conversion totale et absolue d'une substance en une substance d'une autre espèce; l'autre est la *maturation*. Les sujets où la première est le plus sensible, sont les *corps animés* qui s'assimilent complettement les substances alimentaires, et les convertissent en leur propre substance, ainsi que les végétaux et les minéraux, où s'opère également une transmutation complette : l'autre degré, savoir la *maturation*, se manifeste dans les *fruits* ou les *liqueurs fermentées* et destinées à servir de boisson; où le plus haut degré, le dernier terme de la conversion, n'est pas l'effet désiré, ni le but auquel on tend; mais où il s'agit seulement du degré d'altération, d'où résulte une simple conversion en ce genre de forme qui approprie le sujet en question, aux besoins, vrais ou faux, de notre espèce; par exemple, d'où résulte la *clarification* de ces *liqueurs*, la *maturation* de ces *fruits*, etc. Mais on doit observer à ce sujet, qu'il est *deux espèces de conversions* absolues et complettes : l'une a lieu lorsqu'un *corps se convertit en un autre corps déjà existant;* par exemple, lorsque les *alimens* se convertissent en *chair*, en *sang*, etc. c'est celle dont nous parlions d'abord, et que nous avons qualifiée d'*assimilation :* l'autre est celle d'où résulte la *formation d'un corps tout-à-fait nouveau*, et qui n'existoit pas avant l'opération ; telle seroit, par exemple, la conversion de l'*argent* en *or,* et celle du *fer* en *cuivre :* ce dernier genre de conversion, pour mieux distinguer et déterminer les idées, il seroit plus à propos de le désigner par le mot de *transmutation.*

*Observations sur ce genre de changemens, qu'on peut qualifier d'*ALTÉRATIONS MAJEURES.

838. Outre la *concoction* et la *maturation,* il est d'autres genres d'altération fort sensibles, et qui méritent d'être observés; par exemple, lorsqu'une cause altère un corps à tel point qu'il ne revient plus à son premier état, ce changement peut être qualifié d'*altération*

majeure. De ce genre sont celles qu'ont subies les *alimens bouillis, rôtis, frits*, etc. le *pain* et la *viande cuits* au four ; le *fromage* fait avec le *caillé*; le *beurre* provenant de la *crême*; le *charbon* de *bois*; la *brique* faite de terre *cuite*; et une infinité d'autres semblables. Mais attacher des notions philosophiques à des termes populaires, ou dire, à l'exemple des anciens, lorsqu'on ne peut parvenir à concilier ses propres idées, que c'est faute de termes propres et d'une nomenclature assez exacte, de telles allégations ne sont que des voiles spécieux dont on veut couvrir son ignorance : tant qu'on se contentera de rapprocher et de combiner artificiellement un petit nombre de notions triviales, au lieu de réformer ces notions mêmes, et d'en extraire d'autres, mieux déterminées, d'un nombre suffisant de faits choisis avec plus de soin, et comparés avec toute l'exactitude requise ; on n'aura qu'une science hazardée, vague et indigeste.

Les textures et les qualités des corps

sont susceptibles d'une grande diversité ; par exemple, un corps peut être *dense* ou *rare, tangible* ou *pneumatique, volatil* ou *fixe*, *solide* ou *fluide, dur* ou *mou*, *cohérent* ou *incohérent, susceptible* ou *non susceptible de congélation, fusible* ou *infusible, fragile* ou *tenace, ductile* ou *non ductile, poreux* ou *solide, lisse* ou *hérissé d'aspérités*, veineux ou fibreux, *grénu* ou *d'une texture serrée;* et il en faut dire autant d'une infinité d'autres textures ou qualités. Mais attribuer toutes ces différences à celles du *chaud* et du *froid*, de *l'humidité* et de la *sécheresse;* de telles explications sont aussi frivoles qu'expéditives. Au reste, on peut consulter à ce sujet celui de nos ouvrages qui porte pour titre, *Abécédé de la nature ;* et même recourir, dans celui-ci, à quelques-uns des articles précédens. Cependant, notre dessein est de traiter encore dans les suivans la plupart de ces sujets mêmes.

Observations sur les corps considérés comme fusibles ou non fusibles.

839. La *liquéfaction* a pour cause constante l'action des esprits qui travaillent dans l'intérieur d'un corps, et qui tendent à le dilater. Ainsi, tous les corps qui abondent en esprits *très expansiles*, et ceux dont les esprits sont étroitement resserrés à l'intérieur, ou s'y trouvent dans un état paisible, et semblent s'y plaire, sont naturellement fusibles. Car tels sont dans les corps les trois genres de dispositions qui arrêtent ou retardent l'émission des esprits ; les effets des deux premières dispositions se manifestent dans les métaux ; et ceux de la dernière sont sensibles dans le *suif*, la *poix*, le *soufre*, le *beurre*, la *cire*, etc. *La disposition à ne se point liquéfier* est au contraire une conséquence de la trop facile émission des esprits ; d'où résulte la contraction des parties grossières. Aussi, voit-on que les corps qui contiennent très peu d'esprits, ou dont les es-

prits s'exhalent aisément, tels que le *bois*, l'*argile*, la *pierre de taille*, etc. ne sont pas susceptibles de se liquéfier. Cependant, quelques-uns de ces corps mêmes qui ne se liquéfient point, ou ne se liquéfient que très difficilement, ne laissent pas de s'amollir sensiblement; tel est, par exemple, le *fer* dans la *forge*, ou une verge de *bois* tenue pendant quelque temps dans les *cendres chaudes*, ce qui la rend plus souple et plus flexible. De plus, parmi les corps fusibles, les uns, comme les *métaux*, la *cire*, etc. peuvent être *liquéfiés* ou *dissous* par l'action du *feu*; les autres, tels que le *sel*, le *sucre*, etc. ne sont *dissolubles* que dans l'*eau*. La raison de cette différence est que, dans les premiers, la chaleur dilate les esprits qui ensuite écartent les unes des autres les parties tangibles; au lieu que, dans les derniers, c'est la liqueur même qui, en pénétrant dans le composé, écarte ses parties disposées à la recevoir et à la loger dans leurs interstices. Il est aussi d'autres corps susceptibles d'être dissous par ces deux moyens également ; de ce genre sont les *gommes*, etc. double propriété qu'on n'observe que dans ceux qui abondent en esprits, et dont les parties privées d'humidité l'appètent et s'en pénètrent avec une sorte d'avidité. La première de ces deux causes facilite et renforce l'expansion des esprits, par l'action du feu ; et la dernière est une sorte de *stimulant* qui dispose les parties à admettre la liqueur dans leurs interstices ou vuides disséminés.

Observations sur les corps considérés comme fragiles, ou comme tenaces.

840. Parmi les corps fragiles, les uns se brisent seulement à l'endroit où agit la force qui tend à les rompre ; les autres éclatent et se brisent de tous les côtés à la fois. La cause de la fragilité n'est autre que l'*inaptitude à s'étendre* : aussi la *pierre* est-elle plus fragile que le *métal*; la *terre cuite*, plus que la *terre crue* ; et le *bois sec*, plus que le *bois verd*,

etc. La cause de ce peu de disposition à s'étendre, est la petite quantité des esprits contenus dans le corps en question; l'effet direct de leur action étant de provoquer et de faciliter l'extension et la dilatation; inaptitude qui, dans les corps, est toujours unie à la *porosité* et à la *sécheresse* des parties *tangibles*. Au contraire, les corps *tenaces* abondent en esprits, sont beaucoup moins poreux, et contiennent un humor abondant, dont leurs parties sont continuellement baignées. C'est en vertu de cette cause que le *cuir* et le *parchemin* s'étendent si aisément, et que le papier n'a point cette propriété : les étoffes sont aussi aisées à détirer, et très extensibles; mais le linge l'est beaucoup moins.

Observations sur les deux sortes de substances pneumatiques qui se trouvent dans l'intérieur des corps.

841. Tout corps solide est composé de parties de deux espèces, et de natures très différentes; les unes, *pneumatiques*,

et les autres, *tangibles*. Mais on doit observer que, dans la plupart des corps, la substance pneumatique est l'*esprit natif* (*inné*) et propre de ces corps; au lieu que, dans beaucoup d'autres, ce n'est autre chose que l'*air* même qui s'est peu à peu logé dans leurs pores; de ce genre sont ceux que la chaleur ou le temps seul a excessivement desséchés. Car, dans ceux-ci, à mesure que l'esprit natif s'exhale, et entraîne avec lui l'humor qui s'y trouve, l'air s'insinuant peu à peu dans leurs pores, remplit les places qu'ils ont laissées vuides. Aussi, les corps de cette classe sont-ils toujours les plus fragiles; l'esprit inné qui s'en est exhalé, et dont ils sont privés, étant plus extensible que l'air, et ayant plus de disposition à obéir à la plus foible impulsion, sur-tout à suivre les mouvemens des parties tangibles. Les esprits natifs sont aussi susceptibles d'une grande diversité; il en est de *chauds* et de *froids*, d'*actifs* et d'*inertes*, etc. différences d'où résultent la plupart de ces modes ou manières d'être connues sous le nom de *vertus* ou de *qualités* (1). Mais,

---

(1) Rien de plus commode pour expliquer, en apparence, des effets dont on ignore réellement la cause, que de supposer dans l'intérieur des corps, certains fluides très subtils, invisibles, impalpables, à l'abri de toute critique, et dont on ne peut dire ni bien ni mal, parce qu'on ne sait ce que c'est ; car, dès qu'on dit des choses claires, on est forcé de dire des choses vraies ; et l'on ne peut déraisonner impunément qu'à la faveur de l'obscurité des expressions. Mais telle est la marche de tous les systématiques ; au lieu d'avouer ingénument une ignorance d'autant plus excusable, qu'il semble très permis d'ignorer ce que personne ne sait, ils donnent des noms à ces causes inconnues à eux comme à nous ; et comme ce n'est ordinairement qu'après avoir connu et distingué chaque chose, qu'on lui impose un nom, cette nomenclature qu'ils ont créée les trompant eux-mêmes, après avoir donné des noms à ces causes qu'ils ignorent, ils croient les connoître. Chaque systématique choisit les dénominations les plus familières dans la science qu'il professe, et de ces nomenclatures diverses résultent une infinité de systèmes qu'on croit fort différens, mais qui ne sont au fond que le même, diversifié par les mots et les

cet air disséminé dans l'intérieur des corps est sans action, il les rend insipides et incapables de stimuler nos organes.

Observations sur la concrétion et la dissolution des corps.

842. La *concrétion* de la plupart des corps est détruite par les causes contraires (1). C'est ainsi que la chaleur fait

---

formes ; système qui consiste à vouloir absolument parler de ce qu'on ne sait pas, perdre à dire qu'on le sait, le temps qu'il faudroit employer à l'apprendre ; enfin, remplacer par des mots les idées que l'on n'a point. Cependant, afin de mettre un peu plus d'uniformité dans ces nomenclatures et dans les prétendus systèmes qu'elles enfantent, il faudroit choisir, pour désigner les causes ignorées, une dénomination facile à traduire dans la langue de chaque nation et de chaque individu, par exemple, les appeler des *je ne sais quoi* ; dénomination qui auroit du moins l'avantage d'apprendre aux ignorans que ces causes sont inconnues aux savans mêmes, et qu'il faut les chercher, au lieu de se reposer sur les mots qui les représentent.

(1) La plupart des corps sont décomposés par les causes contraires à celles qui les ont composés.

fondre la glace que le froid avoit formée ; ou encore, que le *sel* et le *sucre*, qui ne sont que des *concrétions* formées par l'action du *feu*, sont dissous par le *froid* et l'*humidité*. Quant à l'*huile*, un *froid médiocre* ne suffit pas pour la *congeler*; ni une *chaleur médiocre*, pour l'*épaissir*. La raison de ces deux effets produits par deux causes, en apparence contraires, est néanmoins la même dans les deux cas. Cette raison commune est que les esprits de l'*huile* ne s'exhalent que fort peu, par l'action de l'un ou de l'autre de ces deux moyens; l'effet direct du *froid* étant de retenir les esprits au dedans, et celui de la *chaleur* n'étant pas de la rappeller au dehors, à moins qu'elle ne soit excessive. De plus, quoique le *froid* contracte et resserre les *parties tangibles*, cependant il ne produit pas le même effet sur les *esprits*; son effet étant plutôt de les gonfler et d'augmenter leur volume, que de les congeler et de les contracter; car, lorsque l'*eau* se glace dans un vaisseau, son volume augmente au lieu de diminuer, et quelquefois même on voit sa surface se soulever.

Observations sur les corps durs, et sur les corps mous.

843. La *dureté* des corps a pour principale cause la *disette des esprits*, et leur peu de proportion avec les parties tangibles. Si ces deux conditions se trouvent, en grande mesure, dans un composé, non-seulement elles le rendent *dur*, mais de plus elles le rendent *fragile* et incapable de résister à la compression. Il faut ranger dans cette classe l'*acier*, la *pierre*, le *verre*, le *bois sec*, etc. La *mollesse*, au contraire, est l'effet de l'*abondance des esprits* ; abondance qui, dans les corps, est toujours unie avec une grande facilité à céder à la pression. A quoi il faut ajouter une distribution plus égale des esprits entre les parties tangibles ; ce qui dispose les parties à glisser plus facilement les unes sur les autres, et rend le tout plus *ductile* ; c'est ce qu'on observe dans l'*or*, le *plomb*, la

cire, etc. Mais il faut remarquer que ces corps que nous qualifions de *mous*, sont de deux espèces : les uns, en cédant la place à d'autres corps, ne changent pas de volume, et ne s'élèvent pas dans des parties différentes de celle qui a cédé. Par exemple, si vous mettez sur de la *cire* un corps pesant, elle n'augmentera pas de volume, elle ne cédera à la pression que dans l'endroit pressé, et aucune de ses parties ne se soulevera ; car il ne faut pas s'imaginer que, lorsqu'on fait une empreinte dans de la *cire*, les parties abaissées par la pression forcent les autres à s'élever ; mais penser que la seule partie qui a été déprimée cède sa place, et que toutes les autres restent où elles étoient. Il n'en est pas de même de l'eau, ni des autres liqueurs qui forment la seconde classe, la partie pressée cédant aussi au corps qui la presse ; mais les autres parties s'élevant en même temps, le niveau de la liqueur monte, et le volume total est augmenté : ce qui, à proprement parler, n'est pas une vraie *cession*, puisque cette place que la liqueur cède dans un endroit, elle la reprend dans un autre.

Observation sur les corps ductiles et extensibles.

844. Tous les corps *ductiles* et *extensibles*, comme les *métaux* dont on fait des cordes d'instrumens, et la *laine*, le *coton*, le *chanvre*, etc. qu'on peut filer, ont naturellement une grande force de cohésion, dont l'effet est de les mettre en état d'obéir à la force qui tend à les alonger, sans se détacher les unes des autres, et de résister à la solution de leur continuité. De même, certains corps *visqueux*, tels que la *poix*, la *cire*, la *glu*, le *fromage* amolli par le feu, etc. se filent en quelque manière, et se prêtent à leur extension. Mais il est une différence sensible entre les corps *visqueux* et les corps *composés de fibres*: la *laine*, par exemple, la *filace*, le *coton*, la *soie* (sur-tout la soie écrue), outre leur ténacité naturelle qui permet

d'en faire des fils d'une extrême finesse, ont de plus besoin d'un peu d'*humidité* pour unir plus étroitement leurs fibres, et les incorporer ensemble plus parfaitement : sans compter qu'il faut aussi les *tordre* un peu, comme on le voit par la manipulation ordinaire des fileuses qui ne peuvent filer ces matières qu'en les *humectant* à mesure, et en les *tordant* à l'aide d'un *rouet* ou d'un *fuseau*. Il en est de même de l'*or*, de l'*argent*, etc. métaux dont on ne peut former des fils qu'en les *tordant* aussi.

Observations relatives à d'autres qualités de la matière et à d'autres caractères distinctifs des corps.

845. Les corps peuvent être envisagés comme étant susceptibles, ou non, de recevoir des *empreintes*, d'être *moulés*, *fendus*, *forgés*, etc. mais de telles différences, et autres semblables propriétés de la matière, ne tiennent qu'à des notions triviales, et appliquées aux instrumens et aux usages les plus communs.

Ce ne sont que des effets un peu diversifiés des causes dont nous allons faire l'énumération, mais sans les appliquer, ni en donner d'exemples, pour épargner au lecteur des longueurs fastidieuses. Ces causes sont :

1°. Le plus ou le moins de disposition des corps à céder à toute force, qui tend à resserrer leur matière dans un plus petit espace, mais sans changer leur capacité extérieure, leur volume total (1).

2°. La résistance plus ou moins grande qu'ils opposent à la séparation de leurs parties et à la solution de leur continuité.

3°. La résistance plus ou moins grande qu'ils opposent à toute force, tendant

---

(1) Cet énoncé renferme une contradiction, du moins apparente, à moins qu'il ne veuille parler de la contraction ou de la dilatation qui peut avoir lieu dans l'intérieur d'un corps, ses parties les plus extérieures n'étant point déplacées, et ses limites restant les mêmes.

à les contracter ou à les dilater, à augmenter ou à diminuer leur volume total.

4°. La quantité plus ou moins grande de substance pneumatique qui entre dans leur composition.

5°. La nature même de cette substance pneumatique, qui peut être ou leur *esprit inné* (*natif, propre*), ou seulement de l'*air* disséminé entre leurs parties, et logé dans leurs interstices.

6°. La nature de ces esprits innés qui peuvent être actifs et ardens, ou inertes et paisibles.

7°. La détention ou l'émission de ces esprits.

8°. La dilatation ou la contraction de ces mêmes esprits supposés, retenus dans l'intérieur des corps.

9°. La manière dont ils y sont distribués, et leur proportion avec les parties tangibles, car ils peuvent y être partagés également ou inégalement, y être accumulés ou dispersés.

10°. La densité ou la *rarité* des parties tangibles.

11°. Leur égalité ou inégalité.

12°. Leur état de crudité ou de digestion.

13°. La nature de leur substance, de leur matière propre, qui peut être sulphureuse ou mercurielle, huileuse ou aqueuse, sèche et terrestre, ou humide et liquide; division sur laquelle il est bon d'observer que ces natures, *sulphureuse et mercurielle,* semblent être des natures vraiment radicales et élémentaires, des principes proprement dits.

14°. La situation longitudinale ou transversale de ces parties tangibles; cette distinction s'applique à la *chaîne* et à la *trame* d'un tissu; ces parties pouvant aussi être placées plus ou moins extérieurement ou intérieurement : en un mot, leurs situations absolues et respectives.

15°. Le nombre et la grandeur de leurs pores, ou des vuides qu'elles laissent entr'elles.

16°. Les situations, absolues et respectives, de ces pores.

Il est beaucoup d'autres causes semblables (1) que nous aurions pu joindre à cette énumération ; mais nous croyons devoir pour le moment nous en tenir à celles-ci, qui se sont d'abord présentées à notre esprit.

Expérience sur ce genre de durcissement qui est l'effet de la sympathie et de l'analogie ou affinité de substance.

846. Faites fondre du *plomb*; au moment où il commence à se refroidir et à redevenir solide, faites un petit trou au milieu, et mettez-y du *mercure* enveloppé dans un linge; ce dernier métal cessera d'être coulant, il se fixera et deviendra *malléable*. C'est un exemple frappant de *durcissement*, occasionné par la *sympathie* ou *l'analogie de deux substances*, et par l'action d'un corps

---

(1) Il en est sans doute beaucoup d'autres; car il a, entr'autres omissions, oublié de parler des fires de ces parties tangibles.

qui en excite un autre à *l'imiter* (1). Car attribuer cette fixation à la vapeur du

---

(1) Ce qui, toute expression mystérieuse ôtée, signifie tout simplement, *par la communication des qualités d'un corps à un autre corps*. C'est un principe reçu depuis long-temps en *chymie*, et appuyé sur une continuelle expérience : que, *dans tout corps mixte et composé de substances de différentes espèces qui ne sont pas de nature à se neutraliser réciproquement, le tout participe des qualités particulières des substances composantes*. Or, le *plomb*, dont le *mercure* se trouve environné dans cette expérience, a la propriété de redevenir solide en se refroidissant. Ainsi, pour peu qu'il y ait de communication entre ces deux métaux, et que le linge où l'on a enveloppé le mercure, soit brûlé par le *plomb*, qui est encore très chaud, ou que la vapeur du *plomb* pénètre à travers ce linge, il se pourroit que ce dernier métal, en se combinant un peu avec le premier, lui communiquât, du moins en partie, cette propriété. Et alors le résultat de cette expérience, à proprement parler, ne seroit pas *la fixation du mercure par le plomb*, mais une simple *communication de la fixité du plomb au mercure*, et un simple *alliage de ces deux métaux*; alliage et communication, dont l'effet seroit de rendre le

plomb, ce seroit s'attacher à l'explication la moins probable. Il seroit à propos de multiplier et de varier les expériences de ce genre, afin de voir s'il ne seroit pas possible de fixer ce métal au point qu'on pût lui donner, comme aux autres métaux, telle ou telle forme à volonté. Si le succès étoit tel que je le suppose, on pourroit faire, avec ce métal ainsi fixé, des vaisseaux, des outils, etc. qui seroient d'un assez bon service, pourvu qu'on eût l'attention de ne pas trop les exposer à l'action du feu (1).

---

mercure plus solide qu'il ne l'est ordinairement à ce degré de chaleur, mais beaucoup moins que le *plomb* ne l'est à ce même degré. Actuellement ce linge dont le *mercure* est enveloppé, se brûle-t-il? ou la vapeur du *plomb* pénètre-t-elle à travers? ces deux métaux sont-ils susceptibles de se combiner, même l'un des deux, ou tous les deux étant dans l'état de vapeur? Ce n'est pas à nous qu'il faut faire ces questions, mais à l'expérience, qui peut seule y faire des réponses satisfaisantes.

(1) L'expression de l'auteur, dans l'original anglois, est tellement équivoque, qu'on ne peut

Observation sur le miel et le sucre.

847. Le grand usage que nous faisons du *sucre*, a fait presque entièrement tomber celui du *miel*; ce qui a fait négliger et perdre à la longue les observations qu'on avoit faites sur cette dernière substance et les différens genres de préparations qu'on savoit lui donner dans le temps où on y attachoit plus de prix. En premier lieu, il paroît qu'on tiroit du miel de certains *arbres*, ainsi que des *abeilles*; c'étoient les *larmes* et

---

s'assurer s'il veut dire qu'on n'auroit pas besoin d'un grand feu, pour faire avec le mercure ainsi fixé, des vases, des outils, etc. d'un bon service; ou que ces ouvrages ne seroient pas en état d'endurer un grand feu. Le traducteur latin s'est attaché au premier de ces deux sens; j'ai cru devoir préférer le dernier, parce que, selon toute apparence, le mercure ainsi fixé sera encore très fusible; mais on peut, sans inconvénient, adopter les deux sens à la fois, ces deux propositions étant également probables; et c'est en cela proprement que consiste l'équivoque.

comme le *sang* des arbres de cette espèce. Un auteur ancien nous apprend qu'à *Trébizonde* on recueilloit sur le *buis* une sorte de *miel*, qui faisoit tomber en démence ceux qui en mangeoient (1). Les anciens avoient encore une autre espèce de *miel*, qui acquéroit, soit par lui-même, soit par quelque manipulation, la consistance du *sucre*, mais d'une saveur moins douce que le nôtre. On tiroit aussi du *miel*, une sorte de *vin* par le procédé suivant. On délayoit cette substance dans une grande quantité d'eau; on agitoit le tout ensemble; on passoit la liqueur; puis on la faisoit bouillir dans une chaudière de *cuivre*, jusqu'à ce qu'elle se fût réduite à moitié (2). On la versoit ensuite dans des vaisseaux de terre, où on la laissoit fermenter pendant quelque temps. Enfin, on l'entonnoit dans des vaisseaux de bois, où elle se conservoit pendant plu-

---

(1) Voyez Xenophon, retraite des dix mille.
(2) Jusqu'à ce qu'un œuf pût y surnager.

sieurs années. Aujourd'hui même, en *Russie,* et dans d'autres contrées *septentrionales,* où le vin est rare, on y supplée par une sorte d'*hydromel* pur et vineux; liqueur qui, lorsqu'elle est faite avec soin, est fort limpide, et fournit une sorte de boisson très salubre. Les *Gallois* en ont une du même genre, mais elle est un peu plus composée ; ils y font entrer certaines plantes herbacées, et des substances aromatiques. Quoi qu'il en soit, pour remplacer jusqu'à un certain point le *miel* que, dans nos contrées, on n'emploie plus à cet usage, ne pourroit-on pas faire avec le *sucre* même, une sorte d'*hydromel* (nom qu'au défaut d'un autre nous pouvons lui donner), mais où il n'entreroit point de *miel,* liqueur qui, après avoir subi une coction suffisante, étant suffisamment cuite, seroit peut-être de garde comme l'*hydromel* proprement dit. Cette boisson, il est vrai, seroit moins détersive, moins apéritive et moins laxative que l'*hydromel* ordinaire; mais elle seroit plus agréable au goût, plus stomachique, plus adoucissante et mieux appropriée aux maladies qui ont pour cause commune l'acrimonie des humeurs ; car on sait que le *sucre* dissous dans la *bière* ou dans l'*aile*, est un assez puissant remède pour les maladies de ce genre.

Observation sur la possibilité de rafiner davantage les métaux les plus vils.

848. Au rapport de quelques anciens, on trouvoit, dans certaines contrées, un *acier* très fin et susceptible d'être poli, au point d'imiter la blancheur et l'éclat de l'argent. Ils ajoutent qu'on trouvoit aussi, dans l'*Inde*, un *cuivre* qui, étant poli avec le même soin, avoit tout l'éclat de l'*or*, et étoit difficile à distinguer de ce métal. Cependant, ces deux opérations n'étoient que superficielles, et laissoient les deux métaux dont nous parlons dans leur état naturel. Mais je doute qu'on ait poussé aussi loin qu'on l'auroit pu, l'art de purifier et de rafiner les métaux qu'on qualifie de vils,

tels que le *fer*, le *cuivre*, l'*étain*, etc. lorsqu'on est parvenu à leur donner le degré de finesse et de pureté suffisant pour les emplois qu'on en fait ordinairement, on s'en tient là ; mais je dis qu'on pourroit faire quelque chose de plus.

Observations sur certaines espèces de ciment et de pierres qu'on trouve dans les carrières.

849. En faisant des excavations un peu profondes, on trouve quelquefois un ciment qui, dans l'intérieur de la terre, est fort mou, mais qui, ensuite étant exposé à l'action des rayons solaires, devient dur comme le *marbre*. On tire aussi des carrières les plus connues du comté de *Sommerset*, des pierres qui sont fort molles et se taillent aisément, tant qu'elles sont dans ces *carrières*; mais qui, employées dans les édifices, deviennent extrêmement dures.

Observations relatives aux moyens de changer la couleur du poil des animaux terrestres et du plumage des oiseaux.

850. Généralement parlant, dans tous les animaux, l'âge change peu à peu la couleur du poil et du plumage ; qu'il rend d'abord gris, puis tout-à-fait blanc : c'est ce qu'on observe sur-tout dans l'*homme* (changement toutefois plus ou moins prompt dans les différens individus), ainsi que dans les *chevaux* gris-pommelé (ou bleus), qui deviennent tout blancs; dans les *écureuils* qui grisonnent en vieillissant, et dans une infinité d'autres animaux terrestres. Il en est de même des oiseaux : par exemple, les jeunes *cygnes*, qui sont d'abord de couleur cendrée, blanchissent peu à peu ; il en est de même des *éperviers* qui, de bruns, deviennent gris ou blancs. Il est aussi des oiseaux auxquels, à mesure que leurs plumes tombent, il en repousse d'une autre couleur. Par exemple, le *rouge-*

gorge, après sa mue, recouvre peu à peu cette couleur qui lui est propre. Il en est de même du *chardonneret,* quant aux plumes de la tête. La raison de ce changement est sensible : c'est l'humidité qui colore le poil ou le plumage, et c'est la sécheresse qui rend l'un ou l'autre, d'abord gris, puis tout-à-fait blanc ; or, l'effet naturel de l'âge est de dessécher par degrés le poil et le plumage. Quant aux plumes, celles qui repoussent après la mue, sont, en quelque manière, plus jeunes et comparables à celles des animaux tout petits. De même, dans l'homme, la barbe est plus jeune que les poils de la tête; aussi blanchit-elle ordinairement plus tard. De ces principes on peut déduire des moyens pour changer la couleur du plumage des oiseaux, ou pour retarder l'époque où les cheveux et la barbe blanchissent. Mais on peut aussi consulter à ce sujet le premier article de la première Centurie.

Observations sur les différences caractéristiques des deux sexes dans les animaux.

851. Dans certaines espèces d'animaux, les individus des deux sexes sont si semblables, qu'on ne peut les distinguer que par les parties de la génération ; tels sont entr'autres les *chevaux* et les *jumens*, les *chiens* et les *chiennes*, les *pigeons*, mâles et femelles, etc. Il en est d'autres où les deux sexes sont distingués par la hauteur de la taille, la grosseur, etc. mais non pas toujours de la même manière, et quelquefois même de manières opposées. Dans la plupart des espèces, comme celles de l'*homme*, du *faisan*, du *paon*, du *dindon*, de la *pintade*, etc. le mâle est plus gros et de plus haute taille que la femelle ; au lieu que, dans quelques-unes, mais en fort petit nombre ; par exemple, dans celle de l'*épervier*, c'est le contraire. Dans d'autres encore, le sexe est caractérisé par la quantité, la couleur, le plus ou moins de cris-

pation des poils ou des plumes; par exemple, la crinière du *lion* mâle est plus ample, plus fournie, plus roide, et plus hérissée que celle de la femelle, dont le poil est plus lisse, plus souple et plus couché ; différence qu'on observe aussi entre la *chatte* et le *matou*. De même, dans le *taureau*, le poil du front est plus roide et plus hérissé que dans la vache. Dans plusieurs espèces d'oiseaux, tels que le *paon*, le *faisan*, le *chardonneret*, etc. le mâle est caractérisé par un plumage de couleurs plus vives et plus éclatantes. Dans quelques espèces, les deux sexes sont différenciés par certaines parties qui se trouvent dans l'un et qui manquent dans l'autre, ou qui n'ont pas précisément la même forme dans l'un et dans l'autre. Par exemple, les *daims* ont des cornes, au lieu que les *daines* n'en ont point ; et les cornes du *bélier* sont plus torses que celles de la *brebis*. La tête du *coq* est ornée d'une belle crête, et ses pattes sont armées d'éperons; deux parties qui, dans la *poule*, manquent, ou ont moins de volume. Les dents ou défenses du *verrat* sont plus longues et plus fortes que celles de la *truie*. Le fanon du *coq-d'Inde* est plus long et plus renflé que celui de sa femelle ; les hommes ont la voix plus forte que les femmes. Enfin, il est aussi beaucoup d'espèces où les deux sexes sont distingués par leurs facultés. Par exemple, on sait que, parmi les oiseaux chantans, ce sont les mâles qui chantent le mieux. La cause principale et sensible de toutes ces différences d'un sexe à l'autre, est que les mâles sont d'une complexion plus chaude et plus forte que les femelles; explication d'autant plus probable, que les mâles mêmes, lorsqu'ils sont encore jeunes, ressemblent tout-à-fait aux femelles ; à peu près comme dans notre espèce, les *eunuques* ressemblent aux *femmes;* et, comme dans toutes, les mâles châtrés ont beaucoup d'analogie avec les femelles. Cela posé, on sait que la chaleur est la cause efficiente et directe du prompt accroissement et de la grandeur de la taille, pourvu, toutefois, qu'elle trouve une quantité suffisante d'*humor* sur laquelle elle puisse agir. Mais, dans le petit nombre d'espèces, comme celles de l'*épervier* et du *moineau*, où la chaleur se trouve en excès par rapport à l'*humor*, la femelle est plus grande que le mâle. Enfin, si la chaleur et l'humidité se trouvent à peu près égales, alors aucune différence sensible ne distingue le mâle d'avec la femelle, comme dans l'espèce du *cheval*, du *chien*, etc. observation que nous avons déja faite. Les cornes des *bœufs* et des *vaches* sont aussi beaucoup plus grandes que celles des *taureaux*; différence qu'on doit attribuer à celles de la quantité d'*humor*, qui est beaucoup plus grande dans les premiers. La quantité et la crispation des poils, dans certaines espèces, ainsi que la barbe, dans la nôtre, doivent encore être attribués à une plus grande chaleur; son effet étant de déterminer au-dehors un humor plus atténué et plus délicat, dont le défaut de chaleur empêche l'excrétion : de là ces couleurs vives et éclatantes du plumage des oiseaux mâles. C'est encore la chaleur qui, en poussant au-dehors certaines substances plus dures, détermine la formation de plusieurs genres d'excroissances; et telle est, par exemple, la cause de la formation des cornes, dans certaines espèces, de leur plus grand volume, dans les mâles de quelques autres; du grand volume de la crête et des éperons du coq, du fanon du coq-d'Inde, des défenses du verrat. C'est encore la chaleur qui, en dilatant et aggrandissant les cavités et en général tous les organes de la voix dans les mâles de notre espèce, rend leur voix plus grave et plus forte que celle des femelles.

Observations sur la grandeur et le volume respectif des différentes classes d'animaux.

852. Parmi les poissons, il en est dont le volume excède de beaucoup celui de tout animal terrestre; par exemple, celui de la *baleine* l'emporte de beaucoup

sur celui de l'*éléphant;* et l'on peut dire aussi qu'en général les animaux terrestres sont plus grands que les oiseaux. Quant aux poissons, si les animaux de cette classe sont d'un très grand volume, ce peut être parce que, ne vivant point dans l'air, leur humor n'est pas déterminé au-dehors, pompé ni absorbé par l'action de ce fluide réunie avec celle des rayons solaires; sans compter que portés et comme voiturés sur les eaux, ils vivent dans une sorte de repos perpétuel; au lieu que les mouvemens et les efforts beaucoup plus grands que les animaux terrestres sont continuellement obligés de faire pour marcher ou courir d'un lieu à l'autre, consument leur substance et les épuisent plus promptement. Si les animaux terrestres sont, généralement parlant, plus grands que les oiseaux, c'est parce que leur séjour dans la matrice étant de beaucoup plus longue durée, ils ont plus de temps pour s'y nourrir après leur formation, et y prendre leur premier accroissement; au lieu que, dans les oiseaux, l'œuf une fois pondu, le corps de la femelle ne fournit plus rien pour la nourriture et l'accroissement du fœtus; car l'incubation ne sert qu'à le *vivifier* et non à le *nourrir*.

Observations relatives aux moyens de se procurer des fruits sans pepins ou sans noyaux.

853. Nous avons en partie indiqué, dans la cinquième, la sixième et la septième Centurie, les moyens de se procurer des fruits sans noyaux ou sans pepins. Nous observerons de plus ici que la condition requise pour parvenir à ce but, n'est autre qu'un humor très abondant; le pepin ou le noyau se formant de la sève la plus sèche (la moins fluide), nous avons vu qu'il ne seroit pas impossible de détourner la sève de manière qu'un arbre ne produisît que des fleurs sans donner de fruits, et nous avons offert un exemple de ce genre dans le *cerisier* à fleurs doubles; à plus forte raison le seroit-il de faire produire à un

arbre fécond des fruits sans pepins et sans noyau. Une relation dont nous avons parlé, nous apprend que si l'on greffe un scion de *pommier* sur un trognon de *chou*, l'ente donnera des *pommes* fort grosses et sans pepin. Il est assez probable que si l'on enlevoit à un arbre une partie de sa moëlle, de manière que la sève ne pût ensuite passer que par l'écorce, on obtiendroit le même effet; car l'on s'est assuré, par des expériences et des observations faites sur des arbres étêtés, que, si l'eau se ramasse sur la coupe et creuse le bois, ils poussent plus vigoureusement, et rapportent davantage : à quoi nous ajouterons un autre fait qui passe pour bien constaté; savoir : que si, en greffant un scion d'arbre à fruit, on l'insère par le petit bout, l'ente donnera des fruits qui n'auront point ou presque point de pepins ou de noyaux.

Observations sur les moyens de donner au tabac plus de qualité.

854. Le *tabac* est un genre de pro-

duction très précieux dans tous les pays où il est d'un grand débit; car on prétend qu'une âcre (un peu plus d'un arpent et demi, mesure de *Paris*), ainsi employée, en rend pour la valeur de 200 livres sterlings; somme plus que suffisante pour indemniser des dépenses et des soins qu'exige la culture de cette plante. Je n'ignore pas que ces avances sont fort grandes, mais elles ne sont encore rien en comparaison des profits. Malheureusement le *tabac d'Angleterre* est peu estimé; il est sans force et sent trop la terre. Par la même raison, quoique le tabac de *Virginie* croisse sous un climat plus favorable, il ne vaut guère mieux. Ensorte que, si l'on pouvoit trouver les moyens de rendre celui d'*Angleterre* moins crud et plus aromatique, on pourroit compter sur de gros profits. On s'étoit flatté de parvenir à ce but en le faisant macérer dans une décoction ou infusion de tabac des *Indes*; mais un tel procédé n'est qu'un badinage et une vraie falsification; car aucune des substances qui ont achevé leur période, et, pour ainsi dire, *fait leur temps*, n'est susceptible d'un véritable amendement; et pour améliorer toutes choses, c'est sur-tout à leurs commencemens qu'il faut s'attacher. Il est clair qu'il faut employer, pour compléter la maturation du tabac, les mêmes moyens qu'on emploie ordinairement pour compléter celle des autres plantes; je veux dire leur procurer plus de chaleur, en renforçant celle de la terre ou celle du soleil, ou l'une et l'autre. Or, on trouvera quelques indications relativement à ce but, dans la manière même dont on cultive les melons musqués; car on a soin de les semer sur une couche chaude, composée de fumier et de terreau, assise sur un terrain en pente, à l'exposition du midi, pour augmenter la chaleur par la réverbération, dressée de plus sur des tuiles, ce qui augmente encore cette chaleur; enfin, couverte de paille, au besoin, pour garantir ces plantes des gelées et des vents froids. On a aussi quelquefois soin de les transplanter, ce qui anime quelque peu leur végétation. Je dis donc que, par le concours de tous ces moyens, on est parvenu à se procurer, en *Angleterre* même, des melons aussi bons que ceux d'*Italie* ou de *Provence :* eh bien! rien n'empêche d'employer ces mêmes moyens pour la culture du tabac. Il faudroit aussi essayer d'en faire macérer les racines dans une eau chargée de quelque substance qui fût de nature à leur donner plus de force, et à les faire pousser plus vigoureusement.

Observations sur les effets semblables des chaleurs de différentes espèces.

855. La chaleur du feu artificiel peut, comme celle du soleil, mûrir les fruits et opérer la vivification des animaux. De même la chaleur vitale et celle du soleil peuvent quelquefois se remplacer et se suppléer réciproquement. Les fruits d'un arbre planté derrière une cheminée où l'on fait continuellement du feu, mûrissent beaucoup plus vîte. Une vigne

dont on met les branches à l'abri, en les faisant entrer par la fenêtre d'une cuisine ou d'une chambre à feu, rapporte au moins un mois plutôt que les autres; par le moyen d'un tuyau de poêle qu'on fait passer dans une orangerie, on se procure des oranges, même dans nos contrées. On prétend aussi qu'on est parvenu à faire éclorre des œufs à l'aide de la chaleur d'un four. Enfin, quelques auteurs anciens prétendent que *l'autruche* dépose ses œufs dans le sable, où ensuite la chaleur du soleil les fait éclorre.

Observations sur la dilatation et le renflement des corps qu'on fait bouillir.

856. Lorsqu'on fait bouillir l'orge, il ne se renfle pas beaucoup; le froment, davantage; le riz, infiniment plus; et cela au point qu'un quart de pinte de riz crud donne une pinte de riz cuit. La raison de ce gonflement et des différences à cet égard, est qu'un corps exposé à l'action du feu se dilate d'autant plus, que sa substance est plus compacte et son

tissu plus serré. Or, des trois espèces de grains dont nous venons de parler, l'orge est le plus poreux; le froment est un peu plus solide, et le riz est le plus compact des trois. Il se peut aussi que telle substance de cette classe ait un certain degré de viscosité, et soit plus extensible que les autres. C'est ce dont nous voyons un exemple frappant dans les substances colorantes; car une petite quantité de *safran* teint plus fortement une quantité déterminée d'eau, que ne pourroit le faire une grande quantité de *vin* ou de bois de *Brésil*.

Observation sur l'édulcoration des fruits.

857. La saveur des fruits peut être adoucie par différentes causes ou différens moyens : 1°. par la simple *compression*; savoir, en les roulant doucement sur une table, ou en les pressant légèrement avec la main : de ce genre sont les *poires*, les *prunes de Damas*, etc. 2°. Par un commencement de *putréfaction*, com-

me les nèfles, les cormes, les prunelles, les baies de l'églantier, etc. 3°. Par le *temps seul;* on peut ranger dans cette classe les *pommes,* les *poires* de la grosse espèce, les *grenades.* 4°. Par les différens moyens qui peuvent accélérer et perfectionner leur *maturation;* par exemple, en les mettant dans du *foin,* dans de la *paille,* etc. 5°. Par l'action du *feu,* en les torréfiant, en les faisant bouillir, cuire au four, etc. Si la saveur de certains fruits devient plus douce lorsqu'on les roule doucement sur la table, ou lorsqu'on les presse légèrement avec la main, c'est tout simplement parce qu'on amollit leur substance par ce moyen; et par la même raison que, pour amollir les *tock-fish* (1), les viandes salées, etc. on les bat sur un corps dur, avant de les faire cuire. La putréfaction produit le même effet, parce qu'elle

---

(1) Sorte de poisson salé et séché, semblable à la merluche, dont les marins hollandois font une partie de leur chétive nourriture; ils la battent sur la culasse d'un canon.

fait contracter aux esprits renfermés dans le corps du fruit, un certain degré de chaleur qui les met en état de digérer les parties les plus dures et les plus grossières. Car on doit observer en passant, que toute putréfaction est accompagnée d'une certaine chaleur, soit occulte, soit sensible. Si l'on parvient au même but en les gardant simplement et à l'aide du temps seul, c'est parce que les esprits qui se trouvent dans leur intérieur, continuant d'agir sur leur substance et de la consumer, l'atténuent ainsi peu à peu. C'est encore le foible degré de chaleur, produit par les différens moyens qu'on emploie pour achever la maturation de ces fruits, qui rend leur saveur plus douce. Enfin, on doit être d'autant moins étonné de voir la saveur de ces fruits adoucie par l'action du feu, que l'effet propre et direct de la chaleur est d'atténuer les substances, et d'incorporer plus parfaitement leurs principes. Car toute saveur acide dans un composé vient de ce que ses parties sont encore trop grossières; et l'effet naturel de l'incorporation plus parfaite de ses principes, est d'en rendre la substance et la texture plus homogène dans toutes ses parties; ce qui doit aussi en adoucir la saveur.

Observations sur les viandes comestibles ou non comestibles.

858. Parmi les différentes espèces d'animaux, il en est dont la chair est comestible en tous temps, et d'autres qui ne paroissent tels que dans une extrême famine. La raison de cette différence est l'excessive amertume des viandes de cette dernière espèce. Aussi, la chair des animaux féroces, ou colériques et bilieux, tels que les *lions*, les *loups*, les *écureuils*, les *chiens*, les *renards*, et les *chevaux* mêmes, sont-ils pour l'homme un mauvais aliment. Il est vrai que la chair de *cheval* a fait autrefois et fait encore partie de la nourriture de certaines nations, telles que les *Scythes* (aujourd'hui les *Tartares*), que les *Grecs*, par cette raison, qualifioient d'*hippo*-

phages (*mangeurs de cheval*). Aujourd'hui même les *Chinois* ne dédaignent pas un tel genre d'aliment, et les plus gourmands d'entr'eux s'accommodent très bien d'un pâté de *poulain*. Généralement parlant, la chair des *oiseaux carnivores* (vulgairement appellés *oiseaux de proie*), est aussi un mauvais aliment; non parce qu'ils se nourrissent de *chair*, mais parce qu'ils sont d'un tempérament très *bilieux :* par exemple , quoique les *poules - d'eau*, les *mouettes*, les *pélicans*, les *canards sauvages*, etc. se nourrissent de chair, ils n'en sont pas moins bons à manger ; et même certains oiseaux de proie, tels que l'*épervier*, la *corneille*, le *hibou*, etc. ne laissent pas d'être d'assez bons mets, lorsqu'ils sont encore tout jeunes et sortant du nid. La *chair humaine* est pour l'homme un mauvais aliment; ce qu'on peut attribuer à cinq causes. Un sentiment naturel d'humanité nous inspire de l'aversion et de l'horreur pour un aliment de ce genre. **En** second lieu, la chair de tout animal mort naturellement est une mauvaise nourriture. Aussi voit-on que les cannibales eux-mêmes ne mangent point la chair des hommes morts de cette manière, mais seulement la chair de ceux qui ont été tués. En troisième lieu, il faut qu'il y ait quelque disparité (différence) entre la nourriture et le corps à nourrir, et toute substance trop analogue à celle de l'animal qui s'en nourrit, lui est nuisible (1). On voit, il est vrai, des personnes qui, dans des maladies de langueur et de consomption, se nourrissent de lait de femme, et s'en trouvent bien. Cependant, je regarde comme une extravagance l'idée de *Marcile Ficin*, qui osoit proposer, comme un moyen très efficace pour la prolongation de la vie, d'ouvrir la veine à un jeune homme d'une santé vigoureuse, et d'en sucer le sang. On prétend aussi que les sorcières sont friandes de chair humaine. Si le fait

---

(1) Les requins, les brochets, les araignées, etc. ne sont pas de ce sentiment.

est vrai, abstraction faite de ce qu'un tel goût peut avoir d'odieux et d'infernal, je présume qu'elles ne font usage de cet horrible aliment que pour se disposer à leurs opérations magiques. Il se peut que les vapeurs qui s'en élèvent, leur plaisent en exaltant leur imagination ; car on sait assez que toute la prétendue félicité des femmes de cette espèce, est dans leur imagination et tout-à-fait chimérique, comme nous l'avons observé ailleurs.

Observations sur la salamandre.

859. Suivant une antique tradition, la salamandre peut vivre dans le feu et a même la faculté de l'éteindre. Si ce fait est réel, il suppose dans le corps de cet animal deux conditions absolument nécessaires pour produire un tel effet ; l'une est une peau fort compacte, que la flamme (dont la partie centrale, comme nous l'avons observé dans la quatrième Centurie, brûle avec moins de force que les parties latérales) ne puisse pénétrer

et entamer. Car l'on sait que, si, après avoir couvert la paume de sa main, d'une couche assez épaisse de blanc d'œuf, et versé dessus de l'eau-de-vie, on met le feu à cette liqueur, on peut endurer cette flamme pendant quelque temps. L'autre condition est que le corps de cet animal soit excessivement froid et doué d'une faculté extinctive, dont l'effet naturel soit d'étouffer le feu (1). Car on s'est assuré par l'expérience, que le lait éteint mieux le genre de feu d'artifice connu parmi nous sous le nom de feux sauvages, que ne le peut l'eau, parce que la première de ces deux liqueurs les pénètre plus aisément et plus intimement.

---

(1) Sans doute si la salamandre a la faculté d'éteindre le feu, elle est douée d'une faculté extinctive, comme notre auteur auroit une faculté explicative, s'il nous montroit bien nettement la raison de celle-là.

Observations sur l'apparente opposition qu'on voit entre les effets du temps sur les fruits, et ceux qu'il produit sur les liqueurs.

860. Le temps diminue peu à peu la saveur acide qu'ont d'abord certains fruits, tels que les pommes, les poires, les grenades, etc. et rend par degrés cette saveur plus douce. Au contraire, certaines liqueurs, même celles qu'on fait avec des sucs tirés par voie d'expression de certains fruits ou grains, telles que la bière nouvelle, le moût de vin, le verjus nouveau, etc. perdent peu à peu la saveur douce ou acidule qu'ils avoient d'abord, et le temps les rend acides ou augmente leur acidité. La raison de cette différence est que, dans les corps de la dernière espèce, les esprits sont mieux réunis et plus concentrés. Car l'effet du temps est d'atténuer les esprits dans les corps de ces deux espèces; avec cette différence, toutefois, que, dans les premiers ils sont plus rares, plus dispersés,

et plus maîtrisés par les parties les plus grossières et les plus tangibles, sur lesquelles leur action ne peut produire d'autre effet qu'une digestion plus complette : au lieu que, dans les derniers, ces esprits dominent; et les parties tangibles leur opposant moins de résistance, ils acquièrent eux-mêmes plus de force, ce qui en donne aussi davantage à la liqueur; ensorte que, si ces esprits sont de nature très chaude, la liqueur devient inflammable; ce qui, en même temps, augmente peu à peu son acidité, à mesure que les esprits les plus volatils s'exhalent.

Expérience relative aux contusions.

861. Les anciens ont observé que des plaques ou lames de métal promptement appliquées sur les contusions, empêchent que les parties ne s'enflent. La raison de leur effet, en pareil cas, n'est autre que la répercussion sans humectation et sans intromission d'aucune autre substance. Car ces lames n'ont qu'un *froid virtuel*, et non résidant réellement dans aucune

substance particuliére qui puisse s'introduire dans la partie blessée; au lieu que les emplâtres et les onguens y pénétrent. La véritable cause de l'enflure occasionnée par une contusion, n'est autre que l'action même des esprits, qui, se portant avec rapidité vers la partie frappée, comme pour la secourir, y entraînent avec eux, y poussent les humeurs. Et une preuve qu'elle n'est pas l'effet de la répulsion et du retour des humeurs dans la partie blessée, c'est que la goutte et le mal de dents occasionnent aussi une enflure dans les parties respectives, quoique la cause de ces deux espèces de maux n'ait rien de commun avec une percussion.

Observation sur le genre de racines appellées orris.

862. Ce genre de racines, désigné par les anciens auteurs sous le nom d'*orris*, a une propriété singulière qui la caractérise, et qui est presque unique en son espèce. On sait qu'ordinairement les racines ne sont pas odoriférantes; et lors-

qu'elles le sont, leur parfum ne diffère point sensiblement de celui des feuilles et du bois; au lieu que les feuilles de l'orris sont sans odeur, et que celle de ses fleurs sont loin d'égaler celle de ses racines. Il paroît que cette racine est douée d'une chaleur douce et foible, qui, au moment où en s'élevant au-dessus de la surface de la terre, elle commence à être exposée à l'action du soleil et de l'air extérieur, s'évanouit aussi-tôt : explication d'autant plus vraisemblable, que cette racine est éminemment émolliente, et que son odeur a beaucoup d'analogie avec celle de la violette.

Observation sur la compression des liqueurs.

863. Quelques auteurs anciens prétendent que, si, après avoir rempli d'une liqueur un grand vaisseau, on la soutire pour la mettre en bouteilles, et qu'ensuite on la remette dans le grand vaisseau, il ne sera plus entièrement plein, et pourra en contenir une certaine quan-

tité de plus. Ils ajoutent que cette différence est beaucoup plus sensible dans le vin que dans l'eau. Quoique ce fait paroisse, à la première vue, assez étonnant, on peut faire disparoître tout le merveilleux par une explication triviale, en disant que, lorsque l'on verse la liqueur des bouteilles dans le grand vaisseau, il s'en perd une partie qui s'attache aux parois de ces bouteilles. Cependant, on pourroit attribuer cet effet à une cause plus cachée ; savoir : que la liqueur n'est pas aussi comprimée dans le grand vaisseau que dans les bouteilles ; car, dans ce vaisseau, ce qui se présente à la rencontre de la liqueur et qui la presse le plus, c'est cette liqueur même dont elle est environnée ; au lieu que, dans les bouteilles, ce qui la presse le plus, ce sont leurs parois qui, prises en total, forment une très grande surface ; compression qui l'empêche de se dilater de nouveau, et de recouvrer son premier volume (1).

---

(1) Il nous semble que, pour vérifier ce fait, il

Observations relatives à l'action de l'eau sur l'air contigu.

864. Lorsque l'eau est en contact avec l'air, elle le rafraîchit, mais sans l'humecter, à moins qu'elle ne soit sous la forme de vapeur. La raison de ce fait est sensible; la chaleur et le froid ne se communiquent que virtuellement, c'est-à-dire, sans communication de substance (1); au lieu que l'humidité ne se com-

---

auroit fallu verser une seconde fois le vin dans les bouteilles ; et alors, si elles n'eussent pas été pleines, on auroit pu en conclure que, si, dans le premier cas, le grand vaisseau n'étoit pas plein, c'étoit parce qu'une partie de la liqueur étoit restée attachée aux parois des bouteilles. Mais, si les bouteilles eussent encore été pleines, alors enfin on auroit fait les frais d'une explication, triviale ou mystérieuse; car il nous semble beaucoup plus nécessaire de vérifier les faits, que de les expliquer.

(1) Il se peut, comme nous l'avons souvent observé dans les ouvrages précédens, que le froid et la chaleur ne soient pas des qualités inhérentes à une certaine espèce de matière, mais à une certaine espèce de mouvement dont toute espèce de

munique qu'en communiquant aussi la substance humide, et non le mode seulement : et pour qu'une liqueur puisse humecter un corps, il faut qu'il se pénètre réellement et substantiellement de cette liqueur. Mais, lorsque les pesanteurs spécifiques de deux corps sont tellement différentes, qu'ils ne peuvent se mêler ensemble, cette pénétration ne peut plus avoir lieu. C'est par cette même raison que l'huile reste sur l'eau sans s'y mêler, et qu'une goutte d'eau qui coule rapidement sur un brin de paille, ou tout autre corps poli, glisse dessus, sans l'humecter (1).

---

matière soit susceptible ; et dès-lors l'un et l'autre pourroient se communiquer, sans communication de subtances, comme une bille qui en choque une autre, lui communique son mouvement, sans lui communiquer autre chose que ce mouvement même. Mais une telle assertion n'est rien moins qu'un principe incontestable. Ce n'est tout au plus qu'une hypothèse établie sur des conjectures fondées sur d'autres conjectures.

(1) Il y a des liqueurs dont la pesanteur spéci-

Observation sur la nature de l'air.

865. Les nuits où presque toutes les étoiles paroissent, et où la lune paroît aussi dans tout son éclat, sont plus froides que celles où le temps est nébuleux. La raison de cette différence n'est autre que la sécheresse et la ténuité de l'air, qui, dans le premier cas, le rend plus pénétrant, plus perçant, plus stimulant. C'est par cette même raison qu'il fait plus froid sur les grands continens que dans les îles. Quant à ce qui regarde plus particulièrement la lune, quoique cet astre dispose naturellement l'air à

---

fique excède beaucoup plus celle de l'eau, que la pesanteur spécifique de l'eau n'excède celle de l'huile, et qui ne laissent pas de se mêler très exactement avec le premier de ces deux liquides. Il paroît donc que si l'huile et l'eau ne se mêlent ensemble que très imparfaitement, cela dépend beaucoup moins de la différence de leurs pesanteurs spécifiques, que du peu d'affinité que ces deux liquides ont l'une avec l'autre.

devenir plus humide (1), cependant, lorsque son disque paroît bien net, cela même annonce que l'air est fort sec (2).

―――――――

(1) S'il est vrai que la lune attire le globe terrestre, comme Newton semble l'avoir démontré, elle doit tendre à détacher de la surface de notre planète et à tenir suspendues à une certaine hauteur au-dessus de sa surface, les substances qui y sont le moins adhérentes, sur-tout les fluides et les liquides, tels que l'air et l'eau. Elle doit donc produire dans l'atmosphère une sorte de marée, comme dans l'océan, et accumuler l'humidité, ou, si l'on veut, l'*humor aqueux*, dans la partie de l'atmosphère située au-dessus du point de notre globe, auquel elle répond verticalement. Ainsi, lorsque les marins prétendent que la *lune mange les nuages*, ils ne disent rien qui ne soit conforme à l'expérience et au raisonnement. Car, si la lune accumule l'*humor aqueux* dans les points auxquels elle répond, elle doit en priver, en partie, ceux auxquels elle ne répond pas, et *y manger*, pour ainsi dire, *les nuages aqueux*.

(2) Ce n'est pas parce que les étoiles et la lune paroissent, qu'il fait très froid dans les belles nuits d'hiver: mais c'est au contraire parce qu'il fait alors très froid, que ces astres paroissent; car ordinairement, lorsqu'il fait très froid, le temps est beau;

De plus, l'air renfermé a plus de chaleur que l'air libre; ce qui peut venir de ce que la véritable cause du froid est l'*expiration* (la transpiration) du globe terrestre (1), qui doit être plus forte et plus sensible dans les lieux découverts (2). A quoi l'on peut ajouter que l'air, lorsque ses qualités naturelles ne sont pas trop altérées par cette transpiration, recèle un foible degré de chaleur; à peu près comme il recèle un foible degré de

---

et lorsque le temps est beau, ces astres paroissent. Mais on pourroit peut-être expliquer le fait en question par ce principe un peu délié. La lumière de ces astres, dirois-je, éveille notre sensibilité, et augmente en nous la faculté de sentir. Ainsi, elle doit nous rendre plus sensibles au froid, au chaud, etc. à tout, et renforcer toutes nos sensations actuelles.

(1) Nous avons réfuté cette opinion, par des observations directes, dans plusieurs notes des ouvrages précédens.

(2) Il veut dire sans doute que, dans un temps nébuleux, les nuages d'un côté, et la surface du globe de l'autre, emboîtent, pour ainsi dire, et l'air, et tous les corps placés près de cette surface.

lumière : autrement les chats et les hiboux ne pourroient voir durant la nuit; degré de lumière toutefois qui est extrêmement foible, et proportionné aux esprits visuels de ces animaux (1).

Observations et expériences relatives aux yeux et à la vue.

866. Dans la plupart des individus, les deux yeux font toujours les mêmes mouvemens; et l'un ne peut se porter d'un côté sans que l'autre se meuve dans le même sens, et avec la même vîtesse : par exemple, si l'un se tourne vers le nez, l'autre se tourne en dehors; ce qu'il ne peut faire sans se mouvoir dans le même sens. La raison de ce phénomène si connu n'est autre qu'un mouvement de *corrélation harmonique* dans les esprits et

---

(1) A la texture de leur nerf optique, à la nature des esprits vitaux qui y coulent, au pouvoir réfractif des humeurs de leurs yeux, et en général au degré d'irritabilité des fibrilles de la partie qui est l'organe immédiat de la vision.

dans les parties qui en sont remplies; cependant on peut, par des essais réitérés, soit volontaires, soit involontaires, être en état de faire le contraire; car on voit assez de personnes qui louchent à volonté. Et, suivant une tradition populaire, si l'on place un enfant sur une table, en mettant une chandelle derrière lui, ses deux yeux se tournent en dehors comme s'ils cherchoient la lumière, et faisoient effort pour la voir. On dit même qu'une telle position trop réitérée peut les faire devenir louches.

867. On voit plus distinctement, à l'aide d'un seul œil, en tenant l'autre fermé, qu'en tenant les deux ouverts (1). Cette différence peut venir de ce que les esprits étant plus réunis et plus concentrés, dans le premier cas, ils acquièrent,

---

(1) On voit alors plus distinctement, parce que, regardant *moins d'objets*, on voit *mieux chaque objet*. D'un autre côté, la vision est *moins claire*, en même temps qu'elle est *plus distincte;* parce que le *sensorium* est affecté par une moindre quantité de lumière.

par cela même, plus de force. Car on peut, à l'aide d'un miroir, s'assurer par sa propre expérience, que, lorsqu'on tient un œil fermé, la prunelle de celui qui reste ouvert se dilate beaucoup plus qu'auparavant.

868. Lorsque les axes des deux yeux sont tournés de différens côtés, les objets paroissent doubles; illusion d'autant moins étonnante, que, voir deux objets, voir deux fois le même objet, ou le voir en deux lieux différens, c'est (du moins quant à l'apparence et à la sensation) à peu près la même chose. C'est par une raison semblable qu'une petite balle tenue entre deux doigts croisés l'un sur l'autre, paroît double.

869. Les personnes qui ont la vue basse, ont sur les autres certains avantages produits par la même cause, et qui compensent en partie ce défaut; par exemple, elles n'ont pas besoin d'une si forte lumière pour voir distinctement; elles voient mieux de fort près, et elles peuvent tracer ou lire des caractères beau-

coup plus fins (1). La raison de cette différence est que, dans les sujets de la première classe, les esprits visuels étant plus rares et plus atténués que dans ceux de la dernière, une lumière forte ne feroit que les raréfier et les disperser encore davantage. Par la même raison, ces esprits ont besoin d'être contractés : or, cette contraction leur donne plus de ton et de force que n'en ont ceux des yeux ordinaires où elle est beaucoup moindre. C'est en vertu de la même cause que l'œil, en regardant par les pinules d'un instrument de mathématique, ayant beaucoup plus de force, voit plus clairement et plus distinctement (2). C'est

---

(1) A quoi l'on peut ajouter qu'elles voient plus en détail les grands objets, et plus distinctement les petits; car, pouvant voir distinctement les objets fort proches, et voyant, par cela même, sous de plus grands angles optiques, tous ceux qu'elles distinguent, elles sont en état de voir distinctement les objets très petits et les plus petites parties des grands objets.

(2) L'effet de la pinule est d'*isoler* l'objet ou

ce qu'on éprouve lorsqu'on regarde un objet en tenant les paupières à demi-fermées, comme le font, habituellement et par instinct, les personnes qui ont la vue fort basse. Mais lorsque les personnes âgées veulent lire, elles ont soin d'éloigner de leurs yeux le papier; parce que la disposition des esprits visuels, dans ces derniers sujets, étant diamétralement opposée à celle qu'ils ont habituellement dans les personnes qui ont la vue basse, ils ne peuvent se réunir et se concentrer suffisamment, qu'autant que l'objet se trouve à une certaine distance de leurs yeux (1).

---

la partie d'objet qu'on regarde; ce qui met en état de voir l'un ou l'autre, non plus clairement, mais plus distinctement.

(1) Toutes les explications de cet article sont pitoyables, comme toute l'optique de ce temps-là, où Descartes et Newton n'avoient pas encore paru. Il veut dire que les humeurs, dans l'œil d'un veillard, étant *moins réfringentes* que dans celui d'un jeune homme, les rayons de lumière qui viennent d'un objet fort proche, ne sont pas assez convergens,

870. Lorsqu'ayant devant soi le soleil ou une chandelle allumée, on regarde un objet placé du même côté, en tenant une main en partie sur ses yeux, on voit plus distinctement cet objet. La raison qui rend alors nécessaire cette espèce de garde-vue naturel, est que le grand éclat de ces deux corps lumineux affoiblit l'œil : la lumière qu'ils répandent autour d'eux étant suffisante pour la vision, il

---

lorsqu'ils ont traversé les trois humeurs de l'œil, pour ne former qu'un point, au moment où ils tombent sur la rétine (ou sur la choroïde); condition absolument nécessaire pour la vision distincte ; qu'en conséquence, pour faire tomber juste sur cette partie de l'œil, qui est le siége propre et immédiat de la vision, les sommets des cônes ou des pyramides formées par les rayons de lumière venant de tous les points d'un objet, éclairé ou lumineux par lui-même, il faut éloigner davantage de l'œil cet objet, ou en éloigner l'œil même. Par ce moyen, les rayons ayant moins de divergence, au moment où ils entrent dans l'œil, peuvent être réfractés suffisamment par les trois humeurs, devenir assez convergens, et se réunir précisément sur la partie sensible de l'œil.

est clair que leur lumière directe doit être trop forte; car on sait qu'en général l'effet d'une lumière trop vive est d'éblouir, d'offusquer; impression si forte, que, si l'on regarde le soleil trop fixément et trop fréquemment, on risque de devenir aveugle. De plus, lorsqu'on passe tout-à-coup d'un endroit fort éclairé, à un lieu très obscur, une sorte de nuage se répand sur la vue; on voit d'abord confusément tous les objets, mais ensuite on les distingue peu à peu. La raison de cette vision confuse est que ce passage brusque d'un opposé à l'autre, produit un mouvement tumultueux et irrégulier dans les esprits qui ne peuvent faire leurs fonctions qu'après avoir eu le temps de se recueillir et de se remettre (1). Car, lorsqu'ils ont

---

(1) Chaque ligne de cet article exigeroit un commentaire d'une page; pour ne pas grossir excessivement ce volume, je prends le parti de renvoyer le lecteur aux livres d'optique, où tous ces faits se trouvent expliqués d'une manière très satisfaisante.

été excessivement dilatés par une lumière très vive, ils ne peuvent d'abord se contracter autant qu'il le faudroit; et, par la raison des contraires, lorsqu'ils ont été excessivement contractés par l'obscurité, ils ne peuvent se dilater sur-le-champ autant qu'il est nécessaire : dans les deux cas, il leur faut un certain temps pour prendre la disposition convenable. De plus, l'un et l'autre extrême, je veux dire, *l'extrême dilatation* et *l'extrême contraction* peuvent également rendre aveugle : par exemple, lorsqu'on fixe trop long-temps le soleil ou le feu ordinaire, c'est l'excessive dilatation qui blesse l'œil. Et lorsqu'on aime trop à lire ou à tracer des caractères extrêmement fins, c'est alors la cause contraire qui blesse l'organe.

871. Dans la *colère*, comme on l'observe fréquemment, les yeux deviennent rouges ; au lieu que, dans la honte, ce ne sont pas les yeux qui se teignent de cette couleur, mais les-oreilles et les parties situées derrière. La raison de

cette différence est que, dans la colère, les esprits se portent à la partie supérieure de la tête, et ont plus d'activité; effet qui doit être plus sensible dans les yeux que dans toute autre partie, parce qu'ils sont transparens, quoique cette couleur teigne aussi les joues et la région des oreilles. Dans la honte, il est vrai, les esprits se portent aussi aux yeux et à la face, comme pour les secourir, ces parties étant celles qui travaillent le plus dans cette passion. Mais alors, les yeux repoussent, en quelque manière, ces esprits, parce qu'alors, ne voulant pas regarder autour d'eux, en un mot, ne voulant pas agir, ils n'ont pas besoin de ce principe d'action : car on sait qu'une personne, saisie de honte, n'a jamais le regard ferme, et qu'au contraire elle baisse les yeux. Or, l'effet de cette répulsion est de détourner les esprits qui, dans le premier instant, affluent aux yeux, mais qui ensuite se portent vers les oreilles et les parties voisines.

872. Les objets visuels peuvent bien

exciter dans les esprits un plaisir très vif, mais non une grande douleur, une sensation très déplaisante : ou, s'ils les affectent péniblement, ce n'est que *médiatement* et en conséquence de quelque *souvenir*, comme nous l'avons déja observé. Par exemple, l'éclat des *diamans*, les couleurs vives et variées de ces *plumes* qu'on apporte des *Indes*, un *jardin* bien cultivé, un *appartement magnifique*, une *belle personne*, les objets de cette nature, lorsqu'ils frappent la vue, *égaient*, pour ainsi dire, *les esprits vitaux*, en les affectant agréablement. Si aucun des objets qui se rapportent à la vue, ne peut la blesser proportionnellement autant que ceux dont nous venons de parler peuvent la flatter, la raison de cette différence est sans doute que, la vue étant de tous les sens le plus immatériel, il n'est aucun objet assez grossier (qui ait assez de corps) pour pouvoir en blesser l'organe. Mais la principale cause de cette exception est, qu'il n'est point d'*objet réel et positif* qui puisse, en agissant sur cet organe, le blesser sensiblement. Car les objets qui se rapportent aux autres sens; par exemple, les *accords* et les *dissonances*, les *odeurs suaves* ou *fétides*, les *saveurs douces* ou *amères*, les *corps excessivement chauds* ou *excessivement froids*, sont autant d'*objets réellement existans*, et dont l'*action* sur les organes respectifs est toute aussi *réelle*; au lieu que la *couleur noire* et l'*obscurité* ne sont que de *pures privations*, et par conséquent elles n'ont point ou presque point d'action sur l'organe de la vue (1). Leur effet, à la vérité, est d'*attrister* quelque peu; impression toutefois extrêmement foible.

---

(1) Mais cette lumière trop forte qui blesse la vue, qui peut même rendre aveugle, et dont nous parlions plus haut, est pourtant un *objet réel* et *positif*. Cependant il peut dire que, si elle blesse l'organe, ce n'est pas par sa *qualité*, mais par sa *quantité*; car c'est de la *qualité*, de *l'espèce* qu'il s'agit ici.

Observations relatives à la couleur de la mer, ou de toute autre espèce d'eau.

873. *L'eau* de la mer, ou toute autre espèce d'eau, paroît *noirâtre*, lorsqu'elle est en *mouvement;* et beaucoup plus *blanche* lorsqu'elle est en repos : différence dont la cause est facile à appercevoir; car, lorsque cette eau est en mouvement, les rayons lumineux, en la traversant, ne peuvent plus suivre des *lignes droites*, ce qui doit la rendre *plus obscure;* et le contraire doit avoir lieu dans le cas opposé. De plus, la *transparence* est toujours accompagnée d'une sorte de *blancheur*, sur-tout lorsqu'il s'y joint quelque *réflexion* des rayons de lumière. Par exemple, une *glace mise au tain*, est *plus blanche* que le *verre simple* (1); il faudroit pousser plus loin ces expériences et en imaginer d'autres, pour

---

(1) Parce qu'on voit à travers, ce mélange d'*étain* et de *mercure* qui sert pour la mettre au *tain*, et qui est *blanc*.

savoir comment et jusqu'à quel point le mouvement des corps transparens peut faire obstacle à la vision.

Observations relatives aux poissons à écailles (1).

874. Quelques naturalistes de l'antiquité rangent parmi les *insectes* les *poissons à écailles*; mais je ne vois pas la raison sur laquelle ils peuvent fonder une telle classification ; car on observe dans les animaux dont nous parlons, la distinction des *sexes*; et ils ne sont pas non plus des produits de la *putréfaction*, sur-tout ceux qui sont doués de la *faculté locomotive*. Cependant, il est certain que les *huîtres*, les *pétoncles*, et les *moules* qui ne changent point de place, ne sont pas différenciées par les *sexes*, ou du moins n'ont point de *sexe apparent*. Il faudroit faire de nouvelles observations sur ce sujet, pour connoître le *mode* et

---

(1) Il désigne sous ce nom les *testacées* et les *crustacées*.

le *temps* de leur *génération*. Il paroît que les écailles des huîtres se forment dans des endroits où l'on n'en voyoit point auparavant. Et l'on s'est assuré par l'observation, que les *moules* de la grande espèce, dont l'écaille est très mince, et qu'on trouve au fond des *étangs* ou des *lacs*, se forment dans l'espace de trente ans. Mais un fait qui peut paroître plus étonnant, et qui ne laisse pas d'être bien constaté, c'est qu'elles ont non-seulement la faculté d'ouvrir et de fermer leur écaille, comme les *huîtres*, mais encore celle de changer de place.

Observation sur les différences qu'on observe dans l'homme, entre les organes du côté gauche et ceux du côté droit, par rapport à la force.

875. Il n'est dans le corps humain, quant aux *sens* proprement dits, aucune différence notable entre le côté droit et le côté gauche (1). Mais les *membres* (le bras

---

(1) Cette assertion est contraire à l'opinion

et la jambe), du côté droit, ont plus de force que ceux du côté gauche. La rai-

---

commune ; car on croit communément que l'œil gauche a plus de force que l'œil droit. Mais je soupçonne que l'opinion commune sur ce point, n'est pas mieux fondée que celle de Bacon, et qu'il y a ici une équivoque. Cette apparente inégalité de force ne viendroit-elle pas de ce que la *distance* requise pour la *vision claire* et *distincte*, n'est pas précisément la *même* pour les *deux yeux*; et de ce que la distance que nous mettons ordinairement entre les objets et nos yeux, quand nous les tenons tous deux ouverts, diffère beaucoup de celle qui conviendroit à celui que nous jugeons le plus foible? Par exemple, ayant ouvert un livre tel que celui-ci, tenez l'œil droit ouvert en fermant l'œil gauche, et cherchez le point où vous pourrez lire aisément et distinctement ; si ensuite vous ouvrez l'œil gauche, en tenant l'œil droit fermé, les caractères vous paroîtront confus. Mais faites aussi l'expérience inverse, c'est-à-dire, tenant l'œil gauche ouvert, et l'œil droit fermé, cherchez le point de la vision distincte pour cet œil gauche. Si ensuite vous le fermez, en tenant ouvert l'œil droit, ces caractères vous paroîtront encore confus, comme ils vous le paroissoient lorsque vous les regardiez avec l'œil gauche, et du

son de cette différence peut être que le *cerveau*, principal instrument des sens

point qui convenoit à l'œil droit. Or, on ne pourroit conclure de cette double expérience où toutes les conditions sont égales pour les deux yeux, que l'un a plus de force que l'autre, mais seulement que le point de la vision distincte n'est pas le même pour tous les deux. Cependant voici un principe à l'aide duquel on pourroit, sinon résoudre complettement la question, du moins approcher de la solution. Selon toute apparence, la nature nous porte à faire plus d'usage de l'œil le plus fort, que de l'œil le plus foible; et la distance que nous mettons ordinairement entre les objets les plus familiers et nos yeux, lorsque nous les regardons avec les deux en même temps, doit différer moins de celle qui convient à l'œil le plus fort, que de celle qui convient à l'œil le plus foible. Ainsi, selon toute apparence, le plus fort de nos deux yeux, c'est celui dont la distance à l'objet, dans le cas de la vision distincte avec cet œil seul, diffère le moins de celle que nous mettons ordinairement entre l'objet et la ligne des yeux, lorsque nous les tenons tous deux ouverts. Quelques auteurs qui ont écrit sur l'optique, ont avancé que nous ne faisons ordinairement usage que d'un seul œil; savoir : du plus fort, quoique

et siège commun de la sensibilité, est à peu près le même des deux côtés, sa partie droite et sa partie gauche ne différant point sensiblement l'une de l'autre; au lieu que le mouvement, les facultés et les organes qui s'y rapportent, tirent quelque secours du *foie* situé du côté droit. La raison de cette différence peut être que, dans l'usage que nous avons fait de nos sens depuis notre naissance, nous avons exercé les organes de la droite et ceux de la gauche indifféremment ; au lieu que l'éducation nous à accoutumés à exercer de préférence les membres du côté droit, habitude qui doit donner quelque avantage à ceux-ci. Or, une preuve que c'est seulement l'effet de l'*habitude*, est qu'on voit beaucoup de *gauchers*, c'est-à-dire, d'individus dont la main gauche a plus de force et

---

nous tenions les deux ouverts; ce qui est faux. Car, quel que soit l'œil qu'on tient ouvert, en tenant l'autre fermé, on ne voit jamais aussi-bien avec cet œil seul, qu'avec les deux.

d'adresse que la droite, parce qu'ils l'ont plus souvent exercée.

Observations sur les frictions.

876. Les frictions font grossir les parties frottées et les rendent plus charnues, comme on le voit par leur effet sur les personnes qui font habituellement usage de ce moyen, et sur les chevaux qu'on a soin d'étriller. La cause de cette augmentation de volume est que les frictions attirent dans les parties frottées une quantité d'esprits et de sang, beaucoup plus grande que celle qui s'y porteroit naturellement. A quoi l'on peut ajouter qu'elles tirent avec plus de force la substance alimentaire de l'intérieur à l'extérieur; qu'en relâchant la fibre, elles ouvrent les pores, et fraient ainsi un passage plus facile aux esprits, au sang et aux sucs alimentaires; enfin, qu'elles digèrent ou évacuent l'humor excrémentitiel et superflu qui auroit séjourné dans les parties; tous effets qui concourent à l'assimilation. On observe aussi que les per-

sonnes qui font usage de frictions, engraissent plus vîte, et prennent plus d'embonpoint que celles qui font beaucoup d'exercice. La raison de cette différence est que les frictions n'ébranlent point les parties intérieures et les laissent en repos ; au lieu que les exercices les mettent en mouvement, et quelquefois dans une très violente agitation. C'est, par cette même raison, comme nous l'avons déja observé, que les *galériens* sont gras et charnus, par la raison, dis-je, que leur genre de travail met plus en mouvement les membres que les parties internes.

Observation sur le genre d'illusion qui, à une certaine distance, fait paroître plane (plate) la surface d'un globe ou d'une sphère.

877. La surface d'une *boule*, et en général, d'une *sphère*, vue de très loin, paroît *plate*. La raison de cette apparence est que, les distances n'étant par rapport à la vue, qu'un objet secondai-

re, on ne peut en juger que par la *dégradation de la lumière*. Ainsi, quand la distance est trop grande pour qu'on puisse distinguer cette *dégradation;* les parties de l'objet paroissent toutes, ou à *égales distances,* ou toutes *dans le même plan,* en un mot, *toutes semblables;* observation qu'on doit appliquer généralement à tous les objets qu'on ne peut voir distinctement. C'est ainsi qu'un écrit, vu à une trop grande distance, pour qu'on puisse distinguer les caractères, ne paroît qu'un papier d'une couleur sombre et obscure; et que toute surface qui porte des figures, soit en relief, soit en creux, mais vue de fort loin, paroît plate.

Observation sur le mouvement apparent des limites de l'ombre et de la lumière.

878. Lorsqu'on fixe la vue sur les limites de la lumière et de l'ombre, elles paroissent toujours comme tremblotantes. La cause de ce mouvement apparent

de trépidation est que cette poussière fine qui flotte dans l'air, et qu'un rayon solaire qui pénètre dans une chambre, fait appercevoir, est dans une agitation perpétuelle, même lorsqu'il ne règne aucun vent sensible. Ainsi, comme le milieu à travers lequel on voit la limite de la lumière et de l'ombre, est réellement en mouvement, cette limite doit y paroître aussi.

Observation sur les vagues et les brisans.

879. Sur les bas-fonds et dans les détroits, on voit ordinairement plus de vagues et de brisans que sur les mers vastes et profondes. La raison de cette différence est, qu'en supposant que l'impulsion soit la même, dans tous les cas, sur les mers vastes où il y a plus d'eau et d'espace, la *lame* étant plus longue et sa pente plus douce, la chûte doit être moins brusque, et il doit s'y former un *houle* plus long et plus doux : au lieu que, dans les mers où il y a moins

d'eau et d'espace, le mouvement de l'eau est plus vif, elle heurte plus fréquemment contre le fond; et comme sa pente est plus escarpée, elle imite davantage la *cascade;* car la vague ne brise que dans les endroits où l'eau se précipite en retombant (1).

Observation relative aux moyens de dessaler l'eau de la mer.

880. Quelques auteurs anciens prétendent que l'eau salée, lorsqu'on la fait bouillir et refroidir ensuite, est plus potable que lorsqu'elle n'a point passé au feu. On sait de plus que, dans la distillation de l'eau salée, les parties salines ne s'élèvent point avec les vapeurs aqueuses; car toutes les eaux distillées sont douces. La raison de la saveur douce des eaux salées après leur distillation, est

---

(1) Les marins disent ordinairement qu'à l'entrée de *la Manche,* et près du *cap de Bonne-Espérance* ou du *cap Horn,* la lame est longue, et qu'elle est courte dans la méditerranée.

qu'une partie des molécules salines dont cette eau est imprégnée, s'élevant à sa surface sous la forme d'écume, l'autre se précipite au fond, et y forme un sédiment. Ainsi, l'effet de cette distillation est plutôt une séparation des parties salines d'avec celles de l'eau, qu'une évaporation du tout. Mais la substance à laquelle est inhérente la saveur salée, est trop grossière pour s'élever sous la forme de vapeurs ; et il en est de même de celles auxquelles est attachée la saveur amère. Car une eau chargée d'*absynthe*, par exemple, ou de toute autre substance de cette nature, n'est point amère après sa distillation.

Observation sur les eaux de certains puits creusés sur le rivage de la mer, et qui redeviennent salées.

881. Nous avons dit (dans le premier n°. de la première Centurie) que, si l'on creuse des puits sur le rivage de la mer, on y trouve de l'eau douce, l'eau de la mer se filtrant à travers les sables, et y

déposant sa salure ; mais quelques anciens prétendent de plus, que sur certains rivages de l'*Afrique*, l'eau de ces mêmes puits, au bout d'un certain temps, redevient salée, ce qui n'est pas difficile à expliquer ; car on conçoit aisément que le sable, à travers lequel s'est souvent filtrée l'eau de la mer, est imprégné du sel qu'elle y a laissé en passant, qu'étant lui-même salé, il perd ainsi sa propriété de *filtre*, et que l'eau qui passe ensuite à travers, se chargeant d'une partie de ce sel, doit le devenir également. Ainsi, le remède à cet inconvénient est tout simplement de creuser d'autres puits, quand l'eau des anciens est redevenue salée, à peu près comme on change de *passoire* ou de *filtre* (1).

---

(1) Que notre langue est pauvre ! Nous n'avons pas même d'expression générique pour désigner collectivement, par un seul mot, tous les instrumens et toutes les matières qui servent à filtrer. Le plus usité est celui de *chausse* : il auroit donc fallu dire : *à peu près comme on change de chaus-*

Observations sur le genre d'attraction qui est l'effet de l'analogie ou affinité de substance.

882. D'autres anciens ont observé que le sel se dissout plus aisément dans une eau déja salée que dans l'eau douce. La raison de cette singularité est que le sel que la première de ces deux espèces d'eau tient déja en dissolution, attirant le nouveau sel qu'on y met, celui-ci se dissout plus aisément, et se répand plus vîte dans toute la masse d'eau. Si cette expérience a quelque réalité, elle mérite de fixer l'attention; car elle indique un moyen général pour accélérer et faciliter toutes les infusions; et c'est en même temps un exemple frappant de ce genre d'attraction qui est l'effet de l'analogie de substance. Prenez, par exemple,

---

se; ce qui n'auroit pas tout-à-fait rempli notre objet; j'ai été obligé de préférer celui de *philtre*, qui me fait retomber dans une équivoque, mais un peu moins ridicule.

deux quantités égales de sucre, mettez l'une dans une eau déja sucrée; et l'autre, dans une eau qui ne le soit pas (1), afin de voir si la première le deviendra plus promptement.

---

(1) Cette expérience semble contraire à toutes les notions chymiques, et même à celles du sens commun. Car c'est une opinion reçue en chymie, opinion bien naturelle; que, plus un dissolvant liquide est chargé et saturé d'une substance, moins il en peut dissoudre une nouvelle quantité; par la même raison qu'après avoir beaucoup mangé, on a moins d'appétit. Cependant il se pourroit qu'à notre insu, la même liqueur qui, ayant déja dissous une grande quantité de cette substance, ne peut plus en dissoudre qu'une très petite quantité, fût néanmoins en état de la dissoudre plus vite, que ne le pourroit une même quantité du même liquide qui ne seroit pas encore chargée de cette substance. Le résultat contraire est sans doute beaucoup plus probable; mais, s'il est probable, reste donc à le prouver. Car une seule expérience vaut mieux que cent probabilités; et il faut presque toujours préférer les probabilités qui excitent à faire des expériences, à celles qui empêchent d'en faire.

Observation sur l'attraction.

883. Mettez dans du vin un morceau de sucre, dont une partie soit plongée dans cette liqueur; et l'autre, élevée au-dessus de sa surface. Vous observerez avec étonnement que la partie élevée au-dessus de la liqueur s'amollira et se dissoudra plus vite que la partie plongée. La raison de cet effet singulier est que la partie du sucre plongée dans le vin ne se dissout qu'en vertu d'une simple *infusion* ou *dispersion;* au lieu que, dans la partie élevée au-dessus, la liqueur est *attirée* avec force, par une espèce de *succion;* tout corps spongieux ayant la propriété de chasser l'air de ses pores, et d'attirer avec force les liquides contigus; car une *éponge*, aussi en partie plongée dans une liqueur, présente le même phénomène que ce morceau de sucre. Il seroit utile de tenter quelques nouvelles expériences du même genre, pour découvrir les moyens de faire des infusions plus exactes par voie d'*attraction*.

Observation sur la chaleur qui règne dans l'intérieur de la terre.

884. L'eau des puits est plus chaude en été qu'en hiver ; il en est de même de l'air des caves. La raison de cette différence est que, dans les parties de l'intérieur de la terre les moins éloignées de sa surface, règne un certain degré de chaleur, indiqué par les veines mêmes de *soufre*, etc. qu'on y trouve ; chaleur qui est plus forte et plus sensible dans cette région, lorsqu'elle y est concentrée et retenue, comme en hiver, mais que les grandes chaleurs de l'été diminuent par la *perspiration*, en dilatant les pores de la terre (1).

---

(1) Ensorte que la terre, semblable à un malade qui, après avoir sué, est fort sensible au froid, devient plus frileuse, après ces grandes sueurs que lui occasionnent les chaleurs de l'été. Tout ce raisonnement est peu digne de notre auteur, sans compter qu'il est en contradiction manifeste avec l'hypothèse par laquelle il regarde comme la principale cause du *froid* ce qu'il ap-

Observation relative aux moyens de traverser les airs en volant.

885. Au rapport de quelques historiens, les habitans de *Leucade*, en vertu d'une coutume superstitieuse, précipitoient un homme du haut d'un rocher dans la mer, après avoir attaché autour de lui, à l'aide de longues cordes, quantité de grands oiseaux, et avoir garni tout son corps de plumes, formant des espèces d'ailes qui demeuroient étendues, afin de ralentir sa chûte, et de rompre

---

pelle l'*expération de la terre*. Voici quelque chose de plus vraisemblable. La température des caves étant toujours à peu près la même; tandis que celle de l'air extérieur devient beaucoup plus chaude en été et beaucoup plus froide en hiver, celle des caves doit donc nous paroître froide en été et chaude en hiver, quoiqu'elle n'ait pas changé. Car nos sensations de chaud ou de froid ne dépendent pas de la température *absolue* des corps que nous touchons et qui nous touchent, mais du *rapport* de cette *température* à celle de notre peau.

SYLVA SYLVARUM.

le coup (1). On voit que certains oiseaux, armés d'ailes très fortes, tels que le *milan*, l'*autour*, l'*aigle*, etc. peuvent, outre le poids de leur propre corps, soutenir, en volant, une masse assez pesante. Je présume aussi qu'à l'aide d'ailes formées de plumes très déliées et jointes bien exactement, qui seroient d'un fort grand volume, et qui demeureroient aussi toujours étendues, il seroit possible de soutenir, dans les airs, un poids assez grand, pourvu que le tout fût bien en équilibre, et ne penchât pas plus d'un côté que de l'autre. On pourroit peut-être, en étendant un peu ces idées, trouver un moyen de traverser les airs en volant (2).

---

(1) Ce fut, selon quelques autres historiens, de ce même rocher que se précipita la célèbre *Sapho*, pour se punir elle-même d'avoir voulu, dans sa vieillesse, inspirer de l'amour à un jeune homme ; et sur-tout d'avoir espéré d'y réussir en faisant des vers.

(2) Voyez la seconde addition à la fin de cette Centurie; nous y posons un principe qui doit di-

Observation sur l'écarlate.

886. Dans plusieurs contrées, sur-tout dans la *Céphalonie*, croît un arbrisseau connu dans le pays sous le nom de *chêne verd* ou de *chêne nain;* sur les feuilles duquel se forme une espèce de tumeur ou d'ampoule, d'où l'on tire une poudre d'un rouge vif. Cette poudre, peu de temps après qu'on l'a recueillie, se change en vers, qu'on tue, dit-on, à l'aide du vin, dès qu'ils commencent à s'animer. C'est de cette poudre qu'on tire la couleur connue dans le commerce sous le nom d'*écarlate*.

Observations relatives à certain genre de maléfices.

887. En *Xaintonge*, on connoît un moyen pour rendre un homme inhabile à la génération; moyen également pratiqué en *Gascogne*, où l'on appelle cela

---

riger la construction de toutes les machines de ce genre.

nouer l'aiguillette. C'est ordinairement le jour des noces qu'on en fait usage. Dans la Xaintonge, ce sont les mères elles-mêmes qui se chargent de cette opération ; c'est une précaution pour empêcher l'effet de tout charme de cette nature qui pourroit être jeté par un autre ; car ce qu'elles font, à cet égard, elles peuvent ensuite le défaire à volonté. C'est un genre de délit dont les tribunaux prennent connoissance, et contre lequel les loix ont décerné des peines : ainsi, il est plus important qu'il ne le semble à la première vue (1).

Observation relativement à l'eau que la flamme fait monter dans un vaisseau.

888. Voici une expérience triviale ;

---

(1) Comme l'imagination influe beaucoup sur la génération, il ne seroit peut-être pas impossible de *nouer réellement l'aiguillette* à un jeune époux, en lui faisant accroire qu'on la lui a nouée. En ce genre, comme en tout autre, notre puissance dépend beaucoup de l'idée que nous en avons ; et l'on perd en effet celle qu'on croit avoir perdue.

mais la cause du phénomène qu'elle présente, n'en est pas mieux connue. Prenez un pot, ou mieux encore, un verre, afin de pouvoir observer ce qui se passera dans l'intérieur du vaisseau; puis ayant allumé un bout de chandelle (ou un morceau de papier), placez-le dans le milieu d'une assiette remplie d'eau; et ayant renversé le vaisseau, mettez-le dessus, de manière que cette flamme y soit renfermée; elle y fera monter une certaine quantité d'eau. Pour expliquer ce fait, on suppose ordinairement que c'est la chaleur qui, en tirant et pompant, pour ainsi dire, l'eau, la fait monter; mais une telle explication n'est rien moins que satisfaisante. Car cette ascension est évidemment l'effet du *mouvement de liaison*, que les scholastiques appellent l'*horreur du vuide*, et qui procède ainsi : dès que la flamme est couverte par le vaisseau, elle est en partie suffoquée par cet air ainsi renfermé; son volume diminue par degrés, et, tandis qu'il décroît, l'eau commence à monter, mais fort peu, parce qu'elle ne monte qu'à raison du vuide qui se forme à mesure que le volume de cette flamme diminue. Mais, au moment où elle s'éteint tout-à-fait, l'eau monte tout à coup en grande quantité; parce qu'alors, cette flamme n'occupant plus aucune partie de l'espace, l'air et l'eau en même temps lui succèdent rapidement, et viennent occuper tout cet espace qu'elle a laissé vuide en s'éteignant (1). Si, au lieu d'eau, on met dans l'assiette de la farine ou du sable, on observera le même effet; ce qui ruine l'explication ordinaire par laquelle on suppose que le liquide attiré par la flamme monte pour lui servir d'aliment; car elle fait monter ainsi toute espèce de corps indifféremment; le *mouvement de liaison* produi-

---

(1) Il n'est pas vrai que la matière enflammée n'occupe plus aucune partie de l'espace, après son extinction; mais seulement qu'elle occupe un moindre espace, à moins qu'on ne la suppose totalement anéantie; supposition qui seroit absurde.

sant toujours de tels effets : mouvement qui rend quelquefois l'assiette si adhérente au verre, qu'on peut, en soulevant ce vaisseau avec la main, enlever en même temps cette assiette avec tout ce qu'elle contient : ce qui, toutefois, ne réussit que lorsqu'au lieu d'*eau*, on met de l'*huile* dans l'assiette. Mais il n'en est pas moins vrai qu'à l'instant même où l'on pose l'orifice du verre sur l'assiette, l'eau s'élève un peu ; qu'ensuite elle monte plus lentement, et qu'au moment où la flamme s'éteint tout-à-fait, ce fluide monte tout à coup, comme nous venons de le dire : toutes circonstances qui porteroient à croire qu'il y a en effet un peu d'attraction au commencement : mais c'est un point qui sera mieux éclairci lorsque nous traiterons ex-professo de ce genre d'attractions qui peuvent être attribuées à la chaleur.

Observations relatives aux différentes espèces d'influences que la lune peut avoir sur les corps terrestres.

Quand nous exposerons les observations et les expériences relatives aux *corps célestes* considérés généralement, il sera temps de montrer quels sont, outre les effets manifestes de la *chaleur* et de la *lumière*, les secrettes influences et les actions plus cachées qu'ils peuvent exercer sur les corps terrestres. Mais, pour le moment, nous nous contenterons de donner quelques principes, à la lumière desquels on pourra faire des observations plus méthodiques, et obtenir des résultats plus certains relativement aux *influences et à l'action particulières de la lune*, qui, de tous ces grands corps, est, pour ainsi dire, notre plus proche voisin.

Les *influences de la lune* les mieux constatées par l'observation ou l'expérience, sont de *quatre espèces*. Elle a la faculté ; 1°. *d'attirer la chaleur de notre globe*, et de la déterminer au dehors ; 2°. *de provoquer la putréfaction ;* 3°. *d'augmenter l'humidité ;* 4°. *d'exciter des mouvemens dans les esprits*.

889. Quant à l'*attraction* qu'elle exerce sur la *chaleur*, il faut, comme nous l'avons déja prescrit, prendre une certaine quantité d'eau chaude ; en exposer une moitié aux rayons lunaires, et l'autre, à l'air libre seulement, en garantissant celle-ci de l'action de ces rayons par l'interposition de quelque corps qui fasse ombre et analogue à un *parasol* ; enfin, s'assurer par l'observation si celle qui demeure exposée aux rayons lunaires se refroidit en effet plus promptement, comme on le prétend. Cependant, comme ce corps interposé ne seroit pas d'un grand effet, il faudroit, pour obtenir un résultat plus sensible, exposer à l'air libre deux quantités égales d'eau chaude ; l'une, quand la *lune* paroît sur l'horizon ; et l'autre, quand elle n'y paroît pas ; mettre cette eau chaude tantôt dans une bouteille de verre, tantôt dans une

cuvette ; enfin, tenter aussi cette expérience sur du *fraisi* (résidu de charbon de terre) sur un fer rouge, etc.

890. Pour vérifier les faits relatifs à la *putréfaction*, exposez à l'air libre, pendant deux temps égaux, deux morceaux égaux aussi, soit de viande, soit de poisson ; l'un, quand la lune est sur l'horizon ; l'autre, quand elle n'y est pas ; puis voyez si le premier se corrompt plus vîte. Faites la même épreuve sur un chapon, ou sur toute autre piéce de volaille, afin de savoir si, étant exposée aux rayons lunaires, elle se mortifie et devient plus tendre en moins de temps. Soumettez à la même épreuve des mouches mortes ou des vers morts, après avoir versé dessus un peu d'eau : ou encore une pomme, une orange, etc. après l'avoir piquée ; ou, enfin, un morceau de fromage de Hollande, sur lequel vous aurez auparavant versé un peu de vin ; enfin, voyez si ces fruits ou ces insectes se corrompent plus vîte ; et si les mites

s'engendrent plus promptement dans ce fromage.

891. Quant à l'augmentation de l'*humidité*, on croit communément que les graines germent plus promptement, et que les cheveux, les ongles, les haies et les plantes herbacées poussent plus vîte, lorsqu'on a l'attention de ne semer ou planter les unes, et de ne couper les autres que dans le temps où la lune est croissante. On trouve aussi, dit-on, vers le temps de la pleine lune, plus de cervelle dans la tête des *lapins*, des *volailles*, des *veaux*, etc. plus de moëlle dans les os; enfin, plus de pulpe (de chair) dans les *huîtres*, les *pétoncles*, les *moules*, etc. Ce dernier point seroit le plus facile à vérifier; il suffiroit pour cela de garder ces coquillages dans des espèces de puits.

892. Prenez des semences de plantes à racines bulbeuses ou charnues (par exemple, de la graine *d'oignon*, etc.), mettez-les en terre; les unes, immédiatement après la nouvelle lune; les au-

très, immédiatement après la pleine lune; bien entendu que toutes ces semences seront de même qualité et mises dans la même terre; mais, pour s'assurer davantage de cette égalité, il faudroit mettre cette terre dans des pots, et tenir ces pots dans un lieu qui ne fût exposé ni à la pluie, ni à l'action du soleil; autrement les variations et les différences de ce genre pourroient jeter quelque incertitude dans les résultats de ces expériences; enfin, observer avec précision au bout de combien de temps germent, et à quelle hauteur s'élèvent, dans un même temps, les unes et les autres; en un mot, en quoi diffèrent toutes ces plantes semées dans ces deux temps différens.

893. Il est assez probable que, dans l'homme, le cerveau est plus humide et augmente de volume, vers le temps de la pleine lune. Ainsi, des fumigations avec le bois d'*aloës*, le *romarin*, l'*encens*, etc. seroient alors utiles aux sujets qui ont habituellement le cerveau hu-

mide et aux grands buveurs. Il est également probable que, dans le corps humain, la quantité des humeurs croît et décroît à peu près comme la lune et dans les mêmes temps. Ainsi, il ne seroit pas inutile de se purger deux ou trois jours avant la pleine lune ; car, durant le décours de cet astre, on auroit moins à craindre une nouvelle plénitude (1).

894. Il est bon d'observer, par rapport à ces mouvemens, excités dans les

---

(1) Il le seroit encore plus de ne faire jamais usage de purgations ni de saignées proprement dites; mais de se saigner et purger d'avance plus doucement, en retranchant de temps en temps une partie de ses alimens, et en sautant quelquefois un repas, comme nous le faisons nous-mêmes avec succès depuis tant d'années. La *diète* est le vrai *préservatif* contre la *plénitude* ; et le vrai *remède* à la *plénitude* est encore la *diète*. Or, pour faire à propos usage de ce remède universel, ce n'est pas le *calendrier* qu'il faut lire, mais son *estomac*. Quand on n'a pas faim, la lune est pleine, et alors il faut jeûner; mais, comme nous sommes gourmands, il nous faut des médecins.

esprits par l'action de la lune, que l'accroissement plus rapide des haies, des plantes herbacées, des cheveux, etc. durant l'accroissement de la lumière de cet astre, ne doit pas moins être attribué à cette espèce de révolution qu'il occasionne alors dans ces esprits, qu'à l'augmentation de l'humidité ; c'est ce dont on voit un exemple frappant dans l'affection des *lunatiques*.

895. La lune a sans doute des influences d'une autre espèce, et celles dont nous venons de parler, ont aussi d'autres effets ; mais ces différens points n'ont pas encore été suffisamment vérifiés par l'observation. Il se pourroit, par exemple, qu'un vent de *nord* ou de *nord-est*, venant à souffler vers le temps de la pleine lune, le concours de ces deux causes donnât au froid plus d'intensité ; et, par la même raison, qu'un vent de *sud* ou de *sud-ouest* qui souffleroit vers le même temps, produisît dans l'air une disposition, une sorte d'*habitude* d'où résulteroient des chaleurs et des

pluies de plus longue durée (1). Mais cette conjecture auroit besoin d'être vérifiée par l'observation.

896. Il se peut aussi que les enfans ou les animaux qui naissent vers le temps de la pleine lune, prennent plus d'accroissement et de force que ceux qui naissent durant le décours ; et peut-être en est-il de même de ceux qui ont été conçus vers la première époque. Ainsi, l'attention de ne faire couvrir les vaches et les brebis que vers le temps de la pleine lune, pourroit n'être pas tout-à-fait inutile dans l'économie rustique. Par la même raison, il seroit peut-être à propos de ne faire couver que les œufs pondus à la même époque ; tous effets sur les-

---

(1) C'est le principe même de Toaldo : il prétend que le concours de plusieurs points lunaires occasionne dans l'atmosphère, non une telle espèce de changement, mais un changement, une perturbation quelconque, et que l'effet de l'action de cet astre est moins de produire tel effet, que de renforcer l'effet déjà produit par d'autres causes plus voisines et plus puissantes.

quels on doit suspendre son jugement jusqu'à ce qu'ils aient été constatés par l'expérience. Il y auroit enfin d'autres observations à faire, pour savoir si les orages et les tremblemens de terre ne sont pas plus fréquens vers l'époque de la pleine lune, que dans tout autre temps (1).

---

(1) Voici quelle pourroit être la manière de tirer des conclusions, des observations de ce genre. Prenez celles d'un siècle entier. Divisez ce siècle en dix périodes, de dix ans chacune. Cela posé, si, dans chacune de ces périodes, ou dans presque toutes, les tremblemens de terre, et les orages qui ont eu lieu vers le temps de la pleine lune, sont en beaucoup plus grand nombre que ceux qui ont eu lieu à toute autre époque du cours de cet astre; par exemple, si les premiers sont aux derniers dans le rapport de 3 à 1, de 2 à 1, et même de 3 à 2, on en pourra conclure avec certitude que la pleine lune, ou les effets plus voisins de nous, qui en sont les conséquences, influent sur ces orages et sur ces tremblemens de terre. Car, si l'on tiroit une telle conclusion des observations d'un siècle entier, prises en masse, elle seroit beaucoup moins certaine.

Observation sur le vinaigre.

897. L'opération qui *convertit* le *vin* en *vinaigre*, est une sorte de *putréfaction*; car, pour faire le *vinaigre*, on expose des vaisseaux remplis de vin à l'*action* du *soleil* le plus ardent; ce qui, en rappellant à l'extérieur les esprits les plus *oléagineux* de la liqueur, ne lui laisse plus qu'une saveur aigre et revêche. On sait aussi que le *vin brûlé* (chauffé) est plus *aigre* et plus *astringent* que celui qui n'a point passé au feu. On prétend que, dans un vaisseau passant sous la *ligne équinoxiale*, le *cidre* mûrit (se fait), tandis que le *vin* et la *bière* s'aigrissent. Il faudroit exposer à l'action des rayons solaires, durant l'été, un petit baril rempli de *verjus*, comme on y expose le vin destiné à faire le vinaigre; ce qui pourroit, peut-être, en mûrissant un peu plus cette liqueur acide, lui donner une saveur plus douce.

Observation sur les animaux qui dorment durant tout l'hiver.

898. On connoît plusieurs espèces d'animaux qui dorment durant tout l'hiver; de ce genre sont l'*ours*, le *hérisson*, la *chauve-souris*, la *marmotte*, l'*abeille*, etc. animaux qui engraissent beaucoup durant le sommeil et ne rendent point d'excrémens. La cause qui les fait ainsi *engraisser* en dormant, peut être le *défaut* d'*assimilation;* toute cette partie des sucs alimentaires qui ne s'assimile point à la chair, et ne se convertit point en cette substance, se tournant en *sueurs* ou en *graisse*. On a observé aussi que ces animaux, dans une partie du temps de leur sommeil, sont absolument sans mouvement, et que, le reste du temps, ils ont quelques mouvemens, mais sans changer de place. Ils cherchent ordinairement quelque lieu clos et un peu chaud, où ils se tiennent cachés durant ce long sommeil. Les *Hollandois*, qui ont hiverné dans la *nouvelle Zemble*, ont observé

que les *ourses*, dans cette contrée, s'endorment vers le milieu de *novembre*, et qu'alors les *renards*, que la crainte tenoit cachés, commencent à paroître. Quelques auteurs anciens prétendent que les *ourses* sont pleines et mettent bas durant leur sommeil même ; qu'en conséquence rarement on en voit de pleines.

Observations sur la génération des animaux, soit par voie d'accouplement, soit par la putréfaction.

899. Parmi les différentes espèces d'animaux, les uns proviennent de l'*accouplement d'un mâle avec une femelle* ; les autres ne sont que des *produits* de la *putréfaction* ; et dans cette dernière classe, il en est qui, bien qu'engendrés eux-mêmes par la *putréfaction*, ne laissent pas d'engendrer ensuite par la voie de l'*accouplement* (1). Actuellement, pour in-

---

(1) Nous avons observé ailleurs que le premier mâle et la première femelle de chacune des

diquer les causes de la différence de ces deux espèces de génération, nous observerons, en premier lieu, que la principale *cause* de toute *vivification* est une *chaleur douce, paisible et réglée, agissant sur une matière glutineuse et extensible;* car c'est cette *chaleur* qui provoque l'*expansion* des *esprits* dans le composé susceptible de s'organiser ; et la *viscosité* de sa substance a deux effets principaux ; l'un est d'y retenir les esprits et d'en empêcher l'émission ; l'autre est que cette matière souple, obéissant à l'action expansive des esprits, se gonfle peu à peu, se ramifie, se figure et s'organise. On voit en effet que toute espèce de matière *spermatique* ou *menstruelle,* et de substance où s'engendrent des animaux par la *putréfaction,* est tou-

---

espèces qui aujourd'hui engendrent par la voie de l'accouplement, ont dû être engendrés eux-mêmes par une autre voie ; proposition qui n'a pas besoin de démonstration, et dont le simple énoncé contient la preuve.

jours plus ou moins épaisse, *glutineuse* et *extensible*. Ainsi, il ne reste plus que deux causes qui puissent mettre une différence marquée entre la génération opérée par le moyen d'une matière spermatique, et celle qui est le produit de la putréfaction. La première est que les animaux d'une figure précise et déterminée, tels que ceux qui proviennent d'un accouplement, ne peuvent être engendrés par une chaleur foible et momentanée, ou très variable; ni se former que dans une matière qui ait subi toutes les préparations nécessaires, et qui ait précisément la disposition convenable à leur espèce particulière et respective. La seconde est que, la *formation* des *animaux parfaits* est beaucoup plus *lente* que celle des *animaux* qui sont le *produit* d'une *génération* spontanée. Or, cette formation exigeant beaucoup plus de temps, l'esprit vivifiant pourroit s'exhaler avant que l'animal fût entièrement organisé, si la matière dont il doit se former, n'étoit renfermée dans quelque *réceptacle* (1), où la chaleur puisse être continue, qui puisse fournir une substance propre pour nourrir le fœtus, et une *clôture* assez exacte pour empêcher l'émission de cet esprit. Les matrices des femelles vivipares ont toutes ces conditions; aussi voit-on que les animaux engendrés par la putréfaction sont d'une figure plus vague et moins déterminée que les animaux parfaits; que leur complette formation demande beaucoup moins de temps; et qu'ils n'ont pas non plus besoin d'un réceptacle si exactement clos; quoique le plus souvent ils ne puissent se passer d'une cavité quelconque un peu close. Quant au sentiment de ces auteurs païens qui prétendent que, *dans les grandes révolutions de l'uni-*

---

(1) Je suis obligé de risquer ce mot employé par quelques physiciens; ne pouvant faire usage des suivans, *récipient, vaisseau, vase, sac, bourse, poche*, etc. il nous faut un mot qui n'ait point une signification trop particulière, et qui désigne, en général, *un corps creux et clos*; or ce mot nous manque; *s'il étoit inutile, nous l'aurions.*

vers, les premiers animaux parfaits furent engendrés par voie de concrétion, comme le sont encore aujourd'hui les *grenouilles,* les *vers,* les *mouches,* etc. (1). Nous savons qu'il est dénué de fondement (2). Si l'on se prête à de telles suppositions, en empruntant le langage originaire des sens, et qui ne parle qu'à eux, il faudra donc ramener la fable *de l'antique chaos, de l'assemblage confus et indigeste de la terre et des cieux;* car la machine de l'univers une fois construite et montée, il n'est plus de combinaison fortuite, ni d'*anomalie* qui puisse produire de tels effets (3).

---

(1) La plupart des insectes ailés qui ont été dans l'état de *ver,* ou de *chenille,* s'accouplent et pondent sous nos yeux.

(2) De qui le savons-nous? de Moyse. Et de qui Moyse le tenoit-il? De celui qui sait tout, et sur lequel nous ne savons rien, sinon qu'il existe.

(3) C'est ici le point où le *physicien,* après avoir parcouru toute l'échelle des causes, est enfin obligé de s'élever jusqu'à la cause de toutes ces causes, jusqu'à *Dieu,* dis-je, de devenir *théo-*

logien, et de rester là. Car les *prêtres*, et les *poëtes* leurs prédécesseurs, ne sont originairement que des *philosophes* qui, au bout de toutes leurs explications, sont restés courts, ont imaginé cette *grande cheville* pour boucher le trou qu'ils ne pouvoient remplir par des causes physiques, et ont appellé à leur secours *les causes finales*, c'est-à-dire, des *mots*, pour ne pas être trop visiblement *à quia*. Si le premier mâle et la première femelle de chacune des espèces qui se perpétuent aujourd'hui par voie d'accouplement, n'ont pu être engendrés par cette voie, il est clair qu'ils l'ont été par voie de concrétion, ou par un acte formel de la volonté divine; il est impossible de sortir de ce dilemme. Le seul parmi les anciens qui ait bien senti et nettement conçu la nécessité de l'existence d'un Dieu, est le grand *Anaxagore*, *surnommé l'esprit*, le maître de nos maîtres, en morale. Nous verrons dans le commentaire sur la partie morale de cette collection comment il fut conduit à cette vérité.

SUPPLÉMENT

A CETTE CENTURIE.

Première addition qui se rapporte aux n°s. 812, 813, 814, 815 et 816.

Table raisonnée de signes et de loix dont la connoissance peut servir à prévoir les grands hivers, les inondations, etc.

Définitions, limitations et avertissemens.

1°. J'APPELLE *grand hiver*, toute saison où *le thermomètre reste au moins pendant trois semaines ou un mois, à 12 degrés, ou encore plus bas.* Tel de nos lecteurs pourra juger *petits* ces hivers que nous qualifions de *grands;* mais nous lui observerons qu'il s'agit beaucoup moins ici de *déterminer le nom que nous devons donner à un hiver quelconque, que de savoir précisément de quelle espèce d'hiver nous allons parler.*

2°. La *rigueur* d'un *hiver sec* est en raison composée de l'intensité du froid et de sa durée; mais comme la *durée* de l'*hiver* est assez ordinairement *en raison inverse de l'intensité du froid qui se fait sentir à l'époque ordinaire de son maximum* (c'est-à-dire , entre le 20 de décembre et le 20 de janvier); nous nous en tiendrons à l'objet déterminé par la définition précédente. Cependant, pour *ne pas limiter excessivement* notre *sujet*, et pour faire *entrevoir l'extension* dont il est susceptible, nous joindrons aux *signes* qui se rapportent à *l'intensité du froid*, et à cette *durée* que nous supposons, quelques *signes* relatifs à *l'accélération* ou au *retard de l'époque* du *commencement* ou de la *fin* de l'*hiver*.

3°. J'appelle *nuaison*, la durée d'un *vent de nord ou de sud*, etc. du *froid* ou du *chaud*, de la *sécheresse* ou de l'*humidité*, des *pluies*, etc. qui l'accompagnent.

4°. Dans la langue des marins, on appelle *rhumbs*, ou *airs de vents*, les *trente-deux divisions de l'horizon*, auxquelles on *rapporte* ordinairement les *directions* des *vents* et les *situations* des *lieux*, telles que *nord* et *sud*, *est* et *ouest*, *nord-est* et *sud-ouest*, *nord-ouest* et *sud-est*, etc.

5°. Le lecteur trouvera, dans une note placée sous le préambule de l'article auquel se rapporte cette addition, les *définitions des quatre espèces de signes* qui peuvent servir de *bases* aux *pronostics* de toute espèce.

6°. *Un seul* de ces *signes*, dont la table ci-dessous est, en partie, composée, seroit une *base* beaucoup trop *étroite* pour un *pronostic* de ce genre; mais le *concours de trois ou quatre des meilleurs signes* donneroit aux *prédictions* une *probabilité* qui *équivaudroit* à la certitude absolue, du moins dans la pratique.

7°. Nous joindrons à l'exposé de chaque signe un petit essai d'*explication*, destiné à *montrer la relation naturelle qui existe, ou peut exister, entre le signe et l'événement annoncé*. Ces explications, lorsqu'elles seront *combinées* avec des *observations directes*, convertiront les simples *probabilités* en *certitude*; et lorsqu'elles seront *seules*, elles pourront du moins *suggérer, provoquer et diriger ces observations qui manquent*.

8°. Enfin, pour ne pas nous exposer à attribuer à *Bacon* ou à *Toaldo* nos propres erreurs, nous désignerons les indications du premier par un (B); celles du second, par un (T), et les nôtres, par une (L). Quant aux explications, ayant trouvé peu de guides dans cette route presque nouvelle, nous serons souvent forcés de marcher seuls, en donnant toutefois nos *idées* pour ce qu'elles sont, c'est-à-dire, pour de simples *conjectures*.

Table raisonnée des loix et des signes.

1°. Points lunaires. (T) Lorsque *le concours de deux ou trois points lunaires*, tels que *quadratures, sizygies, nœuds, apogée, périgée*, etc. *répond à peu près au temps où le maximum du maximum de froid a lieu ordinairement* (c'est-à-dire, à la fin de décembre et au commencement de janvier), on doit s'attendre à un hiver très rigoureux.

Car l'effet général de ce concours (comme nous l'avons observé d'après *Toaldo*, dans deux des notes précédentes), étant de renforcer la qualité ou disposition de l'air, produite par d'autres causes, il s'ensuit qu'à l'époque ordinaire du maximum de l'hiver, c'est le *froid* que ce concours doit *renforcer*.

2°. (T) Il y a, *dans l'enchaînement naturel des années et des saisons*, un ordre constant, une *suite de retours périodiques, fixe, déterminée* et *dépendante de la révolution de l'apogée et du périgée lunaires; ordre qui ramène, au bout de huit à neuf ans, et même au bout de quatre à cinq ans* (1), *des saisons, ou du moins des nuaisons fort semblables.* (L) Par exemple, depuis vingt ans, nous avons, tous les quatre ou cinq ans, un grand hiver; ceux de 75 à 76, de 79 à 80, de 83 à 84, de 88 à 89, et de 93 à 94, ont été conformes à cette règle (2).

---

(1) Les deux points opposés d'une même période devant produire des effets semblables, et presque égaux, sur les *marées de l'océan aérien*, comme sur celles de l'autre océan.

(2) Il n'est peut-être pas un seul de nos lecteurs adul-

(L) Comme l'apogée et le périgée de la lune font partie de ces *époques*, que *Toaldo* appelle des *points lunaires*, l'explication du numéro précédent s'applique à celui-ci.

3°. (B) On peut aussi *pronostiquer* un *hiver* très *rigoureux*, lorsqu'on voit *régner*, *en automne*, (L) du moins vers le commencement ou le milieu, (B) *des vents de sud fort pluvieux*,

---

tes qui, en considérant telle de ses années, ne se soit dit quelquefois, comme nous: *voilà une année que j'ai déjà vue, je la reconnois*. Il ne s'agit ici que de déterminer ces vagues apperçus, et d'assurer, par un peu de méthode, la marche de leur propre génie. La *vie de l'homme*, ses *digestions*, et toutes leurs *conséquences physiques* étant *assujetties* à des *périodes déterminées* et connues, les *grandes causes* qui, par leur concours, produisent tous ces effets, doivent l'*être aussi*; car, si la *cause* n'étoit pas *périodique*, l'*effet* ne pourroit l'*être*. Je soupçonne même que *tout*, dans le monde physique, est *périodique*; mais voici en quoi consiste la difficulté: les grandes périodes sont composées d'une infinité de petites, entrelacées les unes avec les autres, et de manière, par exemple, que telle période simple commençant ou finissant au tiers, à la moitié, aux deux tiers de telle autre période simple, une troisième période simple a son commencement ou sa fin, au quart, aux trois quarts, etc. de la seconde, et ainsi des autres. Il est sans doute très difficile de démêler tous ces élémens ainsi compliqués; mais ce qui est *difficile* en ce genre, n'est peut-être *pas impossible*, et les difficultés déjà vaincues, semblent nous exciter à en attaquer d'autres.

de longue durée, (L) et *directs ou presque directs*, c'est-à-dire, *soufflant précisément du sud, ou des rhumbs voisins, depuis le sud-est jusqu'au sud-ouest*.

(L) Car alors le vent de sud poussant dans la région septentrionale et *circompolaire*, la plus grande partie de l'*humor aqueux* répandu, sous différentes formes, dans tout le corps de l'atmosphère des zônes méridionales; cet humor, vers le milieu de l'automne, s'y convertit en *glace*, et y forme une sorte de *froid solide* et *fixe*, une espèce de *provision de froid*, qui reste là. Ce *froid* habituel donne à l'air *septentrional* une *densité*, un *ressort* et un *poids* qui tôt ou tard lui donnera l'*avantage sur l'air méridional*, même dilaté et comme bandé par la chaleur habituelle de la zône torride; d'où résultera *un vent de nord de longue durée*, qui, ayant, pour ainsi dire, *léché* cette *surface glacée*, amènera dans nos contrées un *froid* proportionnel à celui qu'il aura contracté par ces contacts réitérés. Mais si les *vents* sont *latéraux*, c'est-à-dire, de l'*est* à l'*ouest*, ou des rhumbs voisins, depuis le *nord-ouest* jusqu'au *sud-ouest*, ou depuis le *nord-est* jusqu'au *sud-est*, cet effet ne doit pas avoir lieu.

De plus, les *opposés* sont naturellement *alternatifs* et *proportionnels l'un à l'autre*, comme nous l'avons démontré tant de fois. Ainsi, *à des vents de sud d'une grande force, très humides, et de longue durée, doivent naturellement succéder des vents de nord d'une force, d'un froid et d'une durée proportionnels.* Lorsque le temps de la *réaction* et du vent de *nord*, qui en est la conséquence naturelle, répond à celui où le maximum de l'hiver a lieu ordinairement, il en doit donc résulter de grands froids.

N. B. L'on sait que, dans nos contrées, le vent souffle plus fréquemment du *nord*, du *sud*, ou des rhumbs voisins, que de toute autre partie. *Les principales causes de ces deux espèces de vents, et des vents en général, sont donc situées nord et sud, l'une par rapport à l'autre.* Ces deux causes paroissent être *le froid habituel de la région circompolaire, et la chaleur habituelle de la zône torride,* qui agissent et réagissent sans cesse l'une contre l'autre; chacune de ces deux causes, passé un certain point, diminuant peu à peu, par cela même qu'elle augmente, les conditions favorables à sa propre action, augmentant proportionnellement celles qui favorisent l'action de sa contraire, et lui donnant enfin l'avantage; que celle-ci lui rend à son tour, en vertu du même méchanisme, appliqué en sens contraire. L'air de nos zônes tempérées, placé, pour ainsi dire, entre les deux grandes factions du monde physique, et balotté par l'une et par l'autre alternativement, est poussé comme nous, tantôt à droite, tantôt à gauche.

Mais abandonnant cette conjecture trop vague, toute probable qu'elle paroît, tâchons de donner à cette explication une rigueur et une évidence géométrique ; ce fondement une fois posé, nous *devinerons* les *signes à priori*, et nous n'aurons pas même *besoin de l'expérience* pour *les connoître*.

S'il existe, dans toute la circonférence de la zône torride, une force quelconque qui pousse au nord l'air méridional, et qui produise ainsi un vent de sud, cet air s'accumulera nécessairement dans la région septentrionale : celui qui viendra le long de la partie orientale d'un méridien, rencontrera tôt ou tard celui qui viendra le long de la partie occidentale et opposée de ce même méridien; alors ils se résisteront réciproquement : plus le vent de *sud* aura de force, plus aussi ce ressort qui se bande, pour ainsi dire, lui-même, sera bandé, et plus, lorsqu'il se détendra, sa réaction sera vive, forte et durable.

Enfin généralisant, autant qu'il est possible, supposons au *midi* une force quelconque qui produise un vent de *sud*, et au *septentrion*, une force quelconque qui lui résiste, et qui tende à produire un vent de *nord*. Cela posé, plus la force méridionale aura d'intensité, plus la force boréale réagira contr'elle. Donc plus le vent de sud produit par la première, sera fort et durable, plus le vent de nord produit par la dernière, quand celle-ci deviendra enfin supérieure, aura lui-même de force et de durée. Mais, si le vent de nord produit par la réaction de la force boréale est nécessairement proportionnel au vent de sud produit par l'action de la force méridionale, l'intensité et la durée du froid qui est l'effet nécessaire de ce vent de *nord*, lorsqu'il souffle dans le temps du maximum de l'hiver, seront aussi proportionnées à celles du vent de sud qui en aura été la cause première. Or, les vents de *sud* et les vents de *nord*, disions-nous, se succèdent alternativement et proportionnellement. Ainsi, lorsque les vents de sud auront occupé la plus grande partie de l'automne, les vents de nord et les grands froids qu'ils amènent, occuperont une grande partie de l'hiver, comme le prétend notre auteur, dans l'article que nous commentons. Cette petite loi que nous venons d'exposer est l'image de la grande loi qui gouverne le monde entier.

4°. (L) *Lorsque le vent du nord est très froid, très glacial, et occasionne des gelées, très peu d'heures après qu'il a commencé à souffler*, et qu'il a succédé au vent de sud, on peut dire que *l'hiver sera très rude*, et qu'il *approche*, ou plutôt *qu'il est proche* (1).

---

(1) Au lieu de mettre ensemble toutes les indications

(L) *Bernardin de Saint-Pierre* a observé avec raison que, vers la fin de l'automne, et durant tout l'hiver, il doit *se former, dans la région circonpolaire de chaque hémisphère, une grande coupole de glaces,* de *neiges,* etc. dont le plus grand arc est d'environ 2000 lieues; et la moitié, à peu près de 1000. Mais cette *coupole* peut *se former plutôt ou plus tard,* elle peut *avoir plus ou moins d'étendue;* et son *bord méridional s'avancer plus ou moins vers le sud,* soit durant tout l'hiver, soit à telle époque déterminée. Cela posé, si la *coupole boréale* (la nôtre) *se forme très tard,* et si son *bord méridional s'avance peu vers l'équateur,* cette partie de l'air boréal qui, après avoir passé dessus, se portera d'abord dans nos contrées, n'y arrivera qu'après avoir *poussé vers nous tout l'air intermédiaire qui sera beaucoup plus chaud,* et après avoir traversé lui-même de *vastes régions où la surface de la terre ne sera pas encore très refroidie;* la *masse d'air* qui lui succédera, et qui se sera *refroidie beaucoup plus,* soit en léchant la partie la plus septentrionale de

---

relatives au même objet, ou toutes celles d'un même auteur, comme l'ordre naturel semble l'exiger, nous mettons ensemble, et au commencement, les plus longues explications, afin d'y renvoyer des numéros suivans, et d'épargner au lecteur beaucoup de répétitions. L'ordre naturel étant indiqué, on sera maître de le rétablir.

la coupole, soit en traversant des parties méridionales, mais déja un peu refroidies par la première, *ne parviendra donc dans nos contrées qu'au bout d'un, de deux, de trois, etc. jours. Si*, au contraire, la *coupole s'étant formée de bonne heure*, son *bord méridional* est déja *très avancé vers le sud*, il y aura *entre ce bord et nous très peu d'air chaud, qui sera bientôt poussé vers nous dans sa totalité; le bord méridional de la coupole étant très voisin de nous, presque toute la masse d'air située au nord de nos contrées sera elle-même très glaciale; très peu d'heures après que le vent de nord aura commencé à souffler, il sera très froid; il le sera, à quelques heures près, durant la totalité de chacune de ses nuaisons, et les nuaisons de vent de nord de cet hiver-là seront toutes extrêmement froides.* Ainsi, lorsque, sur la fin de l'automne, les vents de nord, peu d'heures après qu'ils ont commencé à souffler, sont extrêmement froids, on peut dire qu'il y a déja au nord une grande provision de froid; et que la glacière n'est pas loin, comme nous l'avons avancé.

Ce signe me paroît le meilleur de tous; on peut même le qualifier d'*évident*. Mais cette *lunette* n'est pas *de longue portée :* elle ne montre l'objet qu'*à la distance d'un mois ou de six semaines*. Ici, c'est le froid lui-même qui s'annonce, et il faudroit pouvoir le lire dans les chaleurs mêmes, dans l'humidité, les sécheresses, etc. qui le précèdent de fort loin : cependant, j'entrevois des moyens pour alonger beaucoup cette portée ; mais, pour ne pas alonger excessivement ce n°. je passe au suivant.

5°. (L) *Lorsque les nuaisons, soit de vent de nord, soit de vent de sud, sont fort longues durant l'automne; ou encore, lorsque, dans cette saison, chaque nuaison de vent de nord est de beaucoup plus longue durée que la nuaison de vent de sud qui l'a précédée, et même que celle qui la suit, on doit s'attendre aussi à un hiver rigoureux.*

Car, lorsque le froid a beaucoup d'intensité, dans le temps ordinaire de son maximum (qui est ordinairement entre le 20 décembre et le 20 janvier), cette nuaison est aussi de très longue durée. Et réciproquement, des vents de *nord* ou de *nord-est*, de très longue durée, produisent un froid qui a beaucoup d'intensité. Or, dans la nature, les phénomènes, sur-tout ceux qui ont une certaine durée, vont rarement *par sauts*, mais croissent et décroissent presque toujours *par degrés*. Ainsi, lorsque les nuaisons de vent de *nord*, qui ont lieu en automne, sont de très longue durée, et sur-tout lorsque leur durée excède de beaucoup celle des nuaisons de vents de *sud*, qui les précèdent ou les suivent, on peut conjecturer que la grande nuaison de vent de *nord*, qui a ordinairement lieu vers le temps du solstice d'hiver, sera aussi de très longue durée, et que l'intensité du froid qui régnera alors, sera proportionnelle à cette durée. Ce dernier signe est purement *conjectural;* et je ne pourrois l'appuyer d'aucune observation directe. Cependant il mérite d'autant plus d'être vérifié, qu'il tient à ce grand principe qui se montre sous différentes formes dans les meilleurs livres. *Le spectacle de cet univers n'est qu'un phénomène infini en tout sens, et unique, qui se développe et se déroule, pour ainsi dire, dans toute l'immensité de l'espace et de la durée, sans y laisser aucun vuide : ses parties, toutes immédiatement ou médiatement contiguës, se poussent, pour ainsi dire, réciproquement, chaque grande période, chaque année, chaque saison, chaque heure, chaque génération d'êtres, enfantée par celle qui l'a précédée, enfante elle-même celle qui la suit, et dont elle recèle le germe dans son sein.* Tel est le véritable sens de ce mot si célèbre attribué à notre auteur : *le présent est gros de l'avenir.* Or, si chaque temps contient le germe du temps qui le suit, il n'est donc pas impossible, en étudiant et considérant de bien près cent étés, cent automnes et cent hivers, de découvrir *quelle espèce d'été et d'automne précède telle espèce d'hiver*; par exemple, *de saisir ce qu'il peut y avoir de commun entre tous les étés ou tous les automnes (d'un siècle entier) qui ont précédé de grands hivers.* Chaque grand hiver a nécessairement une cause; et il est impossible qu'il y ait *une très grande analogie entre les effets, sans qu'il y ait aussi quelque analogie entre leurs causes.* Si cette analogie existe, en la cherchant bien, on peut la trouver; tel est notre but, et tel est le fondement de nos espérances à cet égard.

6°. (L) *Un été très chaud est presque toujours précédé ou suivi d'un hiver très froid* : ensorte que *si l'hiver qui a précédé un été fort chaud, a été très doux, on peut prédire, avec quelque probabilité, que l'hiver suivant sera très froid et très rigoureux*; ce qui n'est qu'un cas particulier de la grande loi exposée ci-dessus; savoir : que *les opposés se succèdent alternativement et proportionnellement*; cet univers n'étant qu'un vaste champ *d'actions et de réactions proportionnelles*; qu'un assemblage de ressorts qui se tendent réciproquement, et dont chacun se détend avec une force proportionnelle à celle qui l'a tendu; de navettes qui vont et reviennent sans cesse, de *flux et de reflux, de diastoles et de systoles, de pouls qui battent, de cordes qui frémissent, de pendules en vibration.* La facilité même avec laquelle nous multiplions ces comparaisons, prouve la généralité de la loi ; car, si elle étoit particulière, ces analogies seroient plus rares; et une grande vérité, quand elle est saisie, multiplie nécessairement les images; parce qu'elle se montre partout, et dans celui qui la dit, et dans ceux qui l'écoutent.

7°. (B) *Un été très froid et très humide est encore l'annonce d'un hiver très rigoureux ;* voyez l'explication au n°. 813 : nous rejetons ce signe qui nous paroît faux.

8°. (B) *La multiplication excessive des baies de l'églantier, des graines de l'épine blanche, des mûres de buisson, etc. fournit le même pronostic.* L'explication se trouve au n°. 812.

9°. (B) On doit encore *s'attendre à un hiver très rigoureux, lorsque les lambris, les parquets, les portes, les carreaux, les marbres et autres pierres, les auvents, les toits, sont fort secs sur la fin de l'automne ; temps où ordinairement ils sont humides, et où l'eau même dégoutte des corps en pente, sur-tout le matin :* l'explication au n°. 812.

10°. (L) *La chûte tardive des feuilles annonce aussi un grand hiver,* et nous a fourni cette indication dans les années 75, 83 et 93 (1).

---

(1) Je ne puis l'appliquer à un plus grand nombre d'années, parce que j'ai vécu onze à douze ans hors de France.

Si l'air atmosphérique est intimement sec, il doit être moins pourrissant en automne ; et le pédicule de la feuille doit avoir plus de force. Or, la sécheresse de l'air, dans l'arrière saison, amène et annonce ordinairement des gelées âpres et durables.

11°. (L) *Lorsque le temps est fort beau et fort doux, sur la fin de l'automne, on doit encore s'attendre à un hiver très rigoureux;* signe qui rentre un peu dans le précédent. Car si, vers le commencement et le milieu de l'automne, le vent de sud ayant poussé vers les régions septentrionales une grande partie de l'*humor aqueux* de l'atmosphère de nos contrées, cet humor s'y est converti en glace, et fixé (comme nous l'avons observé, n°. 3), les vents de midi, sur la fin de l'automne, doivent être *chauds,* sans être *très humides;* et, par conséquent, lorsque le vent de midi règne alors, le temps doit être tout à la fois fort doux et fort beau. Cependant, comme du milieu d'une grande ville, telle que *Paris, Lyon,* etc. on voit beaucoup plus aisément le temps que les feuilles des arbres, cette indication peut n'y être pas inutile.

12°. (L) *Lorsque les viandes, les fruits,* etc. *se moisissent et se putréfient fort promptement, vers la fin de l'été, ou au commencement de l'automne, on peut aussi conjecturer que l'hiver sera très rude;* cette prompte corruption annonçant la grande quantité de *l'humor aqueux* répandu dans l'atmosphère de nos contrées ; *humor* dont les parties déliées, en se réunissant peu à peu, formeront de grosses pluies, au commencement de l'automne ; puis une vaste coupole, dans les régions septentrionales ; d'où résulteront des vents de *nord* très froids et de très longue durée ; enfin, l'hiver rigoureux qui en est la conséquence. Car on doit observer que *l'air* peut être *humide*, quoique le *temps* soit *fort beau* ; et c'est ce qui arrive, lorsque *l'humor aqueux* est disséminé, en parties extrêmement déliées, dans l'atmosphère, et y est assez complettement dissous pour n'en pas troubler la transparence ; ce qui ne l'empêche pas d'agir sensiblement sur les corps dont nous parlons. Enfin, quoique les vents renouvellent aisément une partie de l'air atmosphérique, dans une vaste contrée ; cependant il leur faut beaucoup de temps pour la renouveller en totalité.

13°. (B) *Lorsque les oiseaux qui ordinairement se tiennent dans nos climats durant l'hiver, arrivent de bonne heure, ceux qui, à l'entrée de cette saison, passent ordinairement dans les contrées méridionales, partent aussi de bonne heure, on peut croire que l'hiver n'est pas éloigné.* Car, si l'arrivée des uns et le départ des autres annoncent ordinairement l'hiver, lorsque ce double signe devance l'époque ordinaire, le froid doit la devancer aussi, et le retard du signe doit également indiquer le retard de la chose annoncée.

REMARQUES.

1°. Il est inutile d'ajouter que les signes qui mettroient en état de prédire les *grands hivers*, serviroient également à prédire les *grandes inondations* ; car s'il doit y avoir de *grandes gelées*, il y aura donc *une grande fonte de glaces, de neiges*, etc. et l'on sait que, dans les printemps qui succèdent à de grands hivers, il y a toujours quelque part des inondations.

2°. On conçoit aussi que ces mêmes signes appliqués, en sens contraire, peuvent servir à prédire les grandes *chaleurs*, les grandes *sécheresses*, etc. car la marche de la nature est par-tout la même ; comme tout se touche et se pousse réciproquement, si les grands hivers sont assujettis à des périodes, les grands étés le sont aussi : autrement les étés (comme nous le disions plus haut) étant, du moins, en grande partie, les causes des hivers qui les suivent, le désordre qui régneroit dans la chaîne des causes, passeroit à la longue dans celle des effets.

3°. Mais de quelle utilité peuvent être ces signes, ces explications et toute cette théorie ? Dernière question à laquelle il faut répondre. On sait bien, *en gros*, qu'il seroit avantageux de pouvoir prédire les grands hivers; mais c'est *en détail* qu'il faut le savoir.

Conséquences pratiques.

Averti par un concours de signes de cette nature, lorsqu'ils auront été vérifiés avec soin, on pourroit,

1°. Prendre contre les rigueurs du froid les précautions connues relativement au logement, chauffage, vêtemens, etc. précautions qui regardent un peu le gouvernement, ou du moins la police des grandes villes où le bois manque toujours un peu durant les grands hivers.

2°. Prendre d'autres précautions pour conserver les subsistances en général, et toutes les matières susceptibles d'être détruites ou détériorées par les grands froids.

3°. Prendre d'autres précautions encore pour conserver les végétaux sur pied; par exemple, dans les vignobles précieux, tels que ceux de *Beaune*, de *Nuits*, de *Chablis*, etc. profiter des premières neiges qui tomberoient, pour en couvrir le pied des ceps, aussi haut qu'il seroit possible, et sauver ainsi toute la partie couverte; comme quelques vignerons du canton d'*Auxerre*, d'après nos avertissemens, le firent avec succès en 1788.

4°. Prescrire, dès l'automne, un régime calmant et des alimens onctueux, aux sujets qui ont les nerfs très susceptibles, ou atteints de l'affection hypocondriaque, ou ayant le ventre sec et étranglé, etc. etc. etc. etc.

5°. Régler avec plus de précision le départ des escadres, flottes, flottilles, etc. qui pourroient avoir besoin d'un vent de *nord*, de *sud*, etc. de quelque durée.

6°. Mettre les armées de terre en quartier d'hiver plutôt ou plus tard; les faire ou les laisser avancer, plus ou moins, dans le pays ennemi; en un mot, saisir l'*à propos* pour *tuer*, comme pour *guérir*.

7°. Préparer des secours aux nécessiteux; s'il est vrai que ceux qui travaillent, aient presque autant droit au nécessaire; que ceux qui ne font rien, ont droit au superflu; et que ceux qui font du pain, aient droit d'en manger.

8°. Prendre des mesures pour prévenir les inconvéniens des grandes inondations qui sont une conséquence presque nécessaire des grands hivers, comme nous l'avons dit.

9°. Prendre des mesures pour prévenir les séditions. Car la faim, le froid, et les cent mille myriades de misères qui assiégent le malheureux, dans cette terrible saison, lui font un *courage de rage*, qui a quelquefois les plus funestes effets dans la saison suivante, comme on l'a vu l'an du monde 5789, dans le point diamétralement opposé aux antipodes de Paris.

Et ce n'est pas tout; c'est seulement ce que j'apperçois en courant, c'est-à-dire, une partie infiniment petite de ce qui est. Ce but auquel nous tendons, n'est donc rien moins que frivole; et nous avons fait voir qu'il n'est pas tout-à-fait hors de notre portée. Mais ce sujet est trop terre à terre, élevons-nous un peu plus.

Seconde addition qui se rapporte au n°. 886, où il est question de l'art de traverser les airs en volant.

Une machine volante, pour remplir son objet, doit avoir au moins trois conditions; 1°. il faut qu'elle puisse du moins *se soutenir* et *quelquefois s'élever, même dans un air calme*; 2°. *qu'elle ait un mouvement progressif*; 3°. qu'on puisse *la diriger à volonté*. Les deux dernières conditions sont si faciles à remplir, qu'elles ne méritent pas de nous arrêter d'abord, et doivent être renvoyées à la fin de cet article, avec d'autres semblables. La plus difficile est certainement la première; car elle en suppose au moins trois autres.

1°. *Des ailes,* ou autres *corps plans, d'une étendue proportionnée au poids total de la machine;* car, quelque pût être la *vitesse* de leur *mouvement,* si elles étoient *extrêmement petites,* elles ne suffiroient pas; 2°. une *vitesse égale ment proportionnée à ce poids*; quand ces ailes seroient d'un *volume immense*, si leur *mouvement* étoit *excessivement lent*, dans un air calme, et les ailes, et la machine, et l'aéronaute, voleroient, d'un mouvement accéléré, vers le centre des graves.

Tous les méchaniciens ou machinistes, qui ont tenté de construire des machines volantes, ont d'abord tourné leur attention vers ces deux premières conditions; et quelques-uns ont assez bien rempli ce double objet; mais tous ont échoué, parce qu'aucun d'eux n'a pensé à la troisième, quoiqu'elle soit triviale; la voici :

Une machine, un oiseau, ne peut se soutenir ni s'élever dans un air calme, qu'autant que la quantité de mouvement résultante de la réaction de l'air frappé par les ailes, égale et surpasse même celle qui résulte de l'excès de la pesanteur absolue de ce corps pris en totalité sur celle d'un volume égal de ce fluide.

Ainsi, dans toute machine où le mouvement des ailes de bas en haut est égal à leur mouvement de haut en bas; c'est-à-dire, dans toutes celles dont nous avons vu la description, la réaction de l'air de haut en bas étant dès-lors égale à sa réaction de bas en haut, l'effet des ailes est nul, et le tout doit encore prendre son essor vers le centre des graves, en vertu de sa pesanteur spécifique; ces ailes, lorsqu'elles sont très volumineuses et parfaitement déployées, ne pouvant tout au plus que ralentir la chûte.

La première condition d'une machine volante est donc que le mouvement des ailes de haut en bas soit non-seulement plus fort, mais même beaucoup plus fort que celui de bas en haut, puisqu'elle ne peut s'élever, ni même se soutenir, qu'en vertu de la différence de ces deux mouvemens, et de l'excès du premier sur le dernier.

Si ce principe est vrai, la nature doit l'avoir gravé dans la structure même d'un oiseau (1). Or, cette condition que nous exigeons, se trouve en effet dans la structure de l'oiseau. Découpez une volaille, qu'y verrez-vous? Que la partie la plus charnue des ailes est du côté du ventre, et par conséquent que les muscles abaisseurs de chaque aile sont beaucoup plus forts que ses muscles élévateurs : ce qui donne beaucoup plus de force à leur mouvement de haut en bas, et à la réaction de l'air de bas en haut, qu'au mouvement et à la réaction contraires.

---

(1) Il falloit, dans la construction des machines volantes, prendre pour modèles les oiseaux, comme, dans la construction des premiers bateaux, on avoit pris pour modèles les poissons; par la raison toute simple que, pour apprendre un métier, il faut considérer et imiter ceux qui l'exercent le mieux.

Ce principe paroîtroit peut-être encore plus évident, si, comparaison faite entre un grand nombre d'oiseaux de différentes espèces, on trouvoit que l'avantage des muscles abaisseurs sur les muscles élévateurs est beaucoup plus grand dans les oiseaux dont le vol est très élevé et de très longue durée, tels que l'aigle, la grue, l'outarde, l'émouchet, etc. que dans ceux dont le vol est fort court et fort pesant, comme les oiseaux de basse-cour.

Mais, quand les faits de ces deux espèces ne seroient pas tels que nous les supposons, notre principe n'en seroit point ébranlé; car il se pourroit encore que les muscles élévateurs des ailes étant égaux aux muscles abaisseurs, même dans les oiseaux de la première classe, ces oiseaux, guidés par le seul instinct du besoin et par l'expérience, donnassent beaucoup plus de force au mouvement de ces ailes de haut en bas, qu'à celui de bas en haut; et notre but, en offrant ces exemples, étoit moins de démontrer à la raison cette vérité, dont le simple énoncé donne la démonstration, que de la montrer à l'imagination pour la fixer sur notre sujet.

Reste donc à trouver des moyens pour rendre le mouvement des ailes de haut en bas plus fort et sur-tout plus vif que le mouvement contraire. Or, ces moyens sont faciles à découvrir : en voici plusieurs.

1°. Les ailes une fois mises en mouvement (et ce mouvement doit être alternatif), placez au-dessus de chacune deux ou trois ressorts un peu souples, qui, en se débandant, tendent à se mouvoir de haut en bas. Ces ressorts rempliroient doublement notre objet; en effet, plus les ailes, dans leur mouvement de bas en haut, s'éleveront, plus les ressorts résisteront à ce mouvement; plus par conséquent, en affoiblissant ce mouvement et la réaction de haut en bas, qui en est l'effet, ils donneront d'avantage et au mouvement de haut en bas, et à la réaction de bas en haut, qui tend à élever la machine. De même, plus les ailes, dans leur mouvement de haut en bas, s'abaisseront, plus aussi le mouvement des ressorts qui tend à les abaisser encore davantage, sera accéléré, et plus ils donneront de vitesse aux ailes de haut en bas. Or, plus ils augmenteront cette vitesse, plus ils donneront d'avantage au mouvement de haut en bas, et à la réaction de bas en haut, sur le mouvement et la réaction contraires.

2°. On pourroit briser les doux plans tenant lieu d'ailes, soit à l'aide d'une charnière, soit par tout autre moyen équivalent, de manière cependant qu'ils ne pussent se plier que d'une certaine quantité. Lorsqu'ils agiroient de bas en haut, la réaction de l'air de haut en bas, les faisant alors plier dans le même sens, et diminuant ainsi la surface qu'ils présenteroient à ce fluide, diminueroit proportionnellement la réaction de haut en bas, et donneroit un avantage proportionnel à la réaction en sens contraire, qui est toujours notre but.

Mais ce n'est pas tout, on peut encore nous demander quelques indications relatives aux cinq buts suivans que nous plaçons en dernier lieu, comme étant plus faciles à atteindre.

1°. Donner aux ailes un mouvement de vibration, ou alternatif.

2°. Leur imprimer une vîtesse suffisante.

3°. Donner à la machine un mouvement progressif.

4°. La diriger à volonté.

5°. Régler et le mouvement qui l'élève, et celui qui la porte en avant.

Premier but. Soit une boîte de bois ou de métal : pratiquez deux petites ouvertures à deux de ses côtés verticaux, opposés et parallèles : dans ces deux ouvertures, fixez deux pivots, et sur ces pivots fixez deux verges ou leviers à bras très inégaux, et dont le bras le plus court soit en dedans de la boîte ; fixez les deux ailes sur ces deux leviers. Cela posé, établissez dans l'intérieur de la boîte, entre les bras les plus courts des deux leviers, deux barrillets, l'un à droite, l'autre à gauche, renfermant chacun un ou plusieurs ressorts qui le fassent tourner en sens contraire de l'autre, et ayant aussi chacun deux pivots qui roulent dans deux trous pratiqués à autant de petits piliers ou de petites potences. Que chacun de ces deux barrillets ait à l'une de ses bases une roue dont les dents fort écartées les unes des autres puissent frapper successivement sur la partie intérieure et la plus courte de chacun des deux leviers qui portent les ailes. A la base opposée de chaque barrillet, fixez une roue à rochet, répondant à un cliquet établi sur la boîte, pour arrêter ou laisser aller à volonté le mouvement de chaque barrillet et de sa roue, etc.

Ou bien, ne mettez au milieu de la boîte, entre les deux leviers, qu'un seul barrillet placé transversalement par rapport à cette boîte, le mouvement de son ressort et le sien se faisant par conséquent dans un plan vertical situé longitudinalement, et portant à chacune de ses bases une roue de champ, mais dont les dents placées très obliquement à son plan, puissent frapper perpendiculairement ou peu obliquement sur la partie intérieure et la plus courte de chaque levier.

2°. Il n'est pas difficile de faire un ressort qui se détende avec une force capable de soulever un poids cent fois plus grand que le poids total de la machine ; excès de force qui peut être ménagé de manière que la machine puisse aller pendant un certain temps. D'ailleurs, on pourroit assembler dans l'intérieur de la boîte un certain nombre de ressorts, et les placer de manière que le ressort A sur sa fin, en levant un cliquet, permît au ressort B d'agir; lequel, sur sa fin, en levant un autre cliquet, permettroit à un troisième ressort C d'agir; et ainsi de suite à l'infini; le poids que chaque ressort ajouteroit à la machine, n'étant presque rien par rapport à sa force. Si l'on exécutoit cette machine assez en grand, pour pouvoir y placer un homme, on aggrandiroit ou l'on multiplieroit les ressorts à proportion du poids, en doublant toutefois le nombre des ressorts nécessaires, afin qu'il pût en remonter une moitié, tandis que l'autre agiroit. Enfin, on pourroit employer, pour mettre les ailes en mouvement, la force expansive du feu, comme on l'a fait pour mouvoir les rames ou les vannes des bateaux automates. Nous avons plusieurs espèces de substances inflammables et très légères, qui fournissent une grande quantité de vapeurs expansiles et élastiques, dont les forces réunies équivaudroient à celles de mille ressorts proprement dits.

3°. Il suffiroit, pour donner à la machine un mouvement progressif, d'y joindre deux petites ailes placées verticalement avec les mêmes conditions d'ailleurs que les précédentes; et qui seroient mises en mouvement par deux petites roues, menées elles-mêmes par les deux grandes, à l'aide de deux petits pignons, ou de deux petites lanternes.

4°. On placeroit à l'arrière un petit gouvernail, pour diriger la machine; et sa sensibilité à l'action de ce gouvernail croîtroit en raison des quarrés des vitesses du mouvement progressif.

5°. Pour régler le mouvement des ailes, on emploiera une roue de rencontre, un échappement très commun, surmonté d'un balancier et d'un petit ressort spiral, comme dans les montres et les pendules à ressort; ou encore une simple vis sans fin, surmontée d'un volant; ou enfin toute autre espèce d'échappement et de régulateur.

Voilà toutes les indications qu'un lecteur judicieux peut demander à un traducteur occupé à lutter contre une multitude immense de difficultés, et qui, rappellé sans cesse à une entreprise de longue haleine, ne peut que tracer ses idées en courant; il seroit injuste d'exiger de nous un devis plus exact et plus détaillé. Au reste, dans ces deux exposés, nous sommes beaucoup moins méchaniciens ou météorologistes, que simples logiciens, appliquant la méthode de Bacon à deux exemples intéressans, pour fixer l'attention de cette jeunesse à laquelle nous parlons; lui offrant un modèle de la manière de diriger son esprit dans l'invention même, et voulant sur-tout la préparer à la lecture de la dixième Centurie, et des deux ouvrages suivans, où l'auteur a suivi une marche très semblable à la nôtre.

CENTURIE X.

Expériences et observations sur la transmission ou l'influence des vertus immatérielles (1), *et sur le pouvoir de l'imagination.*

Il est une opinion chimérique et monstrueuse, enfantée dans l'école superstitieuse de Pythagore, et nourrie dans celle de Platon, ou de quelques autres philosophes. Selon eux, le monde est un tout organisé et vivant, un grand animal complet et parfait. Apollonius de Thyane, ce prétendu prophète, sorti de la première de ces deux écoles, osoit même soutenir que le flux et le reflux de la mer n'étoit autre chose que la res-

---

(1) Le lecteur voit que nous employons les termes de l'art, et le jargon de ceux qui le cultivent; le dictionnaire des sages ne pouvant nous fournir des mots pour exprimer des idées qu'ils n'ont point. C'est aux fous qu'il faut demander le nom d'une chimère.

piration de cet énorme animal, absorbant et rejetant tour à tour les eaux de l'océan par une sorte d'aspiration et d'expiration, semblable à celle d'un animal proprement dit. Mais ce n'étoit pas tout; de cette première supposition ils tiroient des conséquences : si l'univers, disoient-ils, est un animal, il a donc une ame, un esprit, que nous pouvons appeler l'esprit ou l'ame du monde, et ils lui donnoient en effet ce nom. Or, ce n'étoit pas l'Être suprême qu'ils désignoient par cette dénomination ; car d'ailleurs ils admettoient l'existence d'un Dieu, mais seulement l'*ame* ou la *forme essentielle* de l'univers, comme nous venons de le dire (1). Ce fondement une

---

(1) Les anciens attachoient deux significations très différentes à ces deux mots, *ame* et *esprit*; ils entendoient, par le premier, l'ame végétative et matérielle, qui anime immédiatement le corps; et par le dernier, l'ame immatérielle, qui a la propriété de mouvoir immédiatement la grosse ame, et médiatement le corps, parce qu'elle ne peut toucher ni à l'une ni à l'autre.

fois posé, ils bâtissoient dessus tout ce qu'il leur plaisoit. Dans un animal, ajoutoient-ils, quelque puisse être son volume, même dans une baleine, les sensations et les affections d'une partie se communiquent aussi-tôt à toutes les autres, et se répandent dans le tout en un instant ; comparaison qu'ils alléguoient pour nous faire entendre qu'aucune distance, aucune qualité réfractaire dans une matière non préparée, ne pourroit faire obstacle aux opérations magiques, mais que nous pourrions, par exemple, avoir en Europe le sentiment de ce qui se feroit à la Chine, et produire un effet quelconque, indépendamment et même en dépit des loix de la nature ; le tout sans aucune coopération de la part des anges ou des esprits de l'ordre inférieur, mais seulement en vertu de l'unité, de l'harmonie de la nature. Quelques-uns même ne s'arrêtoient pas à ce point, ils prétendoient que, si l'esprit de l'homme qu'ils qualifioient de *microcosme*, donnoit *une certaine touche* à l'esprit de l'univers, à l'aide d'une imagination forte et d'une ferme croyance, il pourroit commander à la nature entière. Car Paracelse, et quelques écrivains plus obscurs, qui ont traité de la magie naturelle, ne craignent pas d'attribuer à l'imagination exaltée un pouvoir égal à celui de cette foi vive qui opère des miracles. Telles sont les chimères dont les hommes se sont bercés durant tant de siècles; genre de folie qui a pourtant, comme tous les autres, ses douceurs et ses jouissances (1).

Pour nous, qui demeurons constamment attachés à l'étude des loix aux-

---

(1) Le bonheur de l'homme étant presque tout en espérances, il n'est pas étonnant qu'il préfère si souvent l'erreur qui nourrit ce sentiment, à la vérité qui le détruit; et le charlatan, ou le fou qui lui fait espérer l'impossible, au sage qui lui montre trop clairement les difficultés du possible. Les géans du vulgaire ne sont que des nains aux yeux du philosophe, et le crime perpétuel de la philosophie, au tribunal des sots, c'est de tuer sans cesse le sot étonnement.

quelles l'auteur de toutes choses a soumis les créatures, et qui nous contentons de marcher à la lumière de l'expérience, et des sens, qui sont comme le flambeau de la divinité, nous chercherons, avec toute la réserve et la sévérité nécessaires, si ces transmissions ou influences de vertus immatérielles ont quelque réalité, et sont compatibles avec les loix de la nature; enfin, quel peut être le pouvoir de l'imagination, soit sur le corps de l'individu imaginant, soit sur tout autre; à l'exemple d'Hercule, qui entreprit de nettoyer les écuries d'Augias, nous tâcherons de démêler, parmi les pratiques et les observances superstitieuses de la magie, ce qu'il peut s'y trouver de clair et de purement naturel; procédés qui, à ce titre, ne doivent être ni méprisés, ni formellement rejetés. Nous aurons souvent occasion dans la suite de traiter ce sujet; cependant nous croyons devoir commencer à l'approfondir quelque peu dans cette Centurie même.

Expériences diverses et avertissemens sur la transmission des esprits (sur les actions d'esprit à esprit), et sur le pouvoir de l'imagination.

900. *Ier. avertissement.* Quoique les effets attribués aux actions d'esprit à esprit, et au pouvoir de l'imagination, n'aient pas toujours lieu, et trompent quelquefois l'attente, ce n'est point une raison pour refuser toute croyance aux faits de cette nature (1). Car, de même que, dans les maladies qualifiées de *con-*

---

(1) Si l'on ne doit rien conclure du peu de succès des moyens employés, à plus forte raison ne doit-on tirer aucune conséquence négative des expériences qu'on n'a pas faites. Ainsi, dans cette question, comme dans toutes les autres, on doit suspendre son jugement, jusqu'à ce qu'on ait résolu le problème, ou positivement en prouvant, par l'expérience, l'efficacité des moyens proposés; ou négativement, en montrant clairement la contradiction que renferme ce problème, et par conséquent son impossibilité.

tagieuses, et qui se communiquent de corps à corps, telles que la peste et autres semblables, quoique la cause morbifique exerce réellement son action sur le corps passif, celui-ci ne laisse pas de la repousser et de s'en garantir quelquefois, en vertu d'une constitution énergique et vigoureuse, avant qu'elle ait fait une impression trop profonde, et qu'elle ait pris le caractère d'une maladie décidée; de même, et à plus forte raison, dans les impressions d'ame à ame, ou d'esprit à esprit, quoique tel esprit agisse réellement sur tel autre, cependant celui-ci peut, en résistant à son action, d'une manière victorieuse, avant qu'elle ait fait une impression sensible, en rendre l'effet nul, ou presque nul. Aussi voit-on que les causes de cette nature agissent ordinairement sur les ames foibles, sur les esprits sans énergie, tels que ceux des femmes, des malades, des individus timides et superstitieux, des enfans, et, en général, des animaux fort jeunes, comme l'observe le poëte latin, qui a chanté les amours et les occupations innocentes des bergers.

Je ne sais quel œil mal-faisant a jeté un charme funeste sur mes agneaux.

Remarquez que le poëte ne parle pas des brebis, mais seulement des agneaux. Quant au peu d'effet que les moyens de ce genre produisent sur les rois et les magistrats, outre la raison principale qu'on en peut assigner ; savoir : cette protection spéciale que Dieu daigne accorder à ceux qui sont comme ses lieutenans sur la terre (1); on peut aussi l'attribuer à la foiblesse relative de l'imagination dans les individus qui voudroient agir sur eux ; les sorcières et les magiciens ayant peine à se persuader qu'ils aient

---

(1) Ceci ne doit être appliqué qu'aux puissances légitimes ou légitimées par la pluralité des citoyens ; car, si ces illustres voleurs qui envahissent ou escroquent les empires, étoient les lieutenans de la Divinité, Cartouche auroit donc été un de ses caporaux.

le pouvoir de nuire, par de tels moyens, à des personnages d'un rang si élevé.

Second avertissement. Mais nous devons aussi tâcher de tirer un peu les hommes en sens contraire, pour les préserver d'une excessive crédulité sur ce point; et de peur que, voyant quelquefois les événemens répondre assez exactement au but des opérations de cette nature, ils ne se persuadent trop aisément qu'elles en sont l'effet. Car, assez souvent les succès en ce genre doivent être attribués à la force et au pouvoir que les passions et l'imagination exercent sur le corps même de l'individu imaginant; lequel peut ainsi agir *secondairement* (*médiatement*) sur un autre corps. Supposons, par exemple, qu'un homme qui porte continuellement sur lui un cachet, ou un anneau *constellé,* soit fortement persuadé que cette bagatelle peut le rendre heureux en amour, le garantir de quelque danger, le rendre invulnérable dans un combat, lui faire gagner son procès, etc. cette idée, toute chimérique qu'elle est, peut lui donner cent fois plus d'activité, d'industrie, d'audace et de persévérance qu'il n'en auroit eu sans cette illusion. Or, qui ne sait ce que peut, dans le conflit des intérêts humains, une industrieuse, infatigable et audacieuse activité? Ne voit-on pas journellement que la seule audace suffit pour subjuguer et enchaîner les ames foibles? L'état des affaires humaines est si variable en lui-même, et les hommes, par leur propre instabilité, donnent tant d'avantage sur eux, que tout individu qui, s'attachant sérieusement à son objet, réitère et varie continuellement ses tentatives, sans jamais lâcher prise, obtient enfin des succès qui tiennent du miracle (1). Ce seroit donc, en trompant les autres, et se trompant soi-même, s'abu-

---

(1) Un homme infatigable lasse tous les autres; tout homme qui se lasse est né pour obéir; l'obstiné périt où reste le maître; et la patience use tous les obstacles.

ser doublement, que de prétendre que ces effets, visiblement produits par le pouvoir que l'imagination d'un individu exerce sur son propre corps, doivent être attribués à celui qu'elle exerce sur le corps d'un autre individu. Car, il est d'ailleurs hors de doute que l'imagination et les passions fortes peuvent produire les plus puissans effets sur le corps de l'individu imaginant, comme nous le prouverons assez dans les articles suivans.

901. *Troisième avertissement.* Si l'on doit se tenir en garde contre toute méprise sur les causes des opérations dont nous parlons, on doit craindre également de se méprendre sur les effets mêmes, en un mot, sur le *fait*, et de regarder comme constatés des faits qui n'ont aucune réalité. Aussi les juges les plus distingués par leur prudence et leur probité, se font-ils une loi, et recommandent-ils fréquemment de ne pas ajouter foi trop aisément aux aveux mêmes des sorcières ou des magiciens, ni aux prétendues

preuves qui les chargent; l'évidence même semblât-elle déposer contr'eux. Car ces sorciers qui font illusion au vulgaire, sont souvent dupes eux-mêmes de leur propre imagination; ils s'imaginent quelquefois faire ce que réellement ils ne font pas; et le vulgaire excessivement crédule sur ce point, est toujours prêt à les accuser de sorcellerie, et à imputer à de prétendus enchantemens, des effets au fond très naturels. Il est bon d'observer aussi, par rapport à certains faits (qu'on lit dans des auteurs, soit anciens, soit modernes), tels que ceux qui regardent les magiciens de la Thessalie, où ces congrès de sorciers dont on parloit dans ces derniers temps, et qui sembloient constatés par l'aveu formel des accusés mêmes, que, dans toutes ces relations de prodiges, par exemple, de personnes enlevées dans les airs, ou transformées en différens animaux, on n'attribuoit point ces effets à des enchantemens, ou à des cérémonies magiques, mais à de simples onctions sur tout le corps; circonstance qui porteroit à croire que tous ces prodiges que les accusés croyoient avoir été opérés par eux ou sur eux, étoient de purs jeux de leur imagination. Car, on sait d'ailleurs que certains onguens appliqués sur tout le corps, pour peu que la couche soit épaisse, peuvent produire tous ces effets, en obstruant les pores de la peau, en répercutant à l'intérieur la matière des deux transpirations, et en déterminant les vapeurs à la tête en très grande quantité. Quant aux ingrédiens particuliers qu'on employoit pour ces onctions, c'étoient probablement des opiates et des narcotiques. Car on sait assez que de simples onctions sur le front, sur la nuque du cou, à la plante des pieds, sur l'épine dorsale, suffisent pour occasionner un sommeil très profond, où le sujet paroît comme mort(1). Et si quelqu'un prétendoit qu'on

---

(1) Le traducteur latin dit, *somnis lethalibus* (des *sommeils mortels*); cependant l'original anglois dit, *dead sleeps*, et non *deadly sleeps*; mais

obtiendroit plus sûrement le même effet par des potions et des drogues prises intérieurement, on pourroit lui répondre que les drogues employées pour ces onctions, ont tant de force, que si l'on en faisoit usage intérieurement, elles deviendroient des poisons mortels; qu'en conséquence elles peuvent avoir encore une action très puissante, quoiqu'appliquées extérieurement.

Nous croyons devoir actuellement ranger dans différentes classes les effets opérés par la transmission des esprits (par l'action d'esprit à esprit), et par la force de l'imagination; division qui pourra répandre quelque jour sur les expériences que nous exposerons ci-après. Toutes les causes de cette nature ont cela de propre, qu'elles peuvent agir, non-seulement dans le cas du contact immédiat, mais même à d'assez grandes distances.

---

ce traducteur, en exagérant toutes les idées de l'auteur, croit orner l'ouvrage.

Ces classes, ou ces genres, touté distinction faite, peuvent se réduire à huit.

902. Dans la première, nous rangerons la transmission ou l'émission des parties les plus ténues et les plus aériennes des corps ; telles sont, par exemple, celles d'où résultent les odeurs et les maladies contagieuses. Mais on doit observer qu'il est beaucoup d'émanations de ce genre, soit salubres, soit insalubres, qui ne sont point sensibles à l'odorat; par exemple, la *peste,* dans un individu qui en est attaqué, ne se manifeste par aucune odeur caractéristique; et il est bien des espèces d'air toutes salubres, dont les qualités bienfaisantes ne peuvent être reconnues que par la seule habitation dans les lieux où elles se trouvent, ou par quelque moyen semblable, mais qu'aucune odeur particulière ne distingue des autres. Nous devons aussi rapporter à cette classe toutes ces qualités dont l'air peut être imbu, lorsqu'elles résident dans des substances matérielles, comme celles d'où dépendent les odeurs. Il en

est qui se répandent avec une étonnante rapidité ; de ce genre sont ces émanations qui infectent l'air de la basse Egypte, presque au moment même où le Nil commence à croître, et dont nous avons parlé dans un des articles précédens.

903. Du second genre est la transmission ou l'émission de ce que nous appellons les *espèces immatérielles* (1) ; ou

---

(1) Expression qui ne signifie pas que leur impression puisse avoir lieu sans la présence d'un corps, mais qu'elles ne sont pas l'effet de la transmission d'une substance matérielle du corps affectant au corps affecté, et seulement l'effet d'un certain mouvement, d'une certaine texture et sans addition de substance. Au reste, cette division n'auroit point été adoptée par Newton ou par ses disciples, qui pensent que l'impression de la lumière sur nos yeux a pour cause, non un simple mouvement que le corps lumineux ou éclairé imprime à nos yeux, par l'intermède d'un fluide placé entre deux, mais l'émission d'une substance qui se détache de ce corps, et qui vient frapper l'organe ; une telle *espèce* n'étant rien moins qu'*immatérielle*. Cependant on peut sans inconvénient

peut ranger dans cette classe celles qui sont les objets de la vue et de l'ouie : les dernières font le sujet de la seconde et de la troisième Centurie ; nous traiterons des premières dans le lieu convenable. Les unes et les autres se meuvent avec beaucoup de rapidité, et se portent à de grandes distances ; mais ce n'est qu'à la faveur d'un milieu bien disposé ; et le plus léger obstacle peut empêcher cette transmission.

904. La troisième classe est composée de ce genre d'émissions, d'où résultent les attractions que certains corps exercent sur d'autres, à une distance déterminée. Mais, quoiqu'on mette ordinairement au premier rang dans cette classe, l'aimant; cependant nous croyons devoir l'en exclure, et le rapporter à un autre membre de division. Quant à ce qui regarde l'attraction propre à *l'ambre* et au *jais*, ou celle que l'or exerce sur les es-

---

adopter sa division à titre de *partition* purement méthodique.

prits du mercure, ou même celle en vertu de laquelle la chaleur se communique à de grandes distances; ou encore celle qui a lieu entre le feu et la naphte; ou enfin, celle que certains végétaux exercent sur l'eau, quoiqu'ils en soient assez éloignés, et une infinité d'autres: nous éclaircirons peu à peu ces différens points; non pas toutefois dans cet article même, mais dans ceux où nous traiterons, ex-professo, de l'attraction en général.

905. Du quatrième genre est l'émission des esprits ou des forces immatérielles, dont l'action n'est qu'une conséquence nécessaire de la dépendance mutuelle et de la corrélation harmonique de toutes les parties de l'univers(1); non

---

(1) Nous avons observé dans plusieurs notes, qu'une corrélation harmonique est la relation existante entre des corps qui s'affectent réciproquement, ou qui sont affectés en commun par une cause générale; mais c'est ici le lieu de le répéter; car nous allons côtoyer la science mystique.

en vertu des forces ou des influences célestes, comme on l'a avancé et cru trop aisément, mais en vertu de la nature primordiale, et par la seule énergie des semences ou principes des choses (1). On peut ranger dans cette classe d'abord l'action de l'aimant, qui est l'effet d'une corrélation avec le globe terrestre; puis le mouvement de la gravité ou de la pesanteur, qui a pour cause une corrélation des corps denses avec la masse du globe; ainsi qu'une certaine disposition des corps au mouvement de rotation, sur-tout à celui d'orient en occident; enfin, le grand flux et reflux de l'océan, qui a aussi lieu en vertu de la corrélation harmonique des différentes parties de l'univers, comme faisant lui-même partie du mouvement diurne (2). Ces

---

(1) Voilà des expressions magnifiques; reste à bien connoître leur valeur.

(2) Il regarde le mouvement diurne des étoiles, du soleil et des planètes, non comme une simple *apparence*, mais comme un *mouvement réel*, et

vertus, ou forces immatérielles ont cela de propre et de caractéristique, que la diversité des milieux ne peut faire obstacle à leur action, et qu'elles traversent toutes sortes de milieux indistinctement : cependant, elles n'agissent qu'à des distances déterminées, et leur sphère d'activité est limitée. Or, comme ce qui concerne les différentes espèces de ce genre, se rapporte aux différens articles de cette centurie, nous les analyserons à mesure qu'elles se présenteront.

Dans la cinquième classe se range l'émission des esprits, qui est proprement le sujet de cet article; je veux dire l'action des esprits des individus humains (1),

---

pense que le mouvement alternatif et périodique de l'océan est le plus lent, parce que ses eaux sont moins éloignées du centre de la terre, qu'il regarde comme le centre du mouvement de toute la sphère.

(1) Le texte anglois dit, *les esprits des ames humaines*, dénomination par laquelle il désigne non l'ame immatérielle, ou la onzième cathégorie d'Aristote, mais l'ame matérielle (en latin, *anima*), dont il parle en d'autres lieux, et qui paroît

surceux des autres individus ; genre d'actions qui se divise en deux espèces ; savoir : l'action des passions fortes, et celle d'une imagination énergique. Mais ces deux espèces d'actions sont si analogues (1), et le lien qui les unit est si étroit,

---

ne point différer de ce que nous appellons les esprits animaux, le principe vital, la nature, etc. Selon lui, ce n'est qu'un composé des parties les plus subtiles du feu et de l'eau, ou de l'air (qu'il regarde comme une eau raréfiée), tempérés l'un par l'autre ; ce qui étoit aussi le sentiment d'Hippocrate, qui ne parle jamais de l'ame surnuméraire.

(1) Elles tiennent l'une à l'autre comme l'effet tient à sa cause : une passion est un desir très vif et très constant de posséder ou d'éviter une chose individuelle, ou un genre de choses qu'on regarde comme un bien ou comme un mal. Ainsi, toute passion est fille d'une certaine opinion, d'un certain mode de l'imagination devenue habituelle et fixe. Et toute opinion très fixe engendre une passion qui, lorsqu'elle est portée au dernier période, prend le nom de folie. Toute passion est une folie commencée ou complette, du moins dans toute société où elle n'est pas commune ; car tout homme sage ou fou paroît sage à ceux qui lui ressemblent, et fou à ceux qui ne lui ressemblent pas.

que nous serons obligés de traiter de l'une et de l'autre dans le même article. Car, lorsque l'œil mal-faisant d'un envieux, ou l'œil ardent d'un amant affecte les esprits d'un autre individu, l'impression qu'il peut faire est tout à la fois l'effet de la passion et de l'imagination.

906. Les influences des corps célestes, outre celles de la lumière et de la chaleur, qui sont plus connues, forment le sixième genre; mais nous éclaircirons ces différens points dans le livre où nous traiterons des corps célestes et de leurs mouvemens.

907. Nous mettrons dans la septième classe les effets de la sympathie que les auteurs qui ont écrit sur la magie naturelle, ont ramenés à des préceptes et réduits en art. Or, tel est, en peu de mots, le fondement et l'esprit de cet art. Voulez-vous, par exemple, donner à tel individu telle qualité ou disposition, choisissez, parmi les corps animés, ceux où cette qualité est au degré le plus éminent, à son *maximum;* choisissez aussi

la partie de cet animal, à laquelle cette qualité ou disposition est propre, et où elle réside aussi à son maximum. Préférez encore, pour l'amputation de cette même partie, l'instant où cette qualité active ou faculté est en exercice et à son maximum. Enfin, appliquez la partie de l'animal actif sur la partie de l'individu passif, de l'homme, par exemple, qui est regardée comme le principal siége de cette qualité ou faculté. Par exemple, voulez-vous donner à un homme plus de courage et d'audace qu'il n'en auroit naturellement, prenez le cœur, la dent, ou la peau d'un lion; ou encore l'éperon et le cœur d'un coq, au moment où ces animaux viennent de combattre : puis, vous les appliquerez sur la région du cœur ou sur la paume de la main de l'individu en question, qui devra les porter habituellement, en les tenant toujours appliqués à ces mêmes parties. C'est de ce genre même de sympathies et d'autres semblables, que nous nous proposons de traiter dans l'article dont nous parlons.

908. Le huitième et dernier genre est l'émission des vertus immatérielles; genre d'actions et d'effets qui me paroissent à moi-même si peu croyables, que je me ferois un scrupule d'en donner des exemples, et de m'y arrêter, si je ne voyois qu'une infinité de personnes y ajoutent foi, et si je ne m'étois imposé, comme une loi sévère et constante, l'obligation de tout approfondir, tout, dis-je, sans exception; bien déterminé à ne rien admettre trop aisément, quoique appuyé d'autorités respectables, et à ne rien rejeter, même de ce qui paroît tout-à-fait dénué de vraisemblance, qu'après l'avoir soumis à un mûr examen (1). Je veux par-

---

(1) Voilà le véritable esprit philosophique : cette Centurie n'est, à proprement parler, qu'un recueil de conjectures ; mais ce sont des conjectures suivies de l'indication des épreuves nécessaires pour les vérifier. Or, il y a une différence infinie entre des conjectures positives indiquant des expériences, et des conjectures qui empêchent d'en faire : les premières tendent à garantir de toute erreur, soit négative, soit positive; au lieu que

ler de cette sympathie qu'on suppose entre certains individus. Car, de même qu'il est une sympathie d'espèce à espèce, il peut y avoir aussi une sympathie d'individu à individu, et telle que des corps qui ont été en contact l'un avec l'autre, et qui ont fait partie d'un même tout, aient, après leur séparation même, la faculté d'agir l'un sur l'autre, et de se communiquer réciproquement leurs qualités ou dispositions; par exemple, il pourroit y avoir quelque relation de cette nature entre une blessure et l'arme qui l'a faite; d'où est venue la grande vogue de l'*onguent armaire* (1), entre un mor-

---

les dernières peuvent empêcher de faire des découvertes; savoir: lorsque le principe sur lequel elles sont fondées, est faux; or, ce principe, lorsqu'on n'a pas encore fait voir une contradiction dans le problème, est toujours faux; car il se réduit à cette proposition : je n'ai jamais rien éprouvé de semblable: donc cela est impossible, et il ne faut pas l'essayer.

(1) Je suis obligé de forger ce mot pour un instant; car je ne trouve point d'équivalent. N'est-il

ceau de lard et les verrues qu'on en a frottées; entre une branche d'aune et l'eau qui baignoit le pied de l'arbre, tandis que cette branche végétoit, etc. ou enfin, une sympathie telle, que si de deux corps qui ont fait partie d'un même tout, l'un vient à se consumer, à se dessécher, à se putréfier, etc. il communique sa disposition à celui dont il a été séparé. Reste à donner des exemples de ces différentes espèces de forces et d'actions.

Expériences et observations sur l'émission des esprits, sous la forme de vapeurs, d'exhalaisons, ou d'émanations analogues à celles qui constituent les odeurs.

909. Souvent un individu est attaqué de la *peste*, sans qu'aucune odeur la

---

pas étonnant que, dans la langue d'une nation aussi guerrière que la nôtre, et qui aujourd'hui semble combattre l'univers entier, le mot *arme* n'ait point d'adjectif? elle n'est riche que dans les sujets sales ou lubriques; c'est apparemment qu'elle sait mieux se servir des armes, qu'en parler.

rende sensible, comme nous l'avons déjà observé. On prétend que, dans les lieux où elle se manifeste, elle exhale une odeur analogue à celle des pommes douces et très mûres; ou, selon quelques écrivains, une odeur de *muguet*. On croit aussi que les odeurs excessivement douces de certaines fleurs, telles que le lilas, la prime-vère, la jacinthe, etc. peuvent être nuisibles dans les lieux où règne la peste, et même la provoquer.

910. La peste semble respecter les individus(1) qui se consacrent au service

---

(1) *Parce qu'ils sont plus occupés du bien qu'ils veulent faire, que du mal dont ils sont menacés;* ce qui est le grand préservatif contre les maladies, les vices et le malheur. Au reste, c'est un fait dont on a vu des preuves multipliées dans la peste de Marseilles, au commencement du dix-huitième siècle. Certains effets de la charité chrétienne (tels que ceux dont parle notre auteur) paroissent *miraculeux*, ou du moins fort étonnans, parce que, ce *sentiment* étant fort *rare*, ses *effets* doivent être aussi *rares* que leur *cause*. Cependant ils n'en sont que des conséquences très naturelles. Ce sentiment

des pestiférés, comme garde-malades, médecins, etc. et atteindre aussi plus rarement les personnes munies de quelque préservatif, soit pris intérieurement, comme *mithridate*, baies de *genièvre*, etc. feuilles et semences de *rue*, etc. soit pris extérieurement, telles que *l'angélique*

---

expansif, qui est l'ame du vrai christianisme, est un préservatif et un remède universel; c'est le vrai *panacée*. *L'homme est organisé par l'amour et pour l'amour*; plus il se rapproche de ce principe et de cette fin, plus il est sain, judicieux, honnête, éloquent, intrépide, aimable, aimé, heureux, et une source de bonheur pour les autres; plus il s'en éloigne, plus il est malade, dans toute la force de ce mot. La véritable peste en ce monde, c'est l'erreur qui combat cette grande vérité, ou la science oiseuse qui la fait oublier. Ce principe organisateur, curatif et réparateur, indique, résume et motive toute la loi : il est la clef du vrai bonheur; jamais hypocrite n'en eût l'apperçu, encore moins le sentiment; et c'est cette ignorance même qui fait son supplice : oh, que la constitution de l'univers est sage et juste dans toute la rigueur géométrique ! Telle fut la pensée du divin Platon.

ou la *zédoaire*, tenues dans la bouche ; ou encore des fumigations de *galbanum*, de *poix liquide* (de poudre à canon), etc. On prétend aussi que les sujets d'un âge décrépit, ou d'une complexion froide et sèche, y sont moins exposés que les autres; et qu'au contraire les sujets qu'elle attaque le plus aisément, sont ceux qui viennent d'un lieu où l'air est très pur ; ceux qui jeûnent excessivement; les enfans; et s'il faut en croire certaines relations, les parens des pestiférés, plutôt que des étrangers.

911. Il est peu d'odeurs plus infectes et plus pernicieuses que celle qui s'exhale d'une prison où un grand nombre de personnes sont resserrées très étroitement, et tenues très malproprement; fait qui n'a été que trop bien constaté de nos jours, par deux ou trois expériences vraiment effrayantes ; car on a vu des juges qui avoient siégé dans des prisons avec leurs assesseurs, et même de simples spectateurs, tomber malades tout à coup et mourir presque sur-le-champ. Ce seroit donc

une précaution fort sage que de donner de l'air à la prison, avant d'amener les prisonniers devant les juges.

912. Il est hors de doute que, si l'on peut composer, par le moyen de l'air, des substances dont les émanations aient de si funestes effets, elles doivent être extraites principalement de la chair et de la sueur humaines, putréfiées par quelque procédé particulier qui puisse affoiblir ou masquer leur odeur naturelle. Car les émanations les plus pernicieuses ne sont pas celles qui exhalent une odeur très infecte, attendu que le nez les repoussant aussi-tôt, avertit ainsi de s'en garantir; mais bien celles qui, ayant quelque sorte d'affinité avec le corps humain, s'insinuent presque sans se faire sentir, et attaquent perfidement les esprits. Ce seroit un bien funeste secret, que celui d'une composition capable d'empoisonner une grande masse d'air, telle que celle qu'on respire dans l'intérieur des grands édifices; par exemple, dans les églises, dans les salles d'au-

dience, de spectacles, etc. où l'assemblée est presque toujours très nombreuse. L'empoisonnement de l'air n'est pas moins à craindre que celui de l'eau ; autre moyen perfide dont les Turcs font quelquefois usage dans leurs guerres, et que Manuel Comnène employa aussi contre les chrétiens mêmes, lorsqu'en allant à la terre sainte, ils traversèrent ses états. Et cet empoisonnement de l'air est d'autant plus à craindre dans les lieux d'assemblée publique, que la masse d'air y étant déjà infectée par la respiration d'un si grand nombre de personnes, elle n'en est que plus disposée à contracter des qualités pestilentielles. Ainsi, dans tous les lieux où l'on a sujet de craindre quelque perfidie de cette nature, il seroit à propos de purifier l'air par des fumigations, avant l'heure de l'assemblée.

913. On prétend que, pour empoisonner certaines personnes, par le moyen des odeurs, on a quelquefois mis le poi-

son dans des gands parfumés (1). Il est assez vraisemblable qu'on mêle ainsi le poison avec des odeurs agréables, afin que les personnes l'aspirant avec plus de force, il leur devienne plutôt funeste. On empoisonne quelquefois aussi en enduisant de la matière vénéneuse, les portes, les serrures, etc. Et alors l'empoisonnement est moins l'effet du simple contact, que de cette habitude où sont la plupart des hommes, lorsque quelque substance humide s'est attachée à leurs doigts, de les porter aussi-tôt à leur nez. Ainsi, ceux qui ont cette mauvaise habitude, doivent regarder ce que nous disons ici comme un avertissement de prendre garde à eux. Ce qui doit pourtant nous rassurer un peu à cet égard, c'est que cette perfide méthode d'empoisonner l'air, on ne peut l'employer sans mettre en danger sa propre vie. Mais,

---

(1) On lit dans les variantes sur la Henriade, que Jeanne d'Albret, mère de Henri IV, fut ainsi empoisonnée.

si ceux qui ont ce noir dessein trouvoient moyen de se munir de quelque préservatif, il n'y auroit plus de sûreté pour qui que ce soit.

914. On a vu en différentes contrées se manifester une peste occasionnée par une multitude immense de sauterelles et de cigales qui mouroient promptement, et qui, demeurant entassées en certains endroits, infectoient toute la masse de l'air.

915. Quelquefois aussi, du fond des mines qu'on exploite, s'élèvent des vapeurs mortelles, accident occasionné, tantôt par les mouſettes qui suffoquent les ouvriers, tantôt par les émanations vénéneuses (délétères) du minéral même. Les affineurs, et, en général, ceux qui travaillent sur les métaux, ont souvent le cerveau attaqué et comme paralysé par les vapeurs métalliques : par exemple, les esprits volatils du mercure attaquent tout à coup le crâne, les dents et les os de ceux qui sont obligés d'employer fréquemment ce métal; et l'on

dit que, pour prévenir cet inconvénient, les doreurs tiennent dans leur bouche un morceau d'or qui attire les vapeurs mercurielles, et qui blanchit en peu de temps. Il est aussi, dit-on, des puits et des lacs, entr'autres, le lac *Averne,* d'où s'élèvent des vapeurs si pestilentielles, qu'elles donnent la mort aux oiseaux qui volent au-dessus, ou aux hommes qui demeurent trop long-temps auprès.

916. La vapeur du charbon de bois ou du charbon de terre, dans une chambre close, est souvent funeste ; vapeur d'autant plus dangereuse, que ses premiers effets sont presque insensibles, et ne s'annoncent par aucune odeur marquée qui fasse craindre d'être suffoqué ; mais on se sent alors tomber peu à peu dans un état de foiblesse qui se termine par la mort. Quand certains navigateurs hollandois hyvernèrent dans la nouvelle Zemble, le bois étant venu à leur manquer, ils s'avisèrent de faire du feu avec le charbon de terre dont ils étoient mieux pourvus : le froid étant déja très âpre, ce

charbon, en les réchauffant, leur fit d'abord plaisir ; mais très peu de temps après qu'ils se furent assis autour du foyer, il leur devint nuisible. D'abord, il se fit un silence général, produit par une sorte de paresse, même à parler : quelques minutes après, un d'entr'eux, d'une constitution plus foible que les autres, tomba en syncope; mais heureusement, ayant soupçonné la vraie cause de cet accident, ils ouvrirent la porte de leur cabane pour en renouveller l'air; ce qui les sauva tous : ces effets dont nous venons de parler, doivent sans doute être attribués à quelque vapeur grossière qui, en se combinant avec l'air de ce lieu clos, se mêle par conséquent avec celui de la respiration, et avec les esprits vitaux. On éprouve quelque chose de semblable dans les appartemens nouvellement enduits de plâtre ou de chaux, si l'on y fait du feu ; genre d'accident qui, en causant la mort d'un personnage tel que l'empereur Jovinien, a excité l'attention des hommes, et redoublé leur vigilance sur ce point (1).

---

(1) Les physiciens des derniers temps attribuoient ces effets au gas méphitique, qui étoit, comme l'on sait, une des causes à la mode. Mais on peut conjecturer que *l'asphixie*, en pareil cas, est aussi en partie l'effet de l'extrême *dessiccation de l'air* que la vapeur du charbon dépouille presque entièrement de son humor aqueux, vu que le moyen le plus connu, pour prévenir ces accidens, est de placer dans l'appartement plusieurs vaisseaux à large ouverture, et remplis d'eau, qui alors s'évapore à vue d'œil; genre de préservatif dont on fait beaucoup d'usage en Allemagne, où l'on échauffe plusieurs chambres en même temps, à l'aide d'un seul poêle d'un volume énorme, d'où partent plusieurs tuyaux. Il paroît que cette eau rendant à l'air tout l'humor absorbé, à mesure que la vapeur du charbon le lui enlève, prévient ainsi les funestes effets de cette vapeur. *Si les contraires sont les remèdes des contraires,* comme le prétend Hippocrate, *le contraire de la cause d'un mal en est donc le remède;* et réciproquement *le contraire du remède à un mal est la cause même de ce mal:* si donc *la reddition de l'humor aqueux détruit* ou *affoiblit les effets de la vapeur du charbon,* il paroît que la *cause* de ces effets n'est

917. Voyez les observations que nous avons faites dans le n°. 803, sur les qualités pestilentielles que contracte l'air atmosphérique, lorsqu'il tombe de petites pluies après une longue sécheresse.

918. Quelquefois les pharmaciens, en pilant de la coloquinte, sont attaqués d'un violent cours de ventre occasionné par la vapeur de cette drogue.

919. On s'est assuré par des épreuves réitérées, que, lorsqu'on brûle de cette sorte de poivre connue dans le commerce sous le nom de poivre de Guinée, la va-

---

autre que *la privation de cet humor*. Ainsi, en général, pour *découvrir la cause d'un mal quelconque*, il faut chercher ce qu'il y a de *commun entre tous les remèdes à ce mal, les plus connus et les mieux éprouvés; le contraire de ce remède général sera la cause générale de ce mal*; observation qui pourroit servir à simplifier le traitement de chaque maladie, à épargner des douleurs au malade, et à ménager sa bourse aux dépens de celle du médecin ; en attendant qu'on applique à la *morale* et à la *pratique* ce principe si *évident* et si *fécond*.

peur qui s'en élève, fait éternuer continuellement toutes les personnes qui se trouvent alors dans la chambre.

920. Si nous en croyons une antique tradition, des yeux chassieux infectent les yeux sains par le seul effet du regard; lorsqu'une femme qui a ses règles se regarde dans une glace, elle la ternit (1); si une femme qui se trouve dans ce même état, se promène dans un champ ou dans un jardin, sa présence fait du bien aux bleds et aux autres plantes herbacées, en tuant les vers (2); mais cette dernière relation nous paroît fabuleuse.

921. Suivant une tradition non moins antique, le basilic tue l'homme par son seul regard; et lorsque le loup est le premier à regarder l'homme, il l'enrhume (3).

___

(1) Si cette assertion étoit fondée, presque toutes les glaces seroient ternies; mais elle est sans fondement.

(2) Il me semble qu'au contraire elle devroit les faire naître.

(3) Voilà des petits contes qui enrhument la raison et le sens commun.

922. Des fumigations convenables évacuent les humeurs surabondantes du cerveau, et le fortifient; arrêtent le progrès d'un rhume, d'un catarre, d'une fluxion, etc. comme on en voit la preuve dans les bons effets de la fumée du romarin desséché, du bois d'aloës, de la plume brûlée, lorsqu'on aspire cette fumée par la bouche et le nez. On sait aussi qu'il est beaucoup de substances dont la fumée, humectante et restaurante, est un excellent remède pour les fièvres chaudes, les consomptions et les insomnies : de ce genre sont l'eau-rose, le vinaigre, l'écorce de citron, la violette, la feuille de vigne un peu humectée d'eau-rose.

923. Un remède souverain pour les foiblesses soudaines et les syncopes, c'est un mouchoir imbibé d'eau-rose ou de vinaigre, et mis sous le nez; remède dont l'effet propre est de condenser et de retenir les esprits qui alors tendent à se décomposer et à s'exhaler.

924. Le tabac fortifie les esprits et dis-

sipe l'ennui; propriété qu'il doit en partie à sa qualité d'apéritif, mais sur-tout à celle de narcotique, dont l'effet est de condenser les esprits. Il faudroit essayer d'aspirer ou de fumer, à l'aide d'une pipe, à peu près comme le tabac, différentes substances, telles que le romarin et le bois d'aloës, dont la fumée est très dessiccative; ainsi que la noix muscade et la feuille d'Inde.

925. Suivre la charrue dans un champ qu'on laboure, est encore un excellent moyen pour ranimer les esprits et exciter l'appétit. Mais, si l'on choisissoit, pour une promenade de cette nature, un champ qu'on prépareroit pour l'ensemencer de froment ou de seigle, elle pourroit devenir nuisible; parce que, dans la saison où on laboure les champs destinés aux grains de ces deux espèces, la terre s'étant déjà épuisée à produire des végétaux durant l'été, ses émanations ont perdu ce qu'elles avoient de plus suave et de plus salubre. Ainsi, il faudroit préférer une terre où les cultiva-

teurs auroient dessein de semer de l'orge. Cependant, comme la culture des terres labourables est astreinte à certains temps fixes et limités, qu'on ne peut prolonger sans inconvénient, on pourroit se contenter de respirer les émanations d'une terre nouvellement remuée avec la bêche ou le hoyau, en se tenant à côté de l'homme qui la retourneroit. Si les femmes de distinction, dans les mêmes vues, se tenant à genoux sur un coussin (1), et se penchant vers la terre, s'occupoient à arracher les mauvaises herbes, ce léger travail seroit très utile à leur santé; mais il faudroit que ce fût dans une saison convenable; par exemple, au commencement du printemps, et avant que la terre eût produit des végétaux (2). Il faut aussi faire choix

---

(1) L'auteur de l'Héloïse auroit fait mettre ce coussin par son héros larmoyant; et l'auteur d'Emile l'auroit fait ôter par son héros très édifiant, mais un peu raboteux.

(2) Comment s'y prend-on pour sarcler, avant que la terre ait produit des végétaux?

d'une terre qui exhale une odeur très suave. Je serois encore d'avis qu'on attendît que la rosée se fût un peu dissipée, de peur que cette vapeur qu'on respireroit ne fût trop humide. Un personnage distingué que j'ai connu, et dont la vie a été fort longue, se faisoit apporter tous les matins, à son réveil, une motte de terre bien nette; puis, se tenant assis dans son lit, et penché sur cette motte, il en aspiroit la vapeur pendant quelque temps. Je voudrois enfin qu'en remuant la terre dans cette vue, on répandît dessus un peu de vin, afin que les émanations de la terre se combinant avec celles de cette liqueur, pussent ainsi restaurer et ranimer plus sûrement les esprits. Qu'on n'aille pas toutefois prendre une telle pratique pour une sorte de sacrifice semblable à ceux des païens, et de *libation à la déesse Vesta*.

926. On fait usage en médecine de certaines pastilles ou boulettes, composées d'une poudre aromatique, qu'on n'emploie qu'extérieurement, et qui ont

la propriété de guérir les rhumes, de fortifier les esprits et de provoquer le sommeil. Car, quoiqu'elles aient moins d'action sous cette dernière forme que dans l'état de vapeurs; cependant, comme on peut alors les tenir continuellement dans ses mains, à la longue, elles ont plus d'effet que les fumigations dont on ne peut user que par intervalles; sans compter que certaines substances laissées dans leur état naturel, font émission de vapeurs plus abondantes et plus salubres, que lorsqu'on les expose à l'action du feu. De ce genre sont *la nielle romaine, la nielle commune, l'amome d'Assyrie*, etc.

927. Il est deux substances qui, prises intérieurement, ont la propriété de refroidir et de condenser les esprits; mais qui, employées extérieurement sous la forme de vapeurs, auroient peut-être le même effet; l'une est le *nitre*; il faudroit le faire dissoudre dans de la malvoisie ou du vin de Grèce, puis aspirer l'odeur de ce vin; et si l'on vouloit, que

ces émanations eussent encore plus de force, il faudroit verser cette liqueur sur une poêle fort chaude, à peu près comme on le fait ordinairement pour l'eau-rose et le vinaigre. L'autre substance est l'eau distillée de *pavot sauvage* (de *coquelicot*) : mais je voudrois encore qu'on y mêlât parties égales d'*eau-rose*, avec quelques clous de *girofle* ; et qu'après avoir mis le tout sur le feu dans une cassolette ordinaire, on en respirât la vapeur. On pourra faire la même épreuve sur l'eau distillée de fleur de *safran*.

928. On prétend que l'odeur de l'*ambre*, de *musc* ou de la *civette*, a la propriété d'exciter l'appétit vénérien ; effet qu'il produit sans doute en stimulant les esprits et provoquant ainsi leur expansion.

929. L'*encens* qu'on fait fumer durant le service divin, et tous les parfums de même nature, dont on faisoit usage autrefois dans les sacrifices, ont une légère teinte de qualité vénéneuse qui, en affoiblissant un peu le cerveau,

disposent ainsi les hommes au recueillement et à la dévotion ; effets qu'ils peuvent produire en occasionnant dans les esprits une sorte de tristesse ou d'abattement(1), et en partie aussi en les échauffant et les exaltant. On sait que, chez les Juifs, il étoit défendu d'employer, dans le culte particulier, ce genre de parfum dont on faisoit usage dans le sanctuaire, et qui étoit consacré au culte public.

930. Les écrivains qui traitent de la magie naturelle, parlent de certaines substances qui, employées par voie de fumigation, ont la propriété de procurer des songes agréables, et quelquefois même des songes prophétiques. Telles sont,

---

(1) Quand on se sent fort, on croit n'avoir besoin de personne, pas même de la Divinité ; mais *dès qu'on loge le diable dans sa bourse, on loge Dieu dans son cœur, ou plutôt dans sa tête.* La religion n'est point une foiblesse ; mais lorsque l'homme a le sentiment de sa foiblesse, il est plus religieux ; et lorsqu'il est réellement foible d'ame ou de corps, il a presque toujours ce sentiment.

par exemple, la graine de lin, *l'herbe aux puces* (*coniza*).

931. Il est, comme on peut s'en assurer par l'expérience, des odeurs qui sont quelque peu nourrissantes, et telle est entr'autres celle du vin. Si nous devons en croire certains historiens de l'antiquité, Démocrite étant près de mourir, et entendant une femme de la maison se plaindre de ce qu'il ne lui seroit pas permis d'assister à la fête solemnelle qui approchoit, parce qu'il y auroit un cadavre au logis, se fit apporter une mie de pain, l'ouvrit, versa dessus un peu de vin, et en respirant la vapeur qui s'en exhaloit, prolongea sa vie jusqu'à ce que le temps de la fête fût entièrement écoulé (1). J'ai connu un homme de distinction qui jeûnoit quelquefois pendant trois, quatre et même cinq jours, ne prenant aucune espèce d'aliment, soit solide, soit liquide, mais qui y suppléoit

---

(1) Quelle bonté ! sur-tout après une plainte aussi déplacée ; cela vaut mieux que tous ses livres.

un peu à l'aide d'une grosse botte d'herbes dont il respiroit continuellement la vapeur, et auxquelles il mêloit quelques plantes d'une odeur forte et pénétrante, telle que l'oignon, l'ail, le porreau, etc.

932. On sait encore que l'odeur des plumes brûlées, ou d'autres substances semblables, employées aussi par voie de fumigation, est un puissant remède pour les suffocations de matrice.

933. Les médecins recommandent ordinairement aux sujets attaqués de consomption, ou qui relèvent de quelque longue maladie, de se transporter dans des lieux où l'air soit très pur, pour y faire quelques promenades; par exemple, dans un pays nud et bien découvert; non dans les parties couvertes de landes et de bruyères, mais dans des prairies ou dans des endroits bien ombragés, tels que des bois de haute-futaie. On a observé aussi que des bosquets plantés de *laurier* ont la propriété de chasser les émanations pestilentielles, et de purifier l'air; on attribuoit à cette cause

la salubrité de celui d'Antioche (1). On voit aussi des terres qui produisent spontanément des plantes ou arbustes d'une odeur suave, telles que le *serpolet,* la *marjolaine,* le *pouliot,* la *camomille,* etc. et où les *roses* mêmes de l'*églantier* exhalent une odeur presque aussi douce que celle des *roses musquées;* tous indices certains de la bonne constitution de l'air.

934. Les hommes ne devroient épargner aucun soin pour se procurer un air salubre dans leurs maisons; mais c'est un avantage dont on ne peut jouir dans les appartemens dont le plafond est trop bas, ni dans ceux où il y a beaucoup de portes ou de fenêtres. Car, dans ceux de la première espèce, l'air est trop renfermé, et ne se renouvelle pas assez :

---

(1) Près de cette ville étoit le fameux bosquet de Daphné, qui étoit pour les habitans d'Antioche ce que le bois de Boulogne est pour les Parisiens, et dont le nom même sembloit indiquer l'espèce d'arbrisseau dont il étoit planté.

dans ceux de la seconde espèce, il éprouve trop de variations ; ce qui est extrêmement contraire à la santé. Il n'est pas non plus à propos que les fenêtres s'élèvent jusqu'au plafond, comme on le pratique ordinairement pour donner plus d'apparence aux appartemens (1). Une maison toute bâtie en pierre de taille, est mal saine ; celles qui ne sont qu'en bois ou en briques, sont plus saines. On a essayé avec succès de faire des murs tout en briques et fort épais, mais en mettant un lit de craie entre ces briques, pour préserver les appartemens de toute humidité.

---

(1) Par conséquent il faut mettre un impôt sur chaque carreau de vitre, et sur chaque pied cube d'air auquel il donne passage, comme l'ont fait nos profonds et judicieux voisins. Moyennant cette précaution, les citoyens ne seront plus tentés de se donner trop d'air, et ils s'étoufferont autant qu'il est nécessaire pour leur santé.

Observations sur les émissions des espèces immatérielles qui affectent certains sens.

935. Les émissions de ce genre sont un sujet que nous avons déja traité, comme nous l'observions ci-dessus ; et que nous traiterons encore, mais plus amplement, dans les articles auxquels il appartient ; savoir : dans ceux où il sera question des espèces relatives, soit à la vue, soit à l'ouie, que nous envisagerons alors séparément. Nous nous contenterons ici de faire quelques observations générales sur ce double sujet.

1°. Les unes et les autres semblent être incorporelles (1).

2°. Elles agissent avec la plus grande célérité.

3°. Elles exercent leur action à de grandes distances.

4°. Leurs effets sont susceptibles de la plus étonnante diversité.

---

(1) Puisqu'elles affectent des corps.

5°. Elles ne produisent aucun effet positif, et ne laissent après elles aucunes traces sensibles; ce ne sont que de pures *énergies* (1). Car leur action sur les miroirs et sur ces obstacles d'où résultent des échos, ne produit dans les corps de ces deux espèces aucune altération sensible; elle est tout-à-fait identique avec l'action originelle et primitive; il n'y a que la *réflexion* de plus. Quant à ce qui regarde l'ébranlement des fenêtres, et la raréfaction de l'air, occasionnés par les sons d'une grande force, ce sont moins des effets propres et directs de ces espèces immatérielles, que des phénomènes purement concomitans (2).

---

(1) L'expression est *énergique*, et n'en est pas plus *claire*; cependant, pour dissiper en partie cette obscurité, on peut substituer à ce mot d'*énergie*, celui de *force*, qui ne sera pas plus clair pour les sens ou l'imagination, mais qui le sera pour la raison.

(2) La même cause qui produit dans l'air un *mouvement de vibration*, d'où résulte le *son*, y produit aussi un mouvement de *translation*, d'où résulte cet *ébranlement*, ou cette *raréfaction*.

6°. Elles semblent être d'une nature si foible et si délicate, qu'elles ne peuvent affecter qu'une substance aussi rare et aussi atténuée que l'est celle des esprits animaux.

Expériences et observations sur l'émission des vertus immatérielles émanées des ames ou des esprits des individus humains, et envisagées comme étant l'effet des passions, de l'imagination, ou de toute autre cause de cette nature.

936. Au rapport de quelques historiens, certains individus qui, dans l'âge le plus tendre, avoient été exposés ou soustraits à leurs parens, s'étant trouvés, plusieurs années après, en leur présence, ceux-ci ressentirent une joie secrette, ou quelque autre genre d'émotion inexplicable.

937. Certain charlatan égyptien, qui se donnoit pour devin et pour *physiognomiste*, vint à bout de persuader à Antoine et à ses principaux amis, que

le génie de ce triumvir, d'ailleurs magnanime, plein de confiance et d'audace, devant tous les autres mortels, demeuroit sans force et sans énergie, en présence de celui d'*Octave* (1); qu'en conséquence il devoit le fuir avec soin, et s'en tenir toujours le plus éloigné qu'il pourroit. On croit que ce charlatan avoit été suborné par *Cléopatre*, pour engager *Antoine* à fixer sa résidence en *Égypte*, ou dans quelque autre lieu éloigné de *Rome*. Quoi qu'il en soit, cette opinion même, que le génie de tel individu maîtrise, enchaîne et subjugue celui de tel autre individu, ne laisse pas d'être fort ancienne, et assez généralement reçue.

938. On croit communément que les individus mélancholiques, et d'une mau-

---

(1) Il paroît que *Racine* avoit ce trait d'histoire présent à l'esprit, lorsqu'il composa ce beau vers qu'il met dans la bouche de Neron avouant ingénuement l'ascendant irrésistible que sa mère avoit pris sur lui :

Mon génie étonné tremble devant le sien.

vaise constitution, communiquent leur tristesse naturelle aux personnes qui les fréquentent, et les affectent d'une manière nuisible : qu'au contraire, les personnes d'une humeur joviale communiquent à toute leur société cette heureuse disposition (1). Enfin, que la société de tel

---

(1) On peut, en rejetant toute explication mystique, rendre raison de cette influence réciproque, par l'indication des quatre causes suivantes :

1°. L'air respiré par les poumons de l'un peut être nuisible aux poumons de l'autre ; sur-tout lorsque l'un ou l'autre, ou tous les deux ont un principe de phthisie.

2°. L'idée que nous avons de notre interlocuteur peut influer sur nous ; et influer toujours de la même manière, si elle est constante.

3°. Il faut compter aussi pour quelque chose l'effet de ses discours, dont le ton peut être presque toujours décourageant.

4°. Enfin, sa physiognomie, son geste, tout son extérieur, en un mot, n'est pas non plus sans effet. Il faut appliquer ce même raisonnement, mais en sens contraire, aux individus d'un caractère gai et encourageant.

Cependant, comme nous avons abjuré plus d'une

individu, soit pour les plaisirs, soit pour les affaires, porte bonheur; et que celle de tel autre individu porte malheur (1). Quoi qu'il en soit, l'expérience d'accord avec le raisonnement portent à croire qu'entre les personnes qui se trouvent ensemble, il y a quelque léger effluve d'esprit à esprit, comme de corps à corps.

939. On a observé que les vieillards qui aimoient à vivre avec les jeunes gens, et qui traitoient journellement avec

---

fois les formes négatives, nous sommes obligés d'ajouter ce qui suit :

Nous ignorons la nature du principe qui anime le corps de chaque individu; nous ne savons pas mieux si son action est resserrée dans les limites de ce corps, ou s'il peut agir au-delà de ces limites. Partirons-nous de cette double, triple et quadruple ignorance, pour énoncer une tranchante négative? Non, elle seroit aussi téméraire que l'affirmative; nous affirmerons seulement qu'en cette question, comme en beaucoup d'autres, il faut ne rien affirmer.

(1) Elle porte malheur, quand cet individu est un sot, ou un fripon.

eux, ont vécu fort long-temps. Il semble qu'une telle société, en agaçant et réveillant fréquemment leurs esprits, les rajeunissoit, pour ainsi dire, continuellement. Cette observation s'applique spécialement à certains sophistes ou rhéteurs de l'antiquité, qui étoient continuellement environnés d'auditeurs et de disciples de cet âge; je veux dire, *Gorgias, Protagoras, Isocrate,* etc. ainsi qu'à plusieurs grammairiens, tels qu'*Orbilius,* etc.

940. Le sentiment de sa force, la présomption et l'audace ont une si prodigieuse influence dans le conflit des intérêts humains, qu'on peut, avec quelque fondement, soupçonner qu'outre les puissans effets de la hardiesse, de l'activité, de la persévérance et de l'importunité même, il est dans ces individus qu'aucun scrupule, ni aucune crainte ne peuvent arrêter, et qui ne doutent de rien, une force secrète, un ascendant irrésistible, qui maîtrise les esprits des autres individus, et enchaîne leur activité.

941. L'expérience prouve assez que les passions peuvent renforcer l'action des esprits et augmenter leur énergie; sur-tout celles qui les déterminent vers les yeux, et qui les font affluer à cette partie; telles que l'*amour* et l'*envie*, dont une expression proverbiale qualifie l'œil, de *mal-faisant*, et les regards, de *meurtriers*. Quant à l'*amour*, les Platoniciens n'ont pas craint d'avancer que les esprits de la personne qui aime, se portant vers ceux de la personne aimée, et s'y unissant invisiblement, tendent ensuite perpétuellement à retourner dans le corps d'où ils se sont élancés : de là, disent-ils, ce désir si continuel et si ardent du contact réciproque et de l'union intime, qui caractérise les amans (1). Et

---

(1) Ce raisonnement platonique nous paroît doublement faux, et pécher dans la conséquence comme dans le principe. En effet, si les esprits de l'amant, après s'être accrochés à ceux de l'amante, tendent à retourner à leur propre domicile, comme ceux de l'amante, selon toute apparence, sont accrochés à son corps, les esprits de l'amant,

l'on sait que ces regards, qui sont la vive expression de l'amour, ne sont rien moins que fixes; ils sont comme *dardés*; ce sont des étincelles qui jaillissent, des *éclairs*, en un mot. Quant à l'envie, son œil lance des esprits mal-faisans et vénéneux qui infectent ceux de la personne enviée, et leur communiquent leur propre poison : ces regards, lorsqu'ils sont *obliques*, n'en ont que plus de force. On a observé aussi que les momens où les coups que porte l'œil d'un envieux, sont le plus dangereux, sont ceux où la personne enviée triomphe dans le sentiment trop vif de sa propre gloire, se livre à une joie indiscrète et s'épanouit; ce qu'on peut expliquer en supposant que, dans cet état d'expansion de la personne enviée, ses esprits se portant

---

en retournant à leur foyer, entraîneront avec eux ceux de l'amante, et la femme avec. Quand on croit avoir besoin de débiter une sottise mystérieuse, il faudroit du moins être conséquent; au lieu de réparer cette sottise par une seconde, qui double le produit.

davantage au dehors, vont, pour ainsi dire, au devant du coup que l'envieux leur destine. Aussi a-t-on observé que des personnages illustres, après de grands triomphes, ont été indisposés pendant plusieurs jours (1). C'est une opinion as-

---

(1) C'étoit probablement l'effet de la joie et une espèce *d'indigestion de gloire*. Ce sentiment porté à l'excès diminue l'appétit, et par conséquent la force digestive de l'estomac. Si cet effet est souvent réitéré, il peut occasionner plusieurs indigestions positives, et même une maladie prononcée. Il semble qu'ici la cause morale fasse tout, et que l'action de la cause physique ne soit *qu'en seconde instance :* cependant une réflexion très naturelle qui se présente à notre esprit, nous oblige encore à suspendre notre jugement sur cette question. L'esprit vital est un fluide infiniment subtil, et renfermé dans une espèce de crible : cela posé quand ce fluide se porte du centre à la circonférence, s'arrête-t-il juste à l'entrée de chaque trou, et ne passe-t-il point au-delà, même d'un centième de ligne? Actuellement, en passant au-delà de ses limites naturelles, agit-il immédiatement sur les esprits d'un autre individu, et médiatement sur le corps de cet individu? Nous répondrons en-

sez ancienne, comme on le voit ici, que celle qui suppose la possibilité d'une *fascination* relativement à ces deux effets dont nous venons de parler; je veux dire, l'amour qu'on peut exciter par un tel moyen, et cette indisposition que l'envie peut occasionner. Or, c'est toujours par les yeux et les regards que s'opèrent l'un et l'autre genre de fascination. Cependant, si les impressions contagieuses d'esprit à esprit ont quelque réalité, elles peuvent être l'effet de la seule présence de l'individu *actif*, et les

---

core affirmativement que nous l'ignorons. Quoi qu'il en soit, si le corps humain est électrique, par cela seul qu'il n'est à certains égards qu'une bouteille de Leyde habituellement chargée, comme nous l'avions avancé dans la Balance naturelle, et comme on l'a prouvé depuis, il ne seroit pas impossible qu'un homme plein d'espérance et de vigueur électrisât positivement les individus qui traiteroient fréquemment avec lui, et qu'un envieux, un hypocrite de profession électrisât négativement ceux dont la présence humilieroit sa vanité.

regards ne sont pas absolument nécessaires pour produire de telles émotions, leur effet étant seulement d'augmenter l'influence de la passion.

942. La crainte et la honte sont également contagieuses; on voit souvent un individu effrayé, communiquer sa terreur, et, en fuyant, entraîner tous les autres sur ses pas. De même, lorsque, dans une société ou une assemblée, une personne saisie de honte perd toute contenance, les autres s'identifiant, pour ainsi dire, avec elle, compatissent à l'état de confusion où ils la voient, et rougissent pour elle. Actuellement nous allons traiter de la force et du pouvoir que l'imagination d'un individu peut exercer sur le corps d'un autre, ainsi que des moyens de renforcer et d'exalter cette faculté; or, par ce mot *d'imagination*, j'entends la représentation d'une pensée individuelle; représentation qui se divise naturellement en trois espèces; car, l'imagination pouvant se rapporter au passé, au présent, ou à l'avenir, on peut,

en imaginant une chose, se persuader, ou qu'elle a été, ou qu'elle sera, ou qu'elle est actuellement; ou enfin, quoiqu'elle ne soit pas réellement présente, croire qu'elle l'est; vu que dans cette division, je comprends aussi les représentations imaginaires, les fictions, en un mot, tout ce que l'esprit peut imaginer arbitrairement; par exemple, ce qu'il imagineroit, s'il se peignoit tel individu vêtu comme le Pape, ou ayant des ailes. Les recherches nécessaires pour approfondir un tel sujet, du moins suivant notre méthode qui n'est autre que l'induction, sont hérissées de difficultés presque insurmontables. Tous les faits de cette nature qu'on peut recueillir, soit dans les entretiens, soit dans les livres, sont mêlés de fables; et il n'est pas facile de faire de nouvelles expériences en ce genre, par la raison qui sera exposée ci-après.

L'imagination peut agir sur trois espèces de sujets; 1°. sur le corps même de l'individu imaginant; ce qui comprend l'influence que l'imagination d'une femme enceinte peut avoir sur son fruit.

2°. Sur les corps inanimés, tels que plantes, bois, pierres, métaux, etc.

3°. Sur les esprits des autres hommes, et, en général, des autres animaux ; ce dernier point est le seul que nous traiterons.

Ainsi, le problême se réduit proprement à savoir si, un homme étant fortement et constamment persuadé qu'un événement aura lieu; par exemple, que telle personne l'aimera, ou que telle autre lui accordera certaine demande ; ou enfin, que telle personne qui lui est chère relevera de sa maladie, etc. cette persuasion peut avoir quelque effet réel, et contribuer en quelque chose à l'événement souhaité. Mais nous avons encore une distinction à faire pour saisir notre objet avec plus de précision, et bien fixer l'état de la question : mon dessein, dis-je, n'est pas d'envisager actuellement cette persuasion, en tant qu'elle peut, en inspirant de la confiance à cet individu, et en aiguisant son industrie, contribuer à ses succès; ce qui n'est pas douteux, une telle prévention pouvant avoir la plus grande influence, d'abord immédiatement sur lui, puis, médiatement sur les autres: mais il s'agit proprement d'une action tout-à-fait occulte, d'une certaine force secrète et irrésistible, qui le mette en état de subjuguer, de lier, pour ainsi dire, un autre individu, et d'en changer totalement la disposition. Mais, comme je le disois plus haut, il est très difficile de faire quelque expérience nouvelle de cette nature; car je ne suis pas assez maître de ma croyance et de ma persuasion, pour me faire accroire ce qu'au fond je ne crois point du tout. Il m'est donc impossible de faire sur moi-même une telle expérience. Et la difficulté est encore plus grande qu'elle ne le paroît au premier coup d'œil; en supposant même que l'imagination ait un pouvoir tel que celui dont il s'agit, pour peu qu'un homme imaginât avec quelque doute, ou quelque crainte, cette disposition même nuiroit d'autant à l'effet. Car, quoi que l'homme puisse faire, il se représente plus souvent et plus vivement ce qu'il craint, que ce qu'il espère.

Ainsi, ne pouvant agir immédiatement, reste à opérer par le moyen d'un autre individu, sur lequel on ait assez d'ascendant pour le persuader à volonté; jusqu'à ce que des expériences réitérées vous ayant démontré le pouvoir de l'imagination, fassent naître en vous cette persuasion qui vous manquoit : car si, en même temps que vous croyez qu'un événement aura lieu, vous êtes persuadé que cette croyance même pourra y contribuer, cette seconde persuasion renforcera d'autant la première.

943. Par exemple; je disois un jour à un homme qui étoit très infatué de cet art, et qui se piquoit d'y être versé, que j'avois vu un *jongleur* (charlatan, *faiseur de tours*), qui, après avoir présenté à une personne un jeu de cartes, en

lui disant de penser à une de ces cartes, devinoit ensuite précisément celle à laquelle elle avoit pensé. Vous vous méprenez, monsieur, me répondit-il; ce n'étoit pas que le jongleur devinât la pensée, faculté réservée à Dieu seul; mais l'imagination de ce jongleur qui avoit d'abord pensé à cette carte, étant beaucoup plus forte que celle de la personne en question, la bridoit et la lioit, pour ainsi dire, à tel point, qu'il étoit impossible à celle-ci de penser à toute autre carte. Puis il me fit deux ou trois questions; ce qui n'étoit, je crois, qu'un artifice de sa part, vu qu'il connoissoit toutes les ruses du métier. Vous rappellez-vous, me dit-il encore, si le jongleur nommoit lui-même la carte à laquelle il supposoit que cette personne avoit pensé, ou s'il disoit à une troisième personne de la nommer? Il faisoit nommer la carte par une autre, lui répondis-je; réponse qui étoit conforme à la vérité. Bon, reprit-il, je m'en étois douté, et c'est ainsi que je l'ai d'abord entendu; car il n'auroit pu se donner à lui-même une imagination assez efficace pour lier celle de la personne à laquelle il avoit dit de penser la carte : mais, en désignant cette carte à une tierce personne qui regardoit le jongleur comme un homme extraordinaire, et capable d'exécuter les plus grandes choses ; celle-ci contractoit, par ce moyen, une imagination d'une efficacité et d'une énergie suffisante. A cette réponse, j'ouvris les oreilles, l'extravagance de cet homme et son air de certitude m'amusant fort. Vous souvenez-vous, monsieur, me demanda-t-il enfin, si le jongleur, après avoir dit à la personne en question de penser à une carte, parla ensuite à l'oreille du tiers, et lui désigna cette carte à laquelle l'autre avoit déja pensé ; ou si, au contraire, ayant d'abord désigné tout bas au tiers la carte à laquelle l'autre penseroit, il dit ensuite à celle-ci de penser à une carte quelconque? Je répondis que le jongleur avoit commencé par désigner la carte au tiers, en lui parlant à l'oreille ; ce qui étoit encore vrai. A cette réponse, notre docteur triomphant, et fort content de lui-même, me dit : vous voyez, monsieur, avec quelle justesse et quelle facilité j'ai deviné comment la chose s'étoit passée. Car si la seconde personne eût d'abord pensé à la carte, son imagination auroit été déja fixée, et il auroit été impossible de la changer : au lieu que le tiers, ayant d'abord imaginé la carte, lia ainsi l'imagination de la seconde personne, et il devint impossible à celle-ci de penser à une autre carte. Quoique son explication me semblât mériter quelque attention, cependant je ne parus pas y attacher autant d'importance qu'il l'avoit espéré ; et je lui dis qu'il me paroissoit que les deux domestiques qui jouoient un rôle dans cette circonstance, s'entendoient avec le jongleur ; quoique je n'eusse pas lieu de les soupçonner de connivence, ces deux hommes étant attachés à mon père, et ce faiseur de tours n'ayant jamais paru auparavant dans notre maison (1). Ensuite, ce même homme s'étant fait donner une jarretière, paria qu'il devineroit à quel endroit telle personne de la compagnie l'auroit touchée; je veux dire, à combien de pouces, de lignes, etc. de chaque extrémité seroit l'endroit du contact; et il le devina en effet, en le désignant d'abord tout bas à une personne, et disant ensuite à une autre de penser à un endroit quelconque (2).

Débarrassé de cette narration, dont je n'ai garde de tirer des conséquences positives relativement au pouvoir de l'imagination, mais qui a du moins l'avantage de mettre, pour ainsi dire, la

---

(1) Il pouvoit avoir intéressé les deux domestiques, en leur promettant une partie du gain qu'il feroit dans la maison, et avoir été amené par eux.

(2) Il y a ici quelque faute de copiste; car l'auteur, en commençant sa narration, parle de *toucher* à un certain endroit de la jarretière; et en finissant, il n'est plus question que *d'y penser*; il paroît qu'il ne s'agissoit que d'y penser, et de le désigner ensuite verbalement.

chose sous les yeux, et de déterminer avec précision le véritable état de la question, je reviens à l'avertissement que j'ai donné plus haut. Je dis donc que, pour faire toutes les expériences de ce genre, il faut employer, non sa propre imagination, mais celle d'un tiers. En effet, il est trois espèces de moyens pour renforcer la persuasion ou la croyance ; savoir : l'expérience, le raisonnement et l'autorité. Mais, de ces trois moyens, le plus puissant, c'est certainement le dernier ; toute croyance, fondée uniquement sur le raisonnement ou l'expérience, étant variable et chancelante (1).

---

(1) Un homme qui n'ajoute foi qu'aux révélations de l'expérience et de la raison naturelle, examinant beaucoup toutes ses opinions, découvre de jour en jour de nouvelles expériences, ou de nouveaux raisonnemens qui l'obligent de changer, ou de rectifier ses premières opinions. Au lieu qu'un sot qui digère comme un article de foi l'opinion d'un fou, ou d'un charlatan, ne l'examinant jamais, n'a jamais de raison pour changer de sentiment. Ainsi, la recette la plus sûre pour être *constant*, c'est d'être un *sot*.

944. La croyance, fondée sur l'autorité, est de deux espèces ; car on peut croire ou à l'art, ou à l'homme qui l'exerce : or, ce qui ne dépend que de la confiance en tel ou tel art, on peut l'exécuter par soi-même ; mais ce qui dépend de la confiance en la personne même qui l'exerce, on ne peut le faire qu'à l'aide d'un tiers. Par exemple, si un homme, ayant foi à l'astrologie, trouve une figure *prospère*, ou si, ayant foi à la magie naturelle, il se persuade qu'en portant une bague, dont la pierre soit de telle espèce, ou telle partie de tel animal, ces bagatelles lui porteront bonheur, et qu'il réussira dans toutes ses entreprises ; cette prévention même peut exalter son imagination et lui donner plus d'énergie(1). Mais la foi ou la confiance

---

(1) Les chimères que notre imagination compose au gré de nos désirs, sont toujours plus séduisantes et ébranlent plus fortement l'imagination même que les choses réelles que l'expérience rend familières, auxquelles on s'attend trop, et qui à

en tel individu a de plus puissans effets. Quoi qu'il en soit, le principe de l'autorité est nécessairement hors de l'homme sur lequel elle influe, soit qu'elle se rapporte à un art ou à un individu ; et lorsqu'elle a pour principe la confiance qu'un individu excite dans un autre, ce dernier doit être, non un savant, un homme plein d'idées, et déja préoccupé d'une infinité d'opinions, mais un ignorant, un esprit borné et vuide. Or, telles sont ordinairement les sorcières, les personnes superstitieuses, dont l'aveugle croyance est tellement asservie à leurs maîtres et aux traditions mensongères,

---

la longue n'ont presque plus d'effet. Or, les imaginations fortes et exaltées ont un avantage prodigieux et connu sur les imaginations sages et réglées. Ainsi, les fous et les charlatans ont un avantage naturel sur les sages et les honnêtes gens. Voilà pourquoi le monde est tyrannisé par des sots, subjugués par des fous, menés par des fripons; ou bien encore les hypocrites paient les fous pour ameuter les sots contre les gens d'esprit, et casser les lanternes.

que l'expérience et la raison ne peuvent plus les désabuser, et mollissent contre leur prévention. Aussi, dans les pratiques de la magie, n'emploie-t-on ordinairement que de jeunes garçons tirés de la classe du peuple, individus tous d'une imagination très susceptible et facile à persuader.

Or, il est trois genres de moyens pour fortifier l'imagination ; savoir : l'autorité, d'où dérive la croyance, les différens moyens à l'aide desquels on peut exalter et ébranler l'imagination même ; enfin, ceux qui servent à réitérer la représentation, et à renouveller les idées qui exaltent cette faculté. On connoît assez les moyens le plus ordinairement employés dans la magie (en supposant toutefois que, parmi toutes ces pratiques, on puisse démêler quelque moyen purement naturel) : ces moyens sont certains genres de vêtemens, de formules, de caractères, d'anneaux, de cachets, certaines parties de telle plante ou de tel animal, telle sorte de pierre, le choix de telle heure précise, telle espèce de gestes, de mouvemens, de parfums, d'odeurs, etc. une société composée de certains individus dont l'extérieur étrange ou imposant exalte l'imagination ; enfin, tel régime, ou tel genre de vie préparatoire. Quant aux formules, elles sont toujours composées de mots barbares et vuides de sens ; car, s'ils avoient un sens, les idées qu'ils réveilleroient pourroient distraire l'imagination : ou ce sont des similitudes, des expressions figurées, emblématiques, qui peuvent ébranler l'imagination, et faire naître ou nourrir cette prévention qu'on veut donner à l'individu passif ; langage mystérieux qu'ont employé dans tous les temps ceux qui se sont mêlés de magie, soit parmi les anciens, soit parmi nous. Nos sorciers ou magiciens emploient de préférence les paroles extraites de l'écriture sainte ; cette opinion que le texte sacré et les paroles qui en sont tirées, ont un grand pouvoir, suffisant pour exalter l'imagination (1). C'est dans le même esprit qu'ils font souvent usage de termes hébraïques ; idiôme antique, qui est regardé parmi nous comme le langage sacré, et dont les expressions ont je ne sais quoi de mystique qui est favorable à leurs vues.

945. Quant aux moyens de renouveller les idées dont l'imagination a été frappée (ce qui est le troisième genre de procédés pour exalter l'imagination), on connoît également ceux que cette classe d'hommes qui se mêle de magie, emploie ordinairement dans cette vue ; tels que des figures de cire qui se fondent peu à peu,

---

(1) A l'aide de la distinction très commode du *sens propre* et du *sens figuré*, du *langage de l'esprit et du langage de la chair*, les cabalistes physiciens et les cabalistes théologiens ont tordu à leur fantaisie le texte sacré, et lui ont fait signifier tout ce qu'ils ont voulu. Puis, les premiers nous ont donné pour indemnité la fumée de leurs fourneaux; et les autres, à force de nous donner des lettres de change payables dans l'autre monde, nous ont fait craindre une banqueroute dans celui-ci.

ou certains corps ensevelis dans le fumier, qui se putréfient insensiblement, ou autres semblables : car chaque fois que des objets de cette nature se représentent à la mémoire, l'effet souhaité, dont l'idée a été associée avec celles de ces objets, se représente aussi à l'imagination.

946. En supposant même que l'imagination ait quelque pouvoir de ce genre, il est difficile de croire que son action soit de nature tellement incorporelle ou immatérielle, qu'elle puisse se porter aux plus grandes distances, passer à travers toute espèce de milieux indistinctement, et pénétrer dans tous les corps sans exception : il est plus naturel de penser que cette distance ne doit pas être excessive, ni le milieu de nature trop contraire à celle de ce genre d'actions ; enfin, que le corps sur lequel on veut agir, doit avoir une certaine aptitude ou disposition à recevoir de telles impressions. Ainsi, pour peu qu'il existe des moyens pour agir, par la seule force de l'imagination, sur des corps absens et

éloignés, par exemple, sur celui d'un homme; ce doit être à l'aide d'une suite d'hommes intermédiaires qui transmettent peu à peu l'action originelle, et par le moyen desquels elle passe, pour ainsi dire, de main en main, à peu près comme on dit de la renommée, qu'elle vole de bouche en bouche. Par exemple, s'il est vrai qu'une sorcière puisse nuire, par la seule force de son imagination, à quelque individu éloigné, ce ne peut être qu'en agissant sur les esprits d'un troisième qui la vient trouver; l'effet se communiquant de celui-ci à l'imagination d'un quatrième, d'un cinquième, et ainsi de suite, jusqu'à ce qu'il parvienne à un individu qui, ayant d'étroites relations avec celui auquel elle en veut, aille le trouver, et agisse immédiatement sur lui. On prétend, il est vrai, que, pour nuire à une personne, il suffit de se procurer une de ses boucles, un de ses boutons, quelque partie de ses vêtemens, ou même son nom seulement; mais on ne doit pas ajouter foi à de telles assertions, à moins qu'on ne suppose ici l'entremise et la coopération des esprits infernaux.

Il seroit donc inutile de nous demander à nous-mêmes des expériences qui pussent fournir des preuves solides du pouvoir que l'imagination d'un individu peut exercer sur le corps d'un autre; nous n'en connoissons point, ou presque point, sur lesquelles on puisse faire fond; celles qu'on peut tirer des écrits ou des traditions de la magie, n'étant que des preuves fort équivoques, vu que la coopération tacite des démons peut y concourir. Ainsi, nous serons forcés, dans cette recherche, de recourir à de nouvelles expériences, et nous ne pourrons donner tout au plus que des indications pour diriger les essais de ce genre; non des expériences positives et déja faites. Si quelqu'un de nos lecteurs pensoit que nous aurions dû, avant d'entreprendre de traiter une telle matière, commencer par faire nous-mêmes, un certain nombre d'expériences en ce genre pour approfondir le sujet, ou du moins pour y pénétrer quelque peu, nous lui avouerons ingénument que nous ajoutons très peu de foi à tout ce qu'on dit de ce pouvoir que l'imagination d'un individu peut exercer sur le corps d'un autre individu. Cependant notre dessein est de consacrer à la vérification des faits de cette nature, quelques heures de loisir. Mais, en attendant, nous tâcherons de frayer la route aux autres, et de les guider un peu.

947. Lorsque vous voulez faire quelque tentative de ce genre, à l'aide de l'imagination d'un autre individu, il faut d'abord que celui sur lequel vous voulez agir, prévenu en votre faveur, ait de vous la plus haute idée, et vous regarde comme un homme extraordinaire et capable d'opérer les plus grandes choses; en un mot, que vous êtes ce qu'on appelle un homme de génie. Autrement vous aurez beau affirmer devant lui que tel ou tel événement aura lieu, vous ne ferez sur son imagination qu'une très légère impression.

948. Mais, comme il est difficile de connoître, par soi-même, les différens degrés de force de l'imagination dans les divers individus, il faudroit agir sur plusieurs imaginations en même temps ; par ce moyen, on seroit sûr que, dans le nombre, il s'en trouveroit au moins une assez forte. Par exemple, un médecin pourroit dire, avec un air de certitude, à trois ou quatre des domestiques du malade, que leur maître relevera de sa maladie.

949. L'imagination de l'individu qui vous servira d'instrument, ne pourra être toujours de la même force, au même degré, vu l'étonnante instabilité de l'esprit humain ; or, si le succès promis ne suit pas d'un peu près la promesse, la croyance du sujet sera fort ébranlée. Pour prévenir cet inconvénient, il faut prescrire à votre homme une gradation de moyens ; supposons, sept de plus en plus efficaces, dont il devra user successivement, dans le cas où les premiers seroient insuffisans. Par exemple, dites-

lui que, de trois en trois jours, s'il ne voit point de succès notable, il doit employer un autre genre de racine, une autre partie du même animal, un anneau d'une autre espèce, comme étant un moyen plus efficace ; si ce second moyen ne suffit pas, en employer un troisième ; si ce troisième est encore insuffisant, un quatrième, et ainsi de suite, jusqu'à sept ; mais en lui promettant le succès, il faut prendre un peu de champ, et ne le lui annoncer que pour un temps un peu éloigné ; par exemple, en disant à un domestique que la santé de son maître se rétablira parfaitement, lui observer toutefois que l'effet ne sera bien sensible qu'au bout d'une quinzaine ; tous moyens dont le but est de maintenir l'imagination dans sa force, et de rendre la croyance moins chancelante.

950. L'expérience prouve assez que certaines potions ou certaines substances solides, prises intérieurement ; tel genre de fumigation, telle onction faite sur

certaines parties, agissent naturellement sur l'imagination de celui qui en fait usage. Ainsi, pour faire concourir les moyens de cette nature avec la croyance ou la persuasion de celui dont l'imagination vous sert d'instrument, il faut lui dire encore qu'avant d'user de la recette que vous lui aurez prescrite, pour produire l'effet désiré, il doit avaler des pilules de telle espèce, une cuillerée de telle liqueur, ou encore user de tel genre de fumigation; ou enfin, enduire ses temples, ou toute autre partie, avec telle espèce d'onguent ou d'huile, etc. Or, dans la composition de ces pilules, de ces parfums, ou de ces onguens, etc. il faut faire entrer des substances qui soient de nature à donner plus de corps et de ténacité aux esprits, afin de rendre l'imagination plus fixe.

951. Quelque soit le corps passif sur lequel on veut agir (car il n'est pas question de celui de l'imaginant), il est certain que les moyens qu'on pourra employer, agiront plus dans certains temps

que dans d'autres, comme nous l'avons déja en partie observé. Ainsi, pour obtenir plus sûrement l'effet souhaité, il faudroit recommander au domestique qui sert le malade (après lui avoir assuré que son maître relevera de sa maladie), de profiter du temps où celui-ci seroit enseveli dans un profond sommeil, pour faire usage de telle ou telle racine; car on peut conjecturer que l'imagination exerce une action plus puissante sur un même individu, lorsqu'il dort, que lorsqu'il est éveillé, comme nous le ferons voir, lorsque nous traiterons des songes (1).

---

(1) Si les traducteurs n'entendent pas les auteurs originaux, c'est presque toujours faute de pénétration et de patience, et c'est quelquefois aussi parce que ces grands hommes à traduire n'ont pas le bonheur de s'entendre eux-mêmes. J'ai levé plus de 2000 équivoques dans cet ouvrage; mais j'avoue que je n'ai pas l'art de composer une phrase claire et raisonnable, en traduisant fidèlement une sottise entrelacée avec une double équivoque. Le valet doit-il appliquer la racine en question sur

952. Les observations relatives à la mémoire artificielle, prouvent que les images visuelles agissent avec plus de force que tout autre genre de conceptions : par exemple, veut-on se rappeller le mot *philosophie*, on y parviendra plus aisément, en se représentant un homme (car, de tous les *lieux*, les images d'individus humains sont les meilleures); un homme, dis-je, lisant la philosophie d'Aristote, que si l'on se représentoit cet homme, disant : *je vais étudier la philosophie*. Cette observation pourroit donc être appliquée au sujet que nous

---

son propre corps, pour fortifier sa propre imagination, et agir avec plus de force sur celle du maître, qui, durant le sommeil de celui-ci, agit plus puissamment sur son corps? ou doit-il appliquer cette racine sur le corps de son maître, afin de fortifier l'imagination dormeuse de celui-ci, et de la mettre en état d'agir plus puissamment sur son corps endormi? c'est ce qu'il n'est pas facile de décider. Le traducteur latin s'en est tiré, en interprétant le texte mot à mot, et laissant subsister la double équivoque.

traitons; car, plus l'objet d'une idée est remarquable et intéressant, plus aussi cette idée ébranle l'imagination, et mieux elle s'y fixe. Ainsi, je me persuade aisément que cette expérience, dont je parlois plus haut; je veux dire, celle où il s'agit de subjuguer l'imagination d'un autre individu, et de déterminer sa pensée; que cette expérience, dis-je, vous réussiroit plus aisément, si vous disiez à l'individu dont l'imagination vous sert d'instrument, laquelle d'entre vingt personnes, un troisième individu nommera; que si vous lui désigniez, sur vingt cartes, celle que doit nommer le même individu.

953. Il seroit également utile de déterminer quels sont les sujets sur lesquels l'imagination a le plus de pouvoir; et la règle, sur ce point, me paroît être que les substances les plus légères et les plus mobiles sont celles sur lesquelles elle agit avec le plus de force et de facilité. C'est donc sûr les esprits des individus humains qu'elle doit avoir la plus puis-

sante influence, et principalement sur celles d'entre leurs affections qui sont les plus faciles à exciter; par exemple, de tels moyens peuvent servir à exciter l'*amour*, à réprimer l'*appétit vénérien*, qui dépend beaucoup de l'imagination. Elle a aussi un grand pouvoir sur les individus saisis de crainte, ou irrésolus. Au reste, ce sujet a besoin d'être approfondi par des observations plus multipliées et plus variées. Il faudroit aussi tenter quelques expériences de ce genre sur les *plantes*, mais avec toute l'exactitude et l'attention requises; par exemple, on pourroit dire, avec un air de confiance et de certitude, à un homme d'une imagination susceptible, que tel arbre mourra dans l'année, en lui recommandant d'aller, à telles et telles époques, voir en quel état il se trouveroit. Quant aux corps inanimés, les mouvemens nécessaires pour battre les cartes ou jeter les dés, sont, à la vérité, bien petits et bien foibles; cependant ce préjugé, si commun parmi les joueurs, et qui leur fait croire que certaines personnes, lorsqu'elles se trouvent près d'eux, leur portent malheur, n'en est pas moins puéril. Il faudroit aussi, pour faire une épreuve de ce genre, par le moyen d'un anneau suspendu à un fil, et qui se balanceroit dans l'intérieur d'un verre, dire d'avance à la personne qui tiendroit le fil : cet anneau frappera tant de fois contre les parrois du verre, afin de voir si cette prédiction pourroit influer sur le mouvement de l'anneau; ou encore essayer, dans les mêmes vues, de persuader à deux personnes qui tiendroient une clef entre leurs doigts (1), qu'au moment où l'on prononcera le nom de telle personne, cette clef leur échappera; car les mouvemens de ces deux espèces sont extrêmement légers. Or, quoique je ne compte pas beaucoup sur le succès de ces petites expériences, je ne laisse pas d'être intimement per-

---

(1) Il y a trente mille manières de tenir une clef entre ses doigts ; laquelle est-ce ?

suadé de cette vérité : qu'une imagination forte a beaucoup plus d'influence sur les corps actuellement vivans, ou qui l'ont été, que sur les corps inanimés, proprement dits, et qu'elle peut beaucoup plus sur les mouvemens foibles et subtils, que sur ceux qui ont beaucoup de force, ou sur ceux des corps très pesans.

954. On croit communément que, si un homme ayant été assassiné, on apporte le corps dans le lieu où se trouve l'assassin, les blessures recommencent à saigner. D'autres assurent qu'ils ont vu un cadavre ouvrir les yeux en présence du meurtrier ; d'autres enfin, qu'on observe des mouvemens de cette nature dans les corps de ceux qui ont été étranglés ou noyés, comme dans ceux des individus qui ont péri par des blessures. Les faits de ce dernier genre pourroient passer pour miraculeux, la justice divine apparemment ne permettant pas que les auteurs des grands attentats restent toujours inconnus. Mais si ces phénomènes

sont purement naturels, ils doivent être rapportés à l'influence et au pouvoir de l'imagination.

955. Cette opération par laquelle on noue l'aiguillette le jour même du mariage, pour rendre le nouvel époux inhabile à la génération (espèce de maléfice dont nous avons parlé précédemment, et qui est si ordinaire en Xaintonge ou en Gascogne), doit aussi être rapportée à l'imagination de celui qui lie ainsi le membre viril; genre d'opération, toutefois, qui nous paroît n'avoir rien de commun avec la sorcellerie ou la magie; attendu que ce ne sont pas seulement des individus d'une certaine classe peu nombreuse, telle que les sorciers ou magiciens, qui peuvent produire de tels effets, mais des individus quelconques.

Expériences et observations diverses sur la force secrète de la sympathie et de l'antipathie.

956. Il est une infinité de substances qui agissent sur les esprits du corps hu-

main, en vertu d'une sympathie ou antipathie secrète. Une opinion très ancienne, et assez généralement reçue, attribue aux pierres précieuses qui ne servent ordinairement que pour la parure, des propriétés qui tiennent du merveilleux, et dont quelques-unes, à la vérité, sont réelles, mais fort exagérées. On ne peut disconvenir toutefois que les pierres de ce genre ne contiennent des esprits très subtils et très atténués, comme le prouve assez leur brillant et leur éclat; en conséquence, il se peut qu'en agissant sur les esprits vitaux par une sorte de corrélation harmonique, ils les raniment et les égaient (1). Celles qui produisent le plus sensiblement ces effets, sont le *diamant* (le brillant), l'éme-

---

(1) La vanité humiliée est un poison, comme nous l'avons dit ailleurs; et la vanité satisfaite est un cordial: or, ces bagatelles contentent ordinairement la vanité de ceux qui les portent; sans compter que leur éclat plaît à la vue, et que le plaisir modéré est un remède à tous les maux.

raude, l'hyacinthe orientale et la topaze. Mais on doit se garder d'ajouter foi à toutes ces propriétés occultes et spécifiques qu'on leur attribue. Cependant il est certain que, de toutes les causes qui peuvent fortifier les esprits vitaux, la lumière est la plus puissante; et il est très probable que tout moyen qui sert à la varier d'une manière qui flatte la vue, peut, vu le plaisir même que procure l'aspect des objets nouveaux et variés, produire plus sûrement que tout autre l'effet dont nous parlons. Telle est sans doute une des principales causes de cette propriété que les pierres précieuses ont de ranimer et de fortifier les esprits. Il seroit donc utile de mettre, durant la nuit, les chandelles ou les bougies dans des lanternes, ou des bocaux de verre teints de différentes couleurs, telles que verd, bleu, couleur de chair, cramoisi, pourpre, couleur de safran, etc. Il le seroit aussi de se procurer des boules de verre ou de crystal, non pas colorées intérieurement, mais creuses et contenant des poudres de couleurs vives et éclatantes, avec une poignée, pour les tenir plus commodément. Les prismes et les couleurs qu'on voit dans leur intérieur, ou qu'ils projettent extérieurement, ont aussi la propriété d'éveiller et de ranimer les esprits vitaux. On fait à Paris des miroirs à larges bordures, très artistement enjolivées de petites piéces de crystal, qui, d'un peu loin, paroissent des pierres précieuses de différentes couleurs; rien n'est plus éclatant, plus agréable à la vue que ces miroirs, sur-tout la nuit, effet qui influe également sur les esprits. Il en est de même de ces plumes de couleurs si vives qu'on apporte des Indes. Enfin, la vue des étangs, des canaux, ou des bassins remplis d'une eau claire et limpide, fortifie les yeux et les esprits, surtout lorsque le soleil, en partie éclipsé par un nuage, a moins d'éclat; ou lorsque la douce lumière de la lune joue dans ces eaux un peu agitées.

957. Il est, comme l'on sait, plusieurs

genres de bracelets qui ont la propriété de ranimer les esprits ; effet qu'ils peuvent produire en vertu de trois différentes qualités ; savoir : comme rafraîchissans, comme fortifians, et comme apéritifs. La première de ces trois propriétés se trouve éminemment dans les perles et le corail, substances dont on fait ordinairement usage dans cette vue. On a même observé que la couleur du corail devient plus pâle, lorsque la personne qui le porte, est malade; ce que je croirois d'autant plus aisément, qu'une chaleur excessive, ou trop variable, suffit pour altérer cette couleur. On devroit aussi employer de la même manière des grains ou de petites lames, soit de *lapis-lazuli*, soit de nitre, ou seul, ou combiné avec quelque substance cardiaque.

958. Pour fortifier les esprits, choisissez des substances astringentes, sans aucun indice manifeste de nature froide ; je conseillerois de préférer, dans cette vue, des grains d'ambre jaune, substan-

ce éminemment astringente, mais qui ne laisse pas d'avoir de l'onctuosité, sans être de nature froide. On dit même que les bracelets de cette espèce augmentent l'embonpoint des personnes qui en portent habituellement. On peut aussi employer des grains de corne de cerf, ou d'ivoire, ou d'autres substances douées de propriétés analogues. Il seroit bon de faire la même épreuve sur des grains d'orange ou de bois d'aloës, d'abord macérés dans de l'eau-rose, puis séchés.

959. Quant aux substances apéritives, je préférerois les grains ou tablettes de *chardon béni* (*carduus benedictus*), ou de racine de *pivoine mâle*, ou encore *d'orris*, ou enfin de *rue*, de *canne aromatique*, etc. (1).

960. La *crampe* (2) est évidemment

---

(1) Espèce de canne qui croît aux Indes et en Arabie.

(2) Le remède universel et radical pour la crampe me paroît être de faire agir avec effort les muscles antagonistes de ceux où elle se fait sentir : par

l'effet de la contraction des nerfs (des muscles ou des tendons); ce dont on ne pourra douter, si l'on considère qu'elle a ordinairement pour cause un froid ou une sécheresse excessifs; l'effet du froid et de la sécheresse étant également de contracter et de rider. On sait d'ailleurs que, pour diminuer la douleur que cause une crampe, il suffit de frotter légèrement la partie souffrante; la chaleur excitée par ce frottement dilatant alors les muscles excessivement contractés. Il est deux moyens connus pour prévenir la *crampe;* l'un est de porter à ses doigts des *anneaux* de *dents de cheval marin;* l'autre est d'entourer, d'un ou de plusieurs *liens de pervenche,* ses mollets ou ses cuisses, les deux parties où la crampe se fait sentir le plus souvent; effet dont je

---

exemple, si elle est dans les muscles extenseurs, il faut faire agir les fléchisseurs; et réciproquement. Je suis fort sujet à ce genre d'incommodité; mais, par le moyen que je viens d'indiquer, je la fais cesser à l'instant; et mon corps n'a point de privilège à cet égard.

suis d'autant plus étonné, que ni l'une ni l'autre de ces deux substances n'a la propriété de relâcher ou de détendre, mais qu'elles produisent plutôt l'effet contraire. D'où je conclus qu'elles guérissent cette incommodité, non en exerçant leur action sur la partie solide et tangible des muscles, mais en agissant immédiatement sur les esprits qu'ils contiennent, et en faisant cesser leur état de tension et d'effort.

961. Il est deux autres genres de bracelets dont je voudrois qu'on fît l'épreuve, pour fortifier le cœur et les esprits; les uns, composés de *trochisques de vipère*, figurés en petits grains ou globules; car, puisqu'étant pris intérieurement, ils sont très salutaires, sur-tout dans les maladies pestilentielles, je présume qu'étant appliqués extérieurement, ils auroient de plus puissans effets; parce qu'en les administrant de cette manière, on pourroit les employer en plus grande quantité. Il faudroit aussi faire l'épreuve de *trochisques de serpent*, dont

la chair, suivant l'opinion commune, est un excellent apéritif et un puissant cardiaque. L'autre genre de bracelets que j'ai en vue, ce sont ceux qui seroient faits avec des grains composés de cette poudre appellée *kermès*, et qui est la principale base du cordial connu sous le nom de confection d'*alkermès*. Il faudroit également faire l'essai de grains d'ambre gris, combiné avec la substance des pastilles odoriférantes.

962. Suivant une opinion fort ancienne et confirmée par des expériences réitérées, la racine de *pivoine mâle,* desséchée et tenue continuellement appliquée sur la nuque du cou, est un remède et un préservatif pour l'*épilepsie,* ainsi que pour l'*incube* (ou *cochemar*). Le principe de ces deux maladies, sur-tout de l'épilepsie, paroît être dans l'estomac, d'où s'élèvent des vapeurs grossières qui pénètrent dans les sinus du cerveau. Ainsi, cette substance produit ce double effet, parce qu'elle est éminemment

douée de la propriété de diviser et d'atténuer. Je me persuade aisément que le *castoréum*, le *musc* et la semence de *rue*, et d'*agnus-castus*, seroient également curatifs dans ces deux cas.

963. Il est une pierre connue sous le nom d'*hématite*, qui, lorsque les personnes très sujettes au saignement de nez, la portent continuellement sur elles, prévient cette incommodité ; propriété qu'elle doit sans doute à sa qualité d'astringent et de calmant. Il faudroit aussi faire quelque épreuve de ce genre sur cette sorte de pierre qu'on trouve dans la tête d'un *crapaud*, afin de savoir si elle n'auroit pas la même propriété (1).

964. On pourroit tirer quelques lumières des expériences faites sur les *anneaux* de *cheval marin*, ou sur les *liens de pervenche*, pour concevoir comment ces deux substances, qui font cesser ou diminuent l'état de tension et d'effort des

---

(1) Reste à la trouver.

esprits, peuvent guérir des maladies dont l'indication est contraire à l'effet que produisent naturellement de telles substances. Dans la *crampe*, par exemple, l'indication est de relâcher et de détendre les muscles. Cependant tout moyen qui, en contractant les esprits, diminue leur expansion et leur état d'effort, est le plus sûr remède. De même, dans les *accouchemens*, l'indication pour la délivrance semble être de provoquer la sortie de l'enfant ; cependant les secours les plus efficaces en pareil cas, ce sont tous les moyens tendant à l'empêcher de se porter trop promptement au dehors, et l'on croit que la *pierre de crapaud* produit cet effet. De même enfin, dans les *fièvres pestilentielles*, l'indication naturelle est de déterminer au dehors, et d'évacuer la matière morbifique, par les sueurs et la transpiration insensible. Cependant les substances qui produisent le plus sûrement cet effet, sont le *nitre*, le *diascordium*, et autres calmans qui, en arrêtant l'expulsion pendant un certain temps, permettent ainsi à la nature d'opérer plus doucement et plus paisiblement cette évacuation. Car, comme le disoit agréablement un médecin, la nature, lorsqu'elle veut éteindre le feu allumé par une maladie pestilentielle, ne ressemble que trop, par sa turbulente activité, à ces gens qui accourent en foule dans une maison incendiée, et qui, à force de se presser, s'embarrassent et se nuisent réciproquement. Enfin, un principe qui a une infinité d'applications, et qu'on ne doit jamais perdre de vue, c'est que tout ce qui peut calmer et régler les mouvemens tumultueux et irréguliers des esprits, favorise et renforce leur action.

965. Si nous en croyons les écrivains qui ont traité de la magie naturelle, il n'est point de préservatif plus sûr pour la santé, que la *dépouille d'un serpent;* mais cette propriété nous paroît chimérique : et ce qui a donné naissance à ce préjugé, c'est sans doute cette fiction par laquelle les poëtes supposent que le ser-

pent se rajeunit en se dépouillant de sa peau.

966. On est persuadé, d'après l'exemple de l'athénien *Périclès*, qu'on suit encore aujourd'hui, qu'un *sachet* rempli de *mercure*, ou des *tablettes* d'*arsenic*, sont un préservatif très sûr contre la *peste* : non que ces substances aient la propriété de fortifier les esprits, mais parce qu'étant elles-mêmes des *poisons*, elles attirent celui de la *peste*, qui s'est mêlé à ces esprits, et les purifient par ce moyen.

967. Voyez les observations que nous avons faites dans les n°s. 95, 96 et 97, sur les différentes espèces de *sympathie* et d'*antipathie*, appliquées aux usages de la médecine.

968. On prétend que les *intestins*, ou la *peau d'un loup*, appliqués sur le ventre, guérit la *colique*. Il est vrai que le loup est un animal très vorace, et doué d'une grande force digestive ; ainsi, il n'est pas impossible que telle de ses parties, sur-tout ses intestins, puissent fortifier ceux de l'homme.

969. On emploie ordinairement un *épouvantail* pour éloigner les oiseaux, d'un champ à grain, d'une vigne, d'un verger, etc. Quelques auteurs prétendent qu'une *tête de loup* entière, desséchée et suspendue dans un colombier, en éloigne aussi certains animaux qui en sont les fléaux, tels que les *belettes*, les *fouines*, les *putois*, etc. Selon toute apparence, une *tête de chien* les effraieroit encore davantage, attendu que, dans nos contrées, ces animaux connoissent mieux les *chiens* que les *loups*.

970. Si, après avoir fait rôtir, avec les autres parties, la *tête* de certains animaux, tels que le *lièvre*, la *poule*, le *daim*, etc. et en avoir tiré la *cervelle*, on la délaie dans du *vin*, cette boisson fortifie la mémoire. Il semble que cette propriété soit particulière à la classe des animaux timides.

971. Les *onguens* dont les sorciers font usage, sont ordinairement composés de *graisse d'enfans* tirés des sépultures, de *sucs d'ache*, de la plante vulgairement

appellée la *mort-aux-loups* (1) et de *quintefeuille*, mêlés avec de la fleur de farine de froment; mais je crois être fondé à supposer qu'on pourroit obtenir les mêmes effets, à l'aide des narcotiques, tels que la *jusquiame*, la *ciguë*, la *mandragore*, le *solanum*, le *tabac*, l'*opium*, le *safran*, la *feuille de peuplier*, etc.

972. S'il faut en croire certains auteurs, les *affections violentes des animaux* communiquent je ne sais quelle vertu occulte, même aux corps inanimés. Par exemple, la *peau* d'une *brebis* qui a été dévorée par un *loup*, donne la *gratelle* (2). Si, après avoir réduit en poudre une *pierre* qui a été jetée à un *chien*, et qu'il a *mordue* dans sa fureur, vous la délayez dans quelque liqueur, cette boisson provoque la *colère*.

973. Il est prouvé par des observations multipliées, que le *régime d'une femme enceinte* a une influence marquée

---

(1) En grec *lycochton*, genre d'aconit.
(2) A qui ? et comment ?

sur son *fruit :* par exemple, que, si elle mange fréquemment des *coings* ou des *semences de coriandre,* deux substances qui ont la propriété de fixer et de précipiter les vapeurs tendant à monter à la tête, cela contribue à rendre son *enfant plus ingénieux :* que si, au contraire, la mère mange beaucoup d'*oignons,* de *fèves* (1), ou d'autres substances qui excitent des flatuosités; ou encore, si elle boit avec excès du *vin* ou d'autres *liqueurs* fortes; ou enfin, si elle *jeûne* excessivement, et se livre trop à la *méditation;* toutes causes qui déterminent les vapeurs à la tête en grande quantité, il est à craindre que l'individu qu'elle mettra au monde,

---

(1) Un grand nombre d'érudits ont fait de longues et pesantes dissertations sur cette aversion si connue que les *Pythagoriciens* avoient pour les *fèves :* la voilà cette raison qu'ils cherchoient ; ce genre de légume est un vrai *poison* pour un *homme de lettres;* il est fort substantiel ; il rend l'*homme plus robuste et plus sot;* il ne convient qu'aux hommes qui exercent plus leur corps que leur esprit.

ne devienne *lunatique*, ou n'ait *une mauvaise mémoire*.

Je présume que le *tabac* produiroit les mêmes effets, si la mère en prenoit trop.

974. Les écrivains qui ont traité de la magie naturelle, prétendent que le *cœur d'un singe* appliqué sur la région du cœur d'un individu de notre espèce, fortifie ce viscère, et augmente le *courage*; effet qui m'étonne d'autant moins, que le *singe*, comme on sait, est un animal gai, malicieux et hardi. On ajoute que le cœur de ce même animal, appliqué sur la nuque du cou, ou sur la partie supérieure de la tête, rend l'esprit plus pénétrant et plus inventif, et que c'est aussi un préservatif contre l'*épilepsie*. Le *singe* est en effet un animal ingénieux, et dont le cerveau est très sec; ce qui peut, jusqu'à un certain point, atténuer les vapeurs qui se portent à la tête. Mais on dit que ce même topique a *aussi* la propriété de faire *rêver beaucoup*. Peut-être le *cœur d'un*

homme produiroit-il de plus puissans effets ; mais une si horrible recette répugne trop à l'humanité (1), à moins que ce ne soit dans ces sectes où l'on porte sur soi des *reliques de saints*.

975. On dit encore que la chair du *porc-épi* (ou du *hérisson*), cuite et prise comme aliment, est éminemment dessiccative. La substance de ces animaux doit en effet être fort sèche et fort atténuée, comme on en peut juger par cette multitude de pointes dont ils sont armés. Car, généralement parlant, les plantes qui sont hérissées d'épines, sont également sèches ; et de ce genre sont *l'églantier*, *l'épine commune*, *l'épine-vinette*, etc. Aussi, dit-on que les cendres provenant de cet animal, lorsqu'on le

---

(1) Des auteurs qui ont écrit sur la magie très naturelle, prétendent que le cœur d'un homme vivant appliqué sur la région du cœur d'un individu de l'autre sexe, donne à tous deux plus d'esprit ; recette qui répugne beaucoup moins à l'humanité.

brûle, sont un puissant remède pour la *fistule* ; propriété qu'elles doivent à leur qualité dessiccative.

976. La *momie* est éminemment douée de la propriété d'étancher le sang, et d'en arrêter l'effusion ; ce qu'on peut attribuer au *baume* qui entre dans sa composition, et qui est fort glutineux : à quoi l'on pourroit ajouter cette force secrète, en vertu de laquelle le sang et la chair s'attirent réciproquement. On s'est encore assuré par l'expérience que cette *mousse* qui croît sur le *crâne* d'un *cadavre humain* laissé sans sépulture, a la propriété d'étancher le sang : il en est de même de la *partie rouge du sang*, séparée de la sérosité, *desséchée* et *réduite en poudre*.

977. On dit que, si l'on couvre d'une couche d'*huile* les *œufs* d'une *hirondelle*, les petits qui en proviennent sont tout blancs ; effet que l'huile produit sans doute en bouchant les pores de la coque de l'œuf ; d'où il arrive que les sucs destinés à former les plumes, sont

en moindre quantité : et il se pourroit que cette méthode d'enduire la coque de l'œuf, produisît aussi sûrement l'effet dont nous parlons, que celle d'enduire le corps même de l'oiseau, lorsqu'il en est sorti. Au reste, voyez sur ce sujet le n°. 93.

978. On prétend que le *blanc d'œuf*, ou le *sang*, mêlé avec l'*eau de mer*, ramassant ses parties salines, la dépouille ainsi de sa salure, et la rend douce. Ce peut être l'effet de la simple adhésion, comme nous l'avons observé au n°. 6, où nous traitions de la *clarification*. Peut-être aussi le *blanc d'œuf* et le *sang*, substances extraites d'animaux, ont-ils quelque affinité avec le *sel* ; car, entre ces deux choses *vie* et *sel*, il existe une affinité très frappante. On voit en effet que cette substance appliquée sur un doigt blessé, suffit pour le guérir ; ensorte que le *sel* semble *attirer le sang*, comme le sang l'attire lui-même.

979. Quelques auteurs ont avancé qu'il existe une *antipathie* marquée entre le

lièvre marin et les *poumons* d'un individu de notre espèce; et que, lorsqu'il se trouve pendant un certain temps fort près du corps, il les corrode; ce qu'on pourroit expliquer en lui attribuant la propriété d'échauffer l'air des poumons et les esprits; action qui auroit quelque analogie avec celle que les *cantharides* exercent sur les substances aqueuses du corps humain, telles que l'*urine*, l'*eau* de l'*hydropisie*, etc. et l'on peut regarder comme une règle sûre, cette proposition : tout ce qui peut agir sur telle espèce de matière, exerce principalement son action sur celles d'entre les parties du corps humain où abondent les matières de cette espèce.

980. Généralement parlant, il existe une *antipathie* marquée entre les corps privés de la vie et les corps vivans de même espèce, entre une substance corrompue, et le tout dont elle a fait ou fait encore partie; enfin, entre les excrémens et les parties qui les rejettent ou les ont rejetées. Par exemple, un cada-

vre humain paroît plus infect et plus rebutant à un homme, qu'à tout autre animal; il en est de même d'un cheval mort, relativement à un cheval vivant; de la matière purulente des blessures, des ulcères, des charbons, des pustules, de la gale, de la lèpre, etc. par rapport à la chair saine; enfin, des matières excrémentitielles ou déjections de toute espèce, par rapport à l'animal qui les a évacuées. Ces dernières pourtant sont moins pernicieuses que les substances putréfiées.

.981. C'est un fait assez connu, que les *chiens distinguent l'homme chargé de les tuer,* dans les temps où certaines maladies contagieuses, auxquelles ces animaux sont sujets, obligent de prendre cette mesure de précaution; et que ces animaux semblent le connoître, quoiqu'ils ne l'aient jamais vu: on les voit même alors sortir des maisons et courir contre lui, en aboyant et en le menaçant (1).

---

(1) Il suffit qu'un seul de ces animaux ait vu cet

982. Tout ce qu'on raconte sur le *pouvoir de l'imagination* et les *secrètes émotions* qui sont des effets de l'*instinct*, nous paroît si incertain, qu'on doit se garder d'en tirer des conséquences positives, avant de l'avoir soumis au plus sévère examen. Je voudrois qu'on s'assurât d'abord par des expériences et des observations multipliées, s'il y a en effet quelque *corrélation sympathique*, quelque *communication* ou *action réciproque*, même *à distance*, entre les *personnes* du *même sang*, ou liées par d'autres relations très étroites ; par exemple, entre les pères ou les mères et leurs enfans, entre deux frères, deux sœurs, ou un frère et une sœur ; ou encore entre

---

homme tuer quelque chien, ou l'ait vu seulement portant son gourdin, pour qu'au moment où il le revoit, il coure et aboie contre lui ; ce qui fait courir et aboyer tous les autres ; explication qui nous paroît plus vraisemblable que la pénétration de ces chiens qui devinent la pensée d'un homme.

une nourrice et son nourrisson, ou enfin, entre mari et femme, etc. Plusieurs historiens font mention d'individus qui ont été avertis par un mouvement intérieur et une sensation inexplicable, de la mort des personnes qui leur étoient chères, et qui avoient avec eux des relations de la nature de celles dont nous venons de parler. Je me souviens moi-même que, dans le temps de mon séjour à *Paris*, et deux ou trois jours avant que mon père mourût à *Londres*, je vis en songe sa maison de campagne toute enduite d'une sorte de mortier noir; songe que je racontai alors à plusieurs gentils-hommes de mes compatriotes. Il est une autre opinion assez répandue, mais sur laquelle je n'ose hazarder aucun jugement; savoir que tel époux fort tendre et fort sensible à tout ce qui intéresse sa compagne, a un pressentiment de l'accouchement de son épouse, et en est averti par quelque sensation extraordinaire, et je ne sais quelle révolution dans son propre corps.

983. Outre cette correspondance sympathique et de pur instinct, ou cette action réciproque, même à distance, entre des personnes du même sang, il se peut qu'il y ait aussi quelque relation de cette espèce entre *deux amis intimes*, ou *deux ennemis jurés*. Quelquefois même, dit-on, ce secret avertissement est donné à un tiers, et non à l'une ou à l'autre des deux parties intéressées. Par exemple, je me souviens d'avoir lu dans *Philippe de Comines*, historien grave et digne de foi, que l'archevêque de *Vienne*, prélat fort estimé, dit un jour, *à Louis XI, roi de France*, après la messe, et presque au moment où *Charles, duc de Bourgogne*, fut tué à la bataille de *Granson* (1), livrée contre les Suisses : *Sire, votre plus grand ennemi est mort*. Il faudroit aussi

---

(1) Charles-le-Téméraire ne fut point tué à Granson; mais, après avoir été défait à Granson et à Morat, il perdit une troisième bataille et la vie devant Nancy.

faire quelques expériences pour savoir si des conventions, en pareil cas, pourroient quelque chose ; par exemple, si deux amis fort tendres, étant convenus, avant de se quitter, que tel jour de chaque semaine, ils porteroient chacun telle espèce de bague, ou d'autre bijou, pour se rappeller l'un à l'autre, et l'un des deux venant à manquer à sa parole, l'autre, quoiqu'absent, s'en appercevroit, et en seroit averti par quelque sensation (1).

984. S'il est vrai que l'imagination et les affections des individus puissent exercer, même à une grande distance, des actions de la nature de celles dont nous venons de parler ; à plus forte raison, les imaginations et les affections d'une multitude d'individus, réunies et concourantes, auront-elles ce pouvoir ? Par exemple, ne se pourroit-il pas qu'une bataille ayant été gagnée ou perdue dans des lieux fort éloignés, la nation inté-

---

(1) Non.

ressée à cet événement en fût secrètement averti par un sentiment subit de joie ou de tristesse, dont un grand nombre de citoyens seroient saisis tous en même temps, et dont, après tout, on a vu des exemples? On sait qu'au moment même où la bataille de *Lépante* se terminoit, et où les *Chrétiens* remportoient sur les *Turcs* cette victoire si mémorable, *Pie V,* siégeant en consistoire, et occupé à entendre plaider différentes causes, tressaillit tout à coup, et dit à ceux qui l'environnoient : *voici le vrai moment de rendre à Dieu des actions de graces pour la grande victoire qu'il vient de nous accorder sur les Turcs.* On conçoit aisément que cette victoire avoit une sorte de sympathie et de corrélation particulière avec les esprits de ce Pontife; vu que cette grande ligue des Chrétiens contre les Turcs étoit proprement son ouvrage. On peut, il est vrai, attribuer cet avertissement à une *révélation* spéciale *de la Divinité;* mais alors comment expliquerons-nous tous les faits de ce genre que nous lisons dans l'*histoire de la Grèce et de Rome*; relations qui nous disent que le peuple, étant assemblé au théâtre, et occupé à regarder les jeux, eut la nouvelle d'une victoire ou d'une défaite, plusieurs jours avant l'arrivée du courier (1)?

Il faut convenir toutefois, que les hommes ont bien pu, dans ces occasions, comme dans une infinité d'au-

---

(1) Nous expliquerons ces faits par l'indication d'une cause très naturelle; savoir : *l'association des idées.* La *masse*, ou plutôt les *dix mille masses* d'air qui, après avoir successivement *lavé* et, pour ainsi dire, *léché* un vaste *champ de bataille* couvert de plusieurs milliers de morts et de blessés, se seront *imprégnées* des *émanations* un peu *fétides*, qui s'en exhaloient, n'auront pu s'en dégager totalement qu'après avoir parcouru un fort grand espace. Supposons de plus que le vent régnant, et le lieu où s'étoit donné la bataille, fussent à peu près dans la même direction, par rapport à Rome, et qu'une seule de ces dix mille masses d'air s'étant portée vers cette ville, ait traversé l'amphithéâtre, tandis que le peuple étoit occupé à regarder les jeux. Cela posé, *l'odeur* de ces éma-

tres, suivre cette marche sophistique, qui est la principale source de la superstition ; car on voit qu'ils remarquent avec soin toutes les assertions qui quadrent avec les événemens, et font peu d'attention à celles qui n'y sont pas conformes ; ne se rappellant que les premières et oubliant tout-à fait les dernières. Mais la divination et ces pres-

―――――――――

nations, *connue* des spectateurs dont la plupart étoient *guerriers* de profession, aura d'abord réveillé dans leur esprit *l'idée de bataille.* Puis, *cette idée combinée avec des conjectures* fondées sur la *connoissance* qu'ils avoient du plus ou moins de *capacité* de leur *général*, ou de *courage* de leurs *soldats*, aura fait naître *l'idée de victoire*, ou de *défaite*. Or, (comme une *multitude d'hommes s'affectent en commun*, avec une *promptitude* et une *facilité prodigieuse*, sur-tout par rapport à un *événement* qu'ils *craignent* ou *désirent tous très vivement*), cette *dernière idée* une fois née dans *l'esprit de deux ou trois spectateurs*, et *exprimée* avec tous les *gestes* propres à la *joie*, ou à l'*affliction*, sera bientôt *devenue générale*, et aura occasionné ces *exclamations* dont parle l'auteur. Voilà encore un *miracle décomposé*, etc.

sentimens dont nous venons de parler, sont un sujet que nous traiterons plus amplement dans le chapitre qui aura pour objet *la nature du principe vital, des ames et des esprits,* considérés en général.

985. Dans les n^{os.} précédens, nous avons prescrit les règles à suivre pour déterminer ce que peut *la force de l'imagination;* puis indiqué des moyens pour exalter et renforcer cette faculté. Nous avons également offert quelques exemples, et donné quelques indications pour diriger les expériences et les observations tendant à vérifier le *pouvoir* supposé de *l'imagination humaine sur les animaux terrestres, les oiseaux, les plantes et les corps inanimés.* Il est bon d'observer encore sur ce même sujet, qu'on ne doit tenter de telles expériences que sur *les mouvemens les plus subtils et les plus légers;* car, en agissant sur un oiseau par la force de votre imagination, vous l'empêcherez plus aisément de chanter, que de manger ou de voler. Au reste, je

dois laisser à chacun la liberté de choisir parmi les expériences de ce genre, celles qu'il jugera les plus faciles; me contentant pour le moment de donner ici quelques exemples de ces trois espèces.

986. En vous conformant aux règles déjà prescrites, faites usage de l'imagination d'une autre personne, pour empêcher un oiseau de chanter, ou un chien d'aboyer; ou, après avoir fortifié, par les moyens que nous avons indiqués, l'imagination de cet individu qui vous sert d'instrument, prenant pour sujet de vos épreuves les combats de coqs, tâchez d'augmenter ainsi le courage de l'un, et de diminuer celui de l'autre. Tentez aussi quelques expériences de ce genre relativement au vol des oiseaux, à la course des lièvres ou des daims, en employant des chiens pour cette chasse; ou enfin, sur les chevaux de course, et autres mouvemens comparatifs de cette nature; car votre imagination pourra plus aisément ralentir ou affoiblir un mouvement, que l'exciter, ou l'arrêter

tout-à-fait ; comme il est plus aisé de ralentir la course d'un chien ou d'un cheval, que de lui faire faire un arrêt bien précis.

987. Les expériences qu'on fera pour vérifier le pouvoir de l'imagination sur les plantes, doivent aussi avoir seulement pour objet les mouvemens les plus légers. Par exemple, il faut voir si, en agissant sur des plantes herbacées, par ce moyen, on pourroit les modifier de manière qu'elles se flétrissent tout à coup, ou qu'elles prissent un très rapide accroissement, ou encore qu'elles se penchassent de tel côté ou de tel autre ; ou enfin, qu'elles se fermassent ou s'épanouissent.

988. On pourra éprouver le pouvoir de l'imagination sur les corps inanimés, en essayant, par exemple, d'arrêter la fermentation de la bière, après qu'on y aura mis la levure ; ou encore d'empêcher, soit le beurre, soit le fromage de se faire, quoiqu'on batte le lait, ou qu'on y ait mis de la présure.

989. Un fait dont nous devons la connoissance à une antique tradition, et qu'on allègue fréquemment comme un exemple frappant des propriétés occultes et des secrètes influences, c'est celui de la *torpille marine* qui engourdit la main, quoiqu'on ne la touche qu'à l'aide d'un long bâton (1) : c'est une sorte d'action qui s'exerce à distance, à la faveur d'un milieu convenable qui la propage; genre de propagation assez analogue à celui qu'on observe lorsqu'en frappant sur la corde d'un arc dont on tient une extrémité fort près de son oreille, on entend une espèce de son musical, ou de *ton*.

---

(1) Des expériences très multipliées et très variées ont prouvé que cet animal, ainsi que l'*anguille de Surinam*, est *électrique;* c'est une espèce de bouteille de leyde naturellement, perpétuellement et sensiblement chargée. Peut-être si ses deux surfaces (la supérieure et l'inférieure) étoient revêtues de feuilles métalliques, comme un carreau électrique, son électricité deviendroit-elle encore plus sensible.

990. Les écrivains qui ont traité de la magie naturelle, attribuent les plus puissans effets aux vertus immatérielles des parties des animaux, en supposant toutefois qu'après l'amputation de ces parties, ces animaux soient encore vivans; comme si l'animal vivant répandoit dans ces parties qu'il a perdues, une sorte de vertu ou de force incorporelle. On peut croire toutefois que telle partie retranchée à un animal nouvellement tué, doit avoir plus de force que si on l'eût ôtée à un animal mort naturellement, vu que, dans le premier cas, les esprits y sont plus abondans.

991. Il faudroit faire aussi quelque épreuve de ce genre sur des portions d'une même partie prise dans un sujet du règne végétal, ou du règne animal. Par exemple, après avoir retranché une partie d'un tronc ou d'une branche d'arbre, la laisser se putréfier, et voir ensuite si, à mesure que la partie retranchée se putréfieroit, la partie restante se putréfieroit aussi; ou encore, après

avoir coupé, à un chien ou à un chat, une partie, soit de la queue, soit d'une patte, voir si la partie amputée, à mesure qu'elle se putréfieroit, occasionneroit un aposthume dans la partie restante, et empêcheroit la guérison (1).

992. On regarde ordinairement comme un excellent moyen pour nourrir la passion de l'amour, l'attention de porter continuellement un anneau ou un bracelet des cheveux de la personne aimée; ce qui, au fond, n'a peut-être d'autre effet que celui d'exciter continuellement l'imagination relativement à la personne aimée, et d'y faire penser plus souvent. Il se pourroit qu'un gand, ou tout autre petit présent de ce genre, regardé comme une faveur, produisît le même effet.

993. La corrélation sympathique et l'action réciproque entre les corps qui

---

(1) Si cela étoit, jamais de telles blessures ne se guériroient; car, lorsqu'un chien ou un chat a perdu quelqu'un de ses membres, cette partie retranchée se putréfie toujours.

ont fait partie d'un même tout, ou qui ont été en contact l'un avec l'autre, est ce qui nous paroît le plus incroyable. Cependant, comme nous nous sommes fait une loi de tout approfondir, et de ne rien admettre ou rejeter sans l'avoir soumis à l'examen, nous ferons aussi quelque légère mention de ce genre de sympathies. C'est une expérience assez triviale, que celle d'enlever les verrues, en les frottant avec quelque substance, qu'on laisse ensuite se putréfier, ou en général, se décomposer. Et je suis d'autant moins éloigné d'ajouter foi aux faits de ce genre, que je ne puis démentir ma propre expérience. Dès ma plus tendre enfance, j'ai eu une verrue à un doigt; puis vers l'âge de quinze à seize ans, et durant mon séjour à Paris, il en parut un grand nombre sur mes deux mains; ce qui alloit au moins à cent, et cela dans l'espace d'un mois. L'ambassadrice d'Angleterre, femme qui n'étoit nullement superstitieuse, me dit un jour qu'elle vouloit me débarrasser de toutes ces verrues. Elle se fit donc apporter un petit morceau de lard, où elle laissa la couane, et avec le gras elle frotta toutes ces verrues, surtout celle que j'avois depuis mon enfance; puis, ayant suspendu ce morceau de lard à un clou, en dehors d'une fenêtre de son appartement, et au midi, elle le laissa dans cet endroit, où étant ainsi exposé aux rayons solaires, il se putréfia assez promptement. Le résultat de cette expérience fut que, dans l'espace de cinq semaines, toutes mes verrues disparurent, même celle qui datoit presque d'aussi loin que moi. La disparution de toutes les autres n'étoit pas ce qui m'étonnoit; car, s'étant formées en si peu de temps, elles pouvoient bien disparoître tout aussi vîte; mais la disparution de celle qui avoit duré tant d'années, fut ce qui alors me frappa et m'étonne encore aujourd'hui. On obtiendra, dit-on, le même effet, si, après avoir frotté les verrues avec une branche de sureau encore verte, on la met dans du fumier, afin qu'elle s'y putréfie. On pourroit tenter cette même expérience sur les cors, les loupes et autres excroissances de cette espèce, et même sur celles d'entre les parties des animaux qui ont le plus d'analogie avec ces excroissances; par exemple, sur les crêtes et les éperons des coqs, les cornes des quadrupèdes, etc. On peut faire ces épreuves de deux manières; savoir : ou en frottant ces parties avec le lard ou le sureau, comme nous venons de le dire, ou en en retranchant quelque petite portion, et la laissant ensuite se putréfier, ou en général se consumer, afin de voir si la putréfaction, ou la dissolution de cette partie retranchée, pourroit contribuer quelque peu à celle de la partie restante.

994. Suivant une opinion reçue depuis long-temps, on peut, en enduisant de certaines substances l'arme qui a fait une blessure, guérir cette blessure même. Pour assurer le succès d'une telle expérience (si nous devons en croire des personnes réputées dignes de foi, mais dont le témoignage ne m'a pas encore disposé

à faire fond sur une telle recette), il faut fixer son attention sur plusieurs points.

1°. L'onguent avec lequel on se propose de frotter l'arme, doit être composé de plusieurs ingrédiens, dont les plus étranges et les plus difficiles à trouver, sont ceux-ci : de la mousse qui croît sur le crâne d'un cadavre resté sans sépulture.

2°. De la graisse de sanglier et de celle d'une ourse qui aient été tués dans l'acte même de la génération : je soupçonne qu'on a ajouté ces deux dernières conditions pour se ménager un prétexte, au cas que le remède soit sans succès, et afin de pouvoir dire alors que l'animal n'avoit pas été tué dans le moment convenable. Quant à cette mousse dont nous parlions d'abord, on en trouveroit assez en Irlande, sur les ossemens de ceux qui ont été tués dans différentes batailles, puis entassés et laissés sans sépulture.

Les autres ingrédiens sont la pierre d'*hématite,* pulvérisée, et quelques autres substances douées, comme la mousse en question, de la propriété d'étancher ou d'arrêter le sang. La description complette de cet onguent, et de la manière de le composer, se trouve dans le trésor chymique de *Crollius*.

3°. Pour que cet onguent produise son effet, il faut l'appliquer, non sur la blessure même, mais sur l'arme qui l'a faite.

4°. Ce que j'aime le mieux dans leur méthode, c'est qu'ils ne disent point que, pour la composition de cette drogue, on soit obligé d'observer telle ou telle constellation; autre subterfuge que ne manquent guère de se ménager les auteurs qui se mêlent de décrire les procédés magiques, afin de pouvoir dire, dans le cas où le remède n'opéreroit point, qu'on n'a pas eu l'attention de le composer sous le signe convenable.

5°. On peut l'appliquer sur l'arme, quoique le blessé soit absent, et même fort éloigné.

6°. Il n'est pas nécessaire, à ce qu'il paroît, de faire concourir au traitement l'imagination du blessé, puisqu'on peut employer ce remède avec succès, sans qu'il ait aucune connoissance du service qu'on veut lui rendre, et c'est ce que l'expérience a confirmé beaucoup mieux que tout le reste ; car quelques personnes s'étant avisées d'ôter l'onguent de dessus l'arme, à l'insu du blessé, et seulement pour voir ce qu'il en résulteroit, la blessure redevint extrêmement douloureuse; ce qui dura jusqu'à ce que l'arme eût été enduite de nouveau.

7°. Certains auteurs assurent de plus que, si l'on ne trouve point sous sa main l'arme qui a fait la blessure, il suffit de prendre un instrument quelconque de fer ou de bois, mais figuré à peu près comme cette arme ; de l'insérer doucement dans la plaie, pour la faire saigner de nouveau, et de frotter ensuite, avec l'onguent, cet instrument, qui, par ce moyen, deviendra également curatif. Ceci me paroît avoir été imaginé pour donner de la vogue à cette merveilleuse recette, et engager le monde à en user, vu qu'assez souvent on auroit de la peine à retrouver l'arme qui auroit fait la blessure.

8°. Il faut bien nettoyer la plaie, soit avec du vin blanc, soit avec l'urine même du blessé; puis la bander, à l'aide d'un linge fin qu'on laissera dessus jusqu'à parfaite guérison.

9°. Il faut avoir soin d'envelopper et de tenir couverte toute cette partie de l'arme qui est enduite, de peur que si elle étoit exposée à l'action de l'air, toute sa vertu ne s'évaporât.

10°. Après avoir ôté l'onguent de dessus l'arme, on pourra le garder pour s'en servir une autre fois; et alors on trouvera sa vertu plutôt augmentée que diminuée.

11°. Ce procédé est plus efficace et plus curatif que tous les emplâtres et autres moyens qu'on emploie ordinairement.

Enfin, il guérit la blessure d'un animal tout aussi-bien que celle d'un homme; ce qui me plaît beaucoup plus que tout le reste; cette méthode devenant ainsi plus facile à observer et à vérifier.

995. Quoiqu'on nous voie relever souvent, dans cet ouvrage, la négligence et l'esprit superficiel qui préside ordinaire-

ment à la recherche des causes, et qui fait qu'on attribue les effets qu'on veut expliquer, à des vertus secrètes et à des qualités occultes, genre d'explication dont les hommes se contentent trop aisément, et qui, en éteignant toute ardeur pour la recherche des véritables causes, empêche de les découvrir; cependant on ne doit appliquer cette censure qu'à la partie exécutive et pratique des sciences, où l'on doit donner presque tout à l'expérience et aux observations directes; ces indications que fournit une simple théorie, ne pouvant mener aussi sûrement au but; règle qu'il faut appliquer aux individus, ainsi qu'aux espèces.

Par exemple, dans la médecine pratique, si l'on avoit une jaunisse à guérir, ce ne seroit pas non plus assez de dire qu'alors les médicamens à administrer ne doivent pas être rafraîchissans; ce qui mettroit obstacle à cette dilatation qu'exige la maladie; qu'ils ne doivent pas non plus être de nature chaude, ce qui pourroit exalter excessivement la bile; enfin, qu'il faut que ces médicamens pénètrent jusqu'à la vessie du fiel, parce que là se trouve l'obstruction qui est la véritable cause du mal; mais s'en rapporter purement et simplement à l'expérience qui dit : l'*ive muscate,* dissoute dans du vin, est le vrai remède pour la *jaunisse* (1). De même, un prudent médecin n'administrera pas toujours le même remède à son malade; mais il aura soin de varier le traitement, lorsqu'il verra que les premiers moyens qu'il aura employés n'ont pas eu un succès notable. Car, parmi les différentes espèces de traitemens pour la jaunisse, la gravelle, la fièvre, etc. on observe souvent que la même substance qui est utile à tel individu, est nuisible à tel autre, selon le plus ou moins de rapport et de convenance qu'elle peut avoir avec la constitution particulière et individuelle du sujet.]

---

(1) Sans doute; mais pour savoir cela, il a fallu d'abord raisonner, et avoir une raison pour éprouver cette plante plutôt que toute autre.

Observation relative à la sympathie générale des ames humaines.

996. Quoique l'approbation du grand nombre, la réputation, l'honneur, la gloire, la soumission et l'asservissement des ames, des volontés ou des affections des individus de notre espèce, ne soit pas toujours notre principal but, et ne soit souvent qu'un but secondaire et subalterne, le sentiment qu'excite en nous l'estime publique, lorsque nous nous flattons de l'avoir acquise, ne laisse pas d'être fort doux en lui-même, et d'avoir une convenance très sensible avec la nature de l'ame humaine : vérité qui n'est rien moins qu'isolée, et qui semble devoir nous conduire à ce principe plus étendu et plus élevé ; *que toutes les ames humaines, prises ensemble, pourroient bien n'être qu'une foible émanation de la substance divine* (1) : autrement se

---

(1) Cette proposition est la base du système émanatif qui fut, en partie ou en totalité, com-

pourroit-il que les hommes fussent si profondément affectés de ce que peuvent dire ou penser leurs semblables? Les ames

---

mun à presque tous les anciens philosophes, et dont on pourra se former une idée en méditant ce mot de Plotin mourant : *je fais mon dernier effort pour ramener ce qu'il y a de divin en moi, à ce qu'il y a de divin dans tout l'univers.*

Voici les cinq dogmes fondamentaux de ce système :

1°. *L'ame humaine* est une *émanation*, une *portion* de la *substance divine*; portion d'autant moins parfaite, qu'elle est plus *engagée* par le *fait*, et par notre *intention*, dans la matière.

2°. Le *bonheur* de *l'homme*, en ce monde, consiste à *s'unir avec Dieu*, aussi souvent que le permet notre foiblesse; et en *méprisant* tout ce qui n'intéresse que le *corps*; car, pour *s'unir avec le bon principe*, il faut *se séparer d'avec la matière*, qui est *le mauvais*.

3°. *L'esprit humain* est, en quelque manière, un *canal* par lequel Dieu fait passer la *vérité*; lorsque l'homme l'a méritée par le *travail*, ou par un *sentiment profond de son propre néant*: *l'orgueil obstrue ce canal; la modestie le débouche.*

4°. La *récompense* des justes, *après la mort*, sera cette *union* même *avec Dieu*, qui aura fait

les mieux constituées aspirent à une bonne renommée et à le véritable gloire; les ames plus foibles et plus frivoles bri-

---

quelquefois leur bonheur en ce monde, et *l'illumination* qui en sera l'effet; *union et illumination* qui *iront toujours en croissant durant toute l'éternité*. La peine des méchans sera une éternelle séparation d'avec la source de toute vérité et de tout bonheur, ou une union beaucoup plus lente avec ce principe.

5°. *Tout l'ordre physique de ce monde n'est qu'un enchaînement, une suite de phénomènes coordonnés et parallèles à toute la suite des phénomènes moraux*, c'est-à-dire, *des intentions, bonnes ou mauvaises, non déterminées et nécessitées, mais seulement prévues par l'Être suprême; ordre d'où résultent, même dès ce monde, la récompense des bonnes actions et le châtiment des mauvaises, récompense et châtiment* tantôt extérieurs, tantôt intérieurs et invisibles; mais qui, en ce monde, ne sont que partiels, que commencés.

Tout homme qui admet l'existence d'un Dieu, est forcé, par cela seul, d'admettre quelques-uns de ces dogmes, avec les restrictions qu'y a mises le divin législateur.

guent la faveur de la multitude, et le titre d'hommes populaires; les plus dépravées soupirent après la tyrannie, et veulent tout asservir; comme l'histoire en offre des exemples dans ces conquérans fameux et ces fastueux perturbateurs du monde, qu'on a vu paroître tour à tour sur ce vaste théâtre, et triompher successivement des nations : mais plus encore dans les orgueilleux coryphées de l'hérésie; car vouloir introduire de nouvelles doctrines en matière de religion, n'est-ce pas vouloir commander à la foi même, et aspirer à une sorte de tyrannie sur l'entendement humain?

Fin du neuvième volume.

TABLE DES CHAPITRES.

TOME VII.

Préface du Traducteur. Idée de l'ouvrage, et avertissemens. . . . . Page j

Préface de l'Auteur; idée de l'histoire, naturelle, expérimentale et philosophique. . . . Pag. 1

Dix aphorismes sur la manière de composer l'histoire primaire. 7

Division de l'histoire naturelle, soit générale, soit particulière; proposée par le Traducteur. 47

Catalogue des histoires particulières. 50

Avertissemens de l'auteur. 72

CENTURIE I.

Expériences et observations

Sur la filtration, externe et interne. 8— 73(1)

Sur le mouvement résultant de la pression des corps. 5— 82

---

(1) Le premier des deux nombres indique toujours celui des expériences ou des observations contenues dans l'article; et le second, la première page de cet article.

Sur la séparation des substances, opérée par le seul poids. . . . . 3— 87
Sur la manière de faire des infusions exactes, soit dans les liquides, soit dans l'air. 7— 91
Sur la force de cohésion résidante dans les liquides. . . . . 1— 99
Sur les fontaines artificielles. . . . . . 1—102
Sur la qualité vénéneuse de la chair humaine. . . . . 1—104
Sur la conversion de l'air en eau. . . . 1—107
Sur les moyens d'embellir et d'altérer la forme du corps humain. . . . . 1—114
Sur la condensation de l'air, en vue de le rendre plus pesant et nutritif. . . . . 1—117
Sur la combinaison de la flamme avec l'air. 1—122
Sur la nature occulte et primitive de la flamme. . . . . 1—128
Sur les forces respectives du centre et des parties latérales de la flamme. . . . . 1—133
Sur le mouvement de la gravité ou de la pesanteur. . . . . 1—135
Sur la diminution du volume total de certains corps combinés ensemble. . . . . 1—138
Sur la manière de rendre les vignes d'un plus grand rapport. . . . . 1—140
Sur les différentes espèces de purgatifs, et la manière dont ils opèrent. . . . . 9—142
Sur les alimens les plus substantiels, soit soli-

des, soit liquides. . . . . 15—158
Sur le fil médicinal (ou la méthode à suivre dans le traitement des maladies). . . . . . . 1—182
Sur les cures qui sont l'effet de la seule habitude. . . . . 1—187
Sur les cures opérées par les excès mêmes. 1—190
Sur les cures opérées par des mouvemens qui ont pour cause une corrélation harmonique. 1—192
Sur les maladies de nature opposée à la disposition antérieure des corps. . . . . . . 1—194
Sur le régime à suivre avant et après les purgations. . . . . 1—195
Sur les moyens d'arrêter le sang. . . . 1—198
Sur le changement d'alimens et de médicamens. . . . . 1—199
Sur la diète. . . . . 1—200
Sur les causes productives du froid. . . 7—202
Sur la conversion de l'air en eau. . . . 7—210
Sur les différentes causes qui peuvent durcir les corps. . . . . 8—219
Sur la facilité avec laquelle l'air absorbe l'humor aqueux. . . . . 1—233
Sur la force de cohésion. . . . . 1—235
Sur la manière de changer la couleur des poils ou des plumes. . . . . 1—237
Sur les différentes manières dont les animaux se nourrissent, avant de naître. . . . . . 1—241
Sur la sympathie et l'antipathie, appliquées aux

usages de la médecine............ 3—242
Sur les opérations les plus secrètes de la nature.
.... 1—245
Sur l'action puissante du feu et de la chaleur.
.... 1—251
Sur l'impossibilité d'un véritable anéantissement................. 1—256

Centurie II.

Expériences et observations diverses
Sur les sons et la musique......... 14—258
Sur les tons, et sur les corps ou mouvemens sonores et non sonores............ 9—280
Sur la production, la conservation et la transmission du son; fonctions de l'air, dans ces trois cas................... 14—294
Sur les causes qui peuvent rendre le son plus gros, ou plus grêle; et sur celles qui l'amortissent.
.... 25—313
Sur les causes qui peuvent rendre les sons plus forts ou plus foibles, et les porter à des distances plus ou moins grandes....... 3—333
Sur la communication des sons...... 3—336
Sur l'égalité et l'inégalité des sons.... 9—338
Sur la différence du grave à l'aigu, et sur les sons musicaux................... 6—346
Sur les proportions d'où dépend la différence du grave à l'aigu.................. 4—350

Sur les sons intérieurs et extérieurs... 4—356
Sur les sons articulés... 9—360

Centurie III.

Expériences et observations diverses
Sur les mouvemens des sons selon toutes les directions possibles... 6—368
Sur la durée et l'extinction des sons, ainsi que sur le temps nécessaire pour leur génération et leur propagation ou transmission... 5—375
Sur la transmission et la non transmission des sons... 1—381
Sur le milieu ou véhicule des sons... 4—387
Sur les différences et les variations que produisent dans les sons, les corps qui les transmettent... 3—390
Sur le mélange et la combinaison des sons. 5—395
Sur les causes ou circonstances qui peuvent rendre les sons plus agréables... 7—402
Sur la faculté d'imiter les sons... 6—407
Sur la réflexion des sons... 13—415
Sur les analogies et les différences qui existent entre les choses visibles et les choses sensibles à l'ouïe... 23—428
Sur la sympathie et l'antipathie réciproque des sons... 5—444
Sur les obstacles et les secours relatifs à l'ouïe... 4—450

Sur la nature immatérielle et subtile des sons.
. . . . 4—453
Sur les couleurs vives et éclatantes que présentent
à la vue les dissolutions de certains métaux.
. . . . 1—459
Sur la prolongation de la vie humaine. 1—460
Sur la force de cohésion dans les corps. 1—462
Sur l'analogie des effets du temps avec ceux de
la chaleur. . . . . 1—467
Sur les mouvemens qui sont l'effet de la faculté
imitative. . . . . 1—468
Sur les maladies contagieuses. . . . . . . 1—470
Sur l'incorporation des liqueurs avec les substan-
ces pulvérisées. . . . . 1—473
Sur les avantages et les inconvéniens des exerci-
ces du corps. . . . . 1—474
Sur les alimens très rassasians. . . . . . . 1—476

TOME VIII.

Centurie IV.

Expériences et observations
Sur la clarification des liqueurs, et sur les moyens
d'accélérer cette opération. . . . . . . 1—1
Sur les moyens d'accélérer la maturation, soit
celle des boissons, soit celle des fruits. 5—12
Sur l'art de faire l'or. . . . . 1—38
Sur les causes qui provoquent ou accélèrent la
putréfaction. . . . . 12—40

TABLE DES CHAPITRES.

Sur les moyens de prévenir, de ralentir ou d'accélérer la putréfaction................ 11— 53
Sur le bois pourri et lumineux...... 1— 65
Sur les accouchemens avant terme.... 1— 73
Sur l'accélération de l'accroissement, et sur-tout de celui de la stature............ 1— 74
Sur le soufre et le mercure.......... 5— 79
Sur le caméléon................. 1— 85
Sur les feux souterrains............ 1— 88
Sur les eaux nitreuses.............. 1— 89
Sur la congélation de l'air.......... 1— 90
Sur la congélation de l'eau, et sa conversion en crystal................... 1— 91
Sur la manière de conserver la couleur et l'odeur des feuilles de rose............. 1— 94
Sur les causes qui peuvent augmenter ou diminuer la durée de la flamme........ 10— 95
Sur les corps enfouis, ou tenus au fond de l'eau. .... 5—111
Sur la manière dont les différentes espèces de vents affectent le corps humain.... 1—115
Sur les maladies d'été et d'hiver..... 1—116
Sur les années, les saisons et les températures pestilentielles............... 1—118
Sur les maladies épidémiques....... 1—119
Sur la conservation des liqueurs dans des puits ou des sousterrains profonds...... 1—120
Sur le défaut des begues........... 1—122

Sur la nature et les causes des odeurs agréables.
. . . . 4—125

Sur les signes auxquels on peut reconnoître les eaux les plus salubres. . . . . 7—128

Sur la chaleur tempérée qui règne durant certaines saisons dans la zône torride. . . . . . 1—134

Sur la couleur des nègres. . . . . 1—137

Sur les mouvemens que font encore certains animaux récemment tués. . . . . 1—140

CENTURIE V.

Expériences et observations

Sur les causes ou moyens qui peuvent accélérer la germination. . . . . 12—144

Sur les causes ou moyens qui peuvent la retarder.
. . . . 9—166

Sur les moyens d'améliorer les fruits, fleurs, graines, semences, etc. des arbres, arbrisseaux, plantes herbacées, etc. . . . . 55—172

Sur la composition ou la combinaison des fruits ou des fleurs, de différentes espèces. 3—224

Sur la sympathie et l'antipathie de certaines plantes. . . . . 19—230

Sur la manière de donner des propriétés médicales aux arbres, arbrisseaux, plantes herbacées, etc. et à leurs fruits, fleurs, semences, etc.
. . . . 2—252

Application de plusieurs méthodes du Novum Or-

ganum aux expériences et observations qui font le sujet de cet ouvrage, et aux instrumens de physique ou de mathématique qu'elles rendent nécessaires. 260
I. Méthode de gradation. 261
II. Méthode de renversement. 268
III. Méthode d'alternation. 280

Centurie VI.

Expériences et observations de simple curiosité Sur les fruits et les plantes en général. 17—283
Expériences et observations sur les plantes qui dégénèrent et se convertissent en plantes d'une autre espèce. . . . . 14—304
Expériences et observations relatives aux moyens d'augmenter ou de diminuer à volonté l'accroissement des arbres, sur-tout en hauteur, et de se procurer des arbres nains. . . 5—321
Sur les plantes imparfaites, et les excroissances ou superfétations végétales. . . . . . 26—324
Sur la production des plantes parfaites sans semence. . . . . 11—346
Sur les plantes exotiques. . . . . 3—352
Sur les différentes saisons où croissent les plantes. . . . . 6—354
Sur la durée des plantes herbacées, arbres, arbrisseaux, etc. . . . . 5—362
Sur les diverses figures des plantes. . . 3—366

Sur les caractères distinctifs des plantes. 4—371
Sur les moyens de composer ou d'améliorer la terre, et d'aider son action. . . . . . . 6—376

Centurie VII.

Observations sur les analogies et les différences qui existent entre les corps animés et les corps inanimés. . . . . 6—388
Observations relatives, soit aux analogies et aux différences qui existent entre les plantes et les animaux, soit aux êtres qui participent de ces deux règnes. . . . . 3—395
Expériences et observations diverses sur les plantes. . . . . 67—401
Sur la guérison des blessures. . . . . . . 1—479
Sur la substance grasse répandue dans la chair des animaux terrestres. . . . . 1—ibid.
Sur les moyens d'accélérer la maturation des boissons. . . . . 1—480
Sur les poils des animaux terrestres, et le plumage des oiseaux. . . . . 1—481
Sur la célérité des mouvemens dans les oiseaux. . . . . 1—485
Sur le plus ou moins de transparence de l'eau de la mer, selon le vent qui règne. . . . 1—486
Sur les différences à mettre entre la chaleur d'un feu sec, et celle de l'eau bouillante. . . 1—487
Sur la manière dont l'eau modifie la chaleur.

.... 1—488
Sur le bâillement.............. 1—490
Sur le hoquet et ses causes....... 1—491
Sur l'éternuement.............. 1—492
Sur la sensibilité des dents aux plus légères impressions................ 1—494
Sur la langue................. 1—495
Sur le sens du goût............ 1—495
Sur les saisons et les années pestilentielles. 1—496
Sur les propriétés spécifiques des simples appliquées à la médecine........... 1—497
Sur le plaisir de la génération...... 1—500
Sur les insectes............... 3—507
Sur les moyens de sauter, de courir et de lancer un corps, avec plus de force..... 1—521
Sur les sensations, agréables ou déplaisantes, et principalement sur celles qui se rapportent à l'ouïe................. 1—524

TOME IX.

Centurie VIII.

Expériences et observations
Sur les veines de terre médicinale... 1— 1
Sur la dilatation et le renflement des éponges.
.... 1— 2
Sur certains poissons de mer mis dans l'eau douce...................... 1— 3
Sur l'attraction produite par l'analogie de sub-

stance. . . . . 1— 5
Sur une boisson dont on fait beaucoup d'usage en Turquie (le café). . . . . 1— 7
Sur les sueurs. . . . . 6— 9
Sur les vers luisans. . . . . 1— 14
Sur les différentes manières dont les passions affectent le corps. . . . . 10— 16
Sur le rire, ses causes et ses effets. . . 4— 34
Sur les chenilles. . . . . 1— 43
Sur les mouches cantharides. . . . . . . 1— 45
Sur la lassitude et les moyens de la diminuer. . . . . 2— 47
Sur les animaux qui peuvent quitter leur peau, leurs écailles, etc. . . . . 1— 49
Sur l'effet de certaines attitudes. . . . 3— 51
Sur les années pestilentielles. . . . . . . 1— 55
Sur les pronostics relatifs aux grands hivers. . . . . 1— 56
Sur les médicamens qui condensent et raniment les esprits. . . . . 1— 57
Sur certaines nations qui se peignent le corps. . . . . 1— 60
Sur le bain et les onctions. . . . . 1— 63
Sur le papier marbré. . . . . 1— 65
Sur la sèche ou le calmar. . . . . 1— 66
Sur une espèce de terre dont le poids augmente spontanément. . . . . 1— 67
Sur le sommeil. . . . . 1— 69

Sur les dents et autres substances dures qui se trouvent dans le corps des animaux. 11— 72
Sur la génération et la durée de la gestation de différentes espèces d'animaux...... 3— 84
Sur les images visuelles .... 2— 91
Sur l'impulsion et la percussion...... 3— 95
Sur le chatouillement............. 1—100
Sur la rareté des pluies en Égypte... 1—104
Sur la clarification............. 1—107
Sur les plantes qui n'ont jamais de feuilles. 1—108
Sur la matière du verre........... 1—109
Sur les moyens de prévenir ou de retarder la putréfaction, et principalement celle des cadavres humains................. 1—110
Sur le nitre.................. 1—115
Sur certaines eaux où flottent des corps très pesans..................... 1—117
Sur les matières combustibles qui ne se consument point ou presque point........ 1—118
Sur les moyens de diminuer la dépense du chauffage..................... 1—121
Sur les ventilateurs............. 1—123
Sur la salubrité et l'insalubrité de l'air. 1—124
Sur les moyens d'augmenter la quantité du lait dans les animaux qui en donnent... 1—125
Sur certains sables qui ont de l'affinité avec le verre..................... 1—126
Sur la formation et l'accroissement du corail.

Sur la récolte de la manne. . . . . 1—130
Sur les moyens de corriger le vin. . . . 1—131
Sur le feu grégeois et autres feux artificiels. .
. . . . 1—132
*Sur certains cimens qui deviennent aussi durs
que le marbre*. . . . . 1—134
*Sur les blessures et les ulcères à la tête et aux
jambes*. . . . . 1—136
Sur les vents de sud. . . . . 1—136
Sur les blessures faites avec le fer et le cuivre.
. . . . 1—137
*Sur les mortifications de chair, occasionnées par
le froid*. . . . . 1—138
Sur la pesanteur spécifique de certains corps. .
. . . . 1—140
Sur les corps qui surnagent. . . . . . . 1—141
Sur le mouvement de conversion des corps lancés.
. . . . 1—142
Sur l'eau considérée comme pouvant être le véhicule, ou milieu du son. . . . . 1—144
Sur le mouvement rétrograde des esprits, occasionné par les objets déplaisans. . . . 1—147
*Sur la réflexion des sons déjà réfléchis, ou les
échos d'échos*. . . . . 1—149
Sur l'analogie des effets de la simple imagination, avec ceux des sensations. . . . 1—150
Sur les moyens de conserver les corps. 1—152
Sur l'accroissement et la multiplication des mé-

taux........................... 1—153
Sur l'immersion d'un métal vil dans un plus
précieux...................... 1—157
Sur les causes qui peuvent rendre les métaux plus
fixes........................... 160
Sur la tendance perpétuelle de tous les corps à
changer....................... 1—162

Centurie IX.

Expériences et observations
Sur la faculté de percevoir résidante même dans
les corps privés de sentiment ; en rapport avec
l'art de la divination et de la révélation des
choses cachées................ 30—167
Sur les signes ou pronostics relatifs aux années
d'une constitution pestilentielle et insalubre.
.... 29—173
Sur les différentes causes qui, en agissant sur
l'estomac, y excitent l'appétit.... 1—197
Sur l'odeur de l'arc-en-ciel..... 1—199
Sur les odeurs agréables, et leurs causes. 1—201
Sur les causes de la putréfaction..... 2—212
Sur les mixtes imparfaits......... 1—213
Sur l'état de concoction, et sur celui de crudité.
.... 1—215
Sur les altérations majeures...... 1—218
Sur les corps fusibles ou non fusibles.. 1—221
Sur les corps considérés comme fragiles ou té-

naces. . . . . 1—223
Sur les deux genres de substances pneumatiques qui se trouvent dans l'intérieur des corps. . . . . 1—224
Sur la concrétion et la dissolution des corps. . . . . 1—227
Sur les corps durs et les corps mous. . . . 1—229
Sur les corps ductiles et extensibles. . . . 231
Sur les différentes qualités de la matière, et les textures intimes des corps. . . . . . . 1—232
Sur le durcissement qui est l'effet de l'analogie ou de l'affinité de substance. . . . . 1—236
Sur le miel et le sucre. . . . . 1—239
Sur la possibilité de rafiner davantage les métaux les plus vils. . . . . 1—242
Sur certaines espèces de cimens et de pierres. . . . . 1—243
Sur la manière de changer la couleur des poils et des plumes. . . . . 1—244
Sur les caractères distinctifs des deux sexes dans les animaux. . . . . 1—246
Sur le volume respectif des différentes espèces d'animaux. . . . . 1—250
Sur les moyens de se procurer des fruits sans pepins et sans noyaux. . . . . 1—252
Sur les moyens d'améliorer le tabac. . . 1—253
Sur les effets semblables des chaleurs de différentes espèces. . . . . 1—255

Sur le renflement des corps qu'on fait bouillir. . . . . 1—257
Sur l'édulcoration des fruits. . . . . . . 1—258
Sur les viandes comestibles ou non comestibles. . . . . 1—261
Sur la salamandre. . . . . 1—264
Sur la différence des altérations que le temps occasionne dans les fruits et dans les boissons. . . . . 1—266
Sur la racine appellée orris. . . . . 1—268
Sur la compression des liqueurs. . . . . 1—269
Sur les altérations que produit l'eau dans l'air contigu. 271
Sur la nature de l'air. . . . . 1—271
Sur les yeux et la vue. . . . . 1—273
Sur la couleur de l'eau de la mer. . . . 1—287
Sur les poissons à écailles. . . . . 1—288
Sur l'inégalité de force du côté droit et du côté gauche. . . . . 1—289
Sur les frictions. . . . . 1—293
Sur le genre d'illusion qui fait paroître plane une sphère vue de loin. . . . . 1—294
Sur le mouvement apparent des limites de l'ombre et de la lumière. . . . . 1—295
Sur les vagues et les brisans. . . . . . . 1—296
Sur les moyens de dessaler l'eau de mer. 1—297
Sur l'eau de certains puits creusés au bord de la mer, et qui redevient salée. . . . . . . 1—298

Sur ce genre d'attraction qui est l'effet de l'a-
nalogie ou affinité de substance. . . . . 1—300
Sur l'attraction. . . . . 1—302
Sur la chaleur qui règne dans l'intérieur de la
terre. . . . . 1—303
Sur les moyens de traverser les airs en volant.
. . . . 1—304
Sur l'écarlate. . . . . 1—306
Sur l'opération par laquelle on noue l'aiguillette.
. . . . 1—306
Sur l'eau que la flamme fait monter dans un vais-
seau. . . . . 1—307
Sur les différentes espèces d'influence de la lune.
. . . . 8—311
Sur le vinaigre. . . . . 1—326
Sur les animaux qui dorment durant tout l'hiver.
. . . . 1—321
Sur la génération des animaux, soit par voie d'ac-
couplement, soit par la putréfaction. . . 1—322

Supplément à cette Centurie.

Première addition. Table raisonnée de signes et
de loix dont la connaissance peut servir à prévoir les grands hivers, les inondations, etc. 328
Définitions, limitations et avertissemens. 8—328
Table de loix et de signes, avec leurs explications. . . . . 13—330
Remarques. . . . . 3—345

Conséquences pratiques. . . . . 9—346
Seconde addition ; sur l'art de traverser les airs en volant. 348

CENTURIE X.

Expériences et observations diverses
Sur la transmission ou l'influence des vertus immatérielles, et sur le pouvoir de l'imagination; trois avertissemens. . . . . 11—357
Sur l'émission des esprits sous la forme de vapeurs, d'exhalaisons ou d'émanations analogues à celles qui constituent les odeurs. 26—383
Sur l'émission des espèces immatérielles, qui affectent certains sens. . . . . 1—406
Sur l'émission des vertus immatérielles émanées des ames ou des esprits des individus humains, et ayant pour causes les passions, l'imagination, etc. . . . . 21—428
Sur la force secrète de la sympathie et de l'antipathie. . . . . 39—445
Sur les propriétés occultes. . . . . 1—487
Sur la sympathie générale des ames humaines.
. . . . 1—489

Fin de la Table.

www.ingramcontent.com/pod-product-compliance
Lightning Source LLC
Chambersburg PA
CBHW071405230426
43669CB00010B/1451